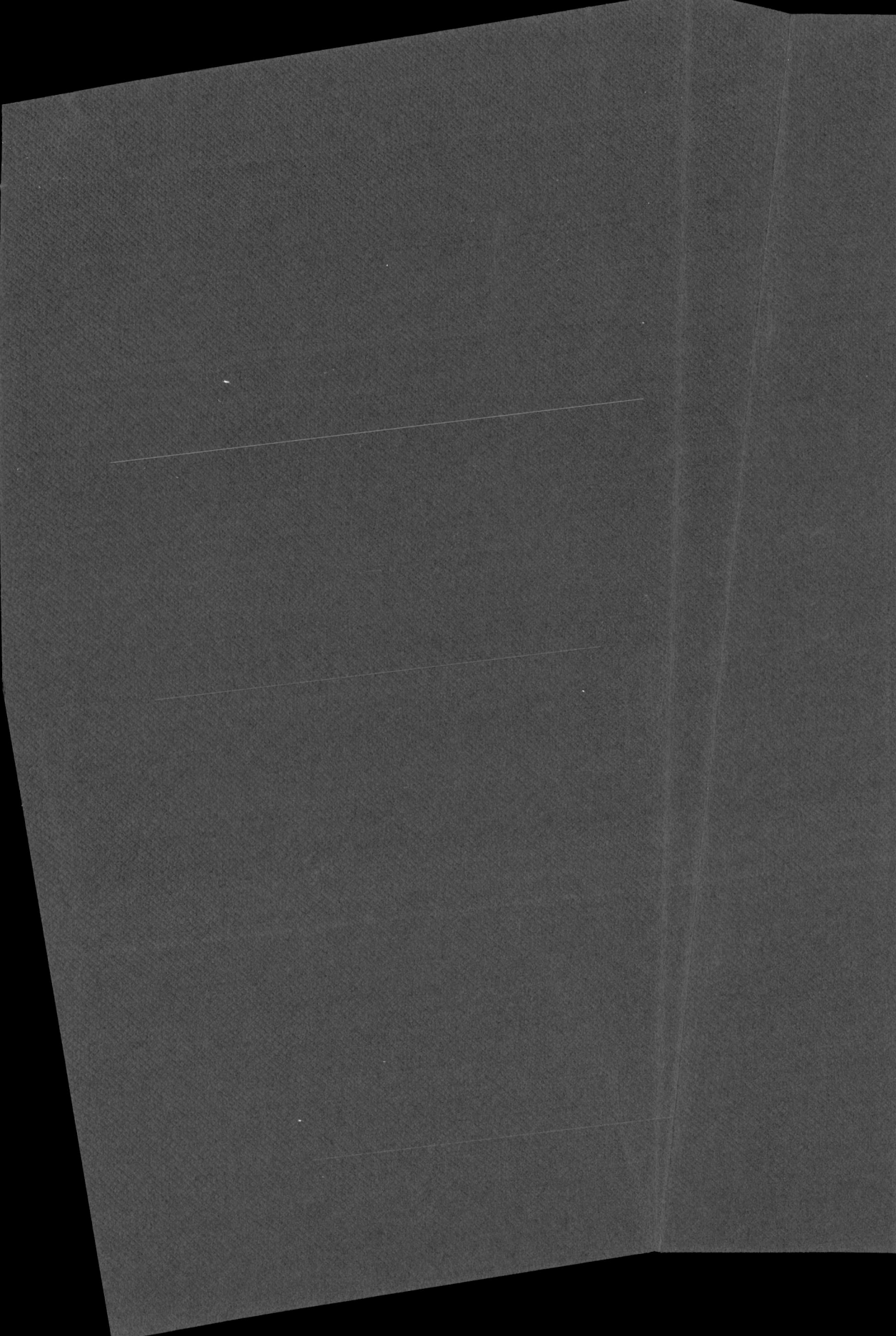

清鉴书
晚史丛

大变局下的
晚清君臣

解读晚清顶级君臣，读懂大清帝国的兴衰史

马平安／著

团结出版社

图书在版编目（ＣＩＰ）数据

　　大变局下的晚清君臣 / 马平安著. -- 北京 ：团结
出版社，2018.1
　　ISBN 978-7-5126-5728-1

　　Ⅰ．①大… Ⅱ．①马… Ⅲ．①政治－研究－中国－清
后期 Ⅳ．①D691

　　中国版本图书馆 CIP 数据核字(2017)第 267063 号

出　　版：团结出版社
　　　　　（北京市东城区东皇城根南街 84 号　　邮编：100006）
电　　话：(010) 65228880　65244790　（出版社）
　　　　　(010) 65238766　85113874　65133603（发行部）
　　　　　(010) 65133603（邮购）
网　　址：http://www.tjpress.com
E-mail：zb65244790@vip.163.com
　　　　　fx65133603@163.com（发行部邮购）
经　　销：全国新华书店
印　　装：三河腾飞印务有限公司

开　　本：160mm×230mm　　　16 开
印　　张：19
字　　数：272 千字
印　　数：4045
版　　次：2018 年 1 月　第 1 版
印　　次：2018 年 1 月　第 1 次印刷

书　　号：978-7-5126-5728-1
定　　价：58.00 元

目录

引子 日之将夕 悲风骤至

一

时间的车轮前进到 18 世纪末，大清帝国已经发展到了它的鼎盛时期。

老子说："物壮则老，是谓不道，不道早已。"

这话一点儿不假。

眼下，清王朝正如天际边上的一朵绚烂多姿的云彩，璀璨夺目，让全世界的行者都会忍不住驻足仰观。

大清帝国从白山黑水起家，前面数代君王个个都是人中的龙凤，堪称天之骄子。

清太祖努尔哈赤以十三副盔甲起事，奠定新朝基石，于 1616 年建立了后金政权。

清太宗皇太极子继父业，在 1636 年改国号为清，移都奉天。

清世祖福临借助摄政王多尔衮之力挥师入关，定鼎京师，相继灭掉李自成大顺政权与南明政权，一统华夏，代明而兴。

到康熙皇帝、雍正皇帝、乾隆皇帝祖孙三代时，终于将这个帝国治理打点得如夏花般绚丽，将中国托上了中华两千年仅有的五大盛世之一——康乾盛世。

翻开历史，18世纪确实是中国政治史上十分光辉的一页。

康熙、雍正、乾隆三个英主统治中国达130年之久。

在这个时间段内，清政府平定了三藩之乱；收复了台湾、琉球；挫败了准噶尔、大小和卓分裂新疆的阴谋；有效地统一与管理了蒙古、西藏等边疆地区；多次打败了入侵中国东北地区的沙俄侵略者。

在这段时间内，清帝国的疆域已经发展成为东到大海，西跨葱岭，北越外兴安岭、贝加尔湖，南到南海诸岛的广大地区，成为拥有当时最大版图的国度。

在这段时间内，中国的农业生产发展到了一个新的水平。无论耕地面积之广，或是农作物种类之多、产量之丰都超过了过去任何一个朝代。中国农作物的总产量已经跃居世界第一位。

在这段时间内，手工业与商品经济有了突飞猛进的发展。冶炼业、采煤业、纺织业也都有了新的发展。粮食、布匹、棉花、丝、绸缎、茶、盐、瓷器、木材等已经成为主要的流通商品。

在这段时间内，中国的对外贸易始终保持着大量的出超地位，大量白银流入中国，我国的经济总量已经跃居世界首位。

在这段时间内，清政府完成了两项巨大的科学工程。一项是《律历渊源》，系统总结了中西各种音乐理论、天文历法，以及数学等方面的成就；另一项是用近代方法绘制了第一幅中国地图。

在这段时间内，中国的城市也有了很大的发展。到19世纪初，全世界50万以上居民的城市有10个，中国就占6个。它们分别是：北京、南京、扬州、苏州、杭州、广州。

在这段时间内，大清国的国库富裕、财力雄厚、宇内燕然，中国历史上自汉唐以来又一个新高峰已经到来。

但是，与传统历史不同的是，几乎是同一时间，当康雍乾三代君主谨慎地牵引着中华帝国这艘古老的航船，沿着既定的航线徐徐前行的时候，西方世界也在悄悄发生着重大的变化。这种政治、经济新革命将人类从隔离状态紧密地联系在一起。中国还会继续保持伏尔泰赞扬的那种"举世最优美、最古老、最广大，人口最多而治理最好的国家"吗？

二

山中方一日，世上已千年。

在中国人为天朝上国梦熏熏然陶醉之时，

1640 年，英国开始了资产阶级革命；

1775 年，美国开始了要从大英帝国的手中独立出来的独立战争；

1789 年，法国资产阶级大革命发生；

1861 年，俄国废除农奴制，开始走上资本主义发展的道路；

1859 年，意大利资产阶级夺取政权；

1868 年，东方的日本经过明治维新，也走上了资本主义发展的道路。

意识形态在上述国家斗争的成功，极大地推动了民主政体在世界许多国家的建立并引领了历史新潮流，这为资本主义的发展开辟了广阔的道路。

人类，从此要进入一个新时代。

17 世纪以后，科技革命席卷了欧洲，继而开始波及全球。继哥白尼太阳中心说出现后，伽利略的天文望远镜、自由落体运动说，又大大改进了科学观测手段。特别是牛顿三大定律与万有引力定律的问世，极大地带动了一大批近代自然科学家的出现。科技革命的进程，自然而然地又激发了工业革命热潮的到来。

从 18 世纪 60 年代开始，"海狮"英国率先开始了工业革命。

在棉纺织业领域，1733 年，凯伊发明飞梭，大大提高了织布的效率；

1764年，哈格里夫斯发明"珍妮纺织机"，使织布效率提高了40倍以上。

在动力机器领域，1769年，瓦特发明了蒸汽机；1785年，英国纺织工厂开始用蒸汽作动力；1814年，斯蒂芬孙发明了火车蒸汽机车；1807年，美国人富尔顿制造出了第一艘轮船。

在冶金业领域，18世纪30年代，英国发明了用焦煤冶铁的新技术。60年代，冶铁技术又得到了进一步的革新。冶铁工业的发展，同时也极大地促进了煤炭工业的发展。

工业革命使英国的经济出现了腾飞。

很快，英国就从一个农业国一跃成为世界上头号工业大国。强大的经济成为军事强大的有力保障。

不久，大英帝国就击败了称霸海上数百年的西班牙的无敌舰队。

接下来，这个富强起来了的"海狮"又张开了它的血盆大口，把眼睛紧紧盯上了早已垂涎三尺的东方——那片被马可·波罗早就描绘过的满地黄金的神秘国土。

西方国家在政治、经济、科技领域突飞猛进的同时，古老的中国，却仍然沉浸在一片盲目自大、歌舞升平的萎靡气氛之中。

这也难怪。

传统的中国本就是个家族取向的社会。在交通极不发达的时代，人们对日常事务的处理和对外界的认识，不超过一定家族或地域的范围。

在鸦片战争以前，中国人并没有近代国家的概念，有的只是在宗法和地域基础上形成的"天下""家国"观念。

儒家的政治思想虽然满足了中国人的政治认同，造就了大一统的政治局面，但它对国家的看法仍然是十分模糊的，中国实际上成了一个以天下而兼国家，隐没国家于社会之中的一个文化单位。

清王朝对世界秩序的视野，特别强调"华夷之辨"和以中国为中心的层级序列。中国自称天朝上国，中国以外全是蛮夷之邦，是落后的地区和民族。天朝上国，尽善尽美、无所不有、自由自在，无求于人的自满自傲观念，是深入人心的。从最高统治者到整个知识界，都不把外国的事情放在眼里。

的确，这种自我为中心的世界观的形成有其一定的历史根源。

人类在很长时期内，虽然在全球形成了许多民族文化和国家，但除了地区内有较多的，甚至密切的联系外，各个地区之间一直很少、甚至几乎没有交流往来，从而形成相当稳定的地区性封闭状态。中国所在的东亚，与英、法等国所在的欧洲就是如此。但欧洲各国并立，互争雄长。中国则自古以来一直就是东亚唯一的大国，又为东亚文化中心，周边的小国与中国保持着长期的朝贡关系；儒家文化不仅是中国的传统文化，后来也成为整个东亚地区的传统文化。这一切都助长了中国人的文化中心主义，并且使中国统治者长期在天朝上国的优越感中自我陶醉，养成了闭目塞听，睥睨一切的不良习惯。

但是，康雍乾时期，不仅是中国"康乾盛世"的时代，也是人类历史从分散开始走向整体的一个新时代；是经济全球化的一个分水岭；是国家由传统走向现代的一个转折点。但是，在这个关乎国家兴亡、民族复兴的重要关键时刻，清政府在对外关系上却采取了逆时代大潮的拒绝交流、闭关锁国的政策。

当英国商人上书清廷，要求中国扩大通商，认为这是一个双赢的办法时，乾隆皇帝却谕令两广总督苏昌：

国家四海之大，何所不有，所以准通洋船者，特系怀柔远人之道。乃该夷来文内，有与天朝有益之语。该督等不但当行文笔统驳饬，并宜明切晓谕，使知来广贸易实为夷众有益起见，天朝并不藉此些微远物也。①

乾隆皇帝甚至在给英王乔治三世的信中讲：

_____

① 《清高宗实录》卷 649。

天朝物产丰盈，无所不有，原不藉外夷货物以通有无。[①]

当西方各国在挖空心思地进行工业革命、开拓海外殖民地、大力发展海外贸易之际，清政府却仍在自大、保守、排外、封闭、满足的落后状态下闲散地打发着日子。结果，很快，盛世过后的中国，接踵而来的便是长夜无歌。

面对这样的现状，一位西方的哲人在掩卷沉思之余发出了如下的感慨：

一个人口几乎占人类三分之一的大帝国，不顾时势，安于现状，人为地隔绝于世并因此竭力以天朝尽善尽美的幻想自欺。这样一个帝国注定最后要在一场殊死的决斗中被打垮：在这场决斗中，陈腐世界的代表是激于道义，而最现代的社会代表却是为了获得贱买贵卖的特权——这真是任何诗人想也不敢想的一种奇异的对联式悲歌。[②]

三

长期以来，在西方人的眼中，中华帝国是一个让人羡慕与向往不已的国度。

这是有一定的原因的。

中华帝国从大秦至清，专制制度延续长达两千多年。当罗马帝国、奥斯曼土耳其帝国烟消云散的时候，中华帝国的皇帝制度、郡县制度、中央集权制度、官僚制度却一直代代相传，直到大清帝国，它们仍然屹立在中国的舞台之上。

---

① 《粤海关志》卷23。
② 《马克思恩格斯选集》第1卷，人民出版社1972年版，第716页。

秦始皇的无敌军团、经济繁荣的大唐气象、成吉思汗的草原铁骑、康熙皇帝的雄才大略，这些为西方人所津津乐道的传奇，大大神化了中华帝国的无敌威力。

16世纪下半叶，进入中国的传教士使欧洲开始认识与关注中国。《马可·波罗游记》像一阵飓风狂扫欧洲。遥远的中国，一时成为西方人时时向往的"遍地是黄金"的国度。

17世纪，随着新航路的开辟，中国的瓷器、茶叶、丝绸等大量进入欧洲市场，成为西方民众争相需要的生活必需品。

正是在这样的历史背景下，马戛尔尼使团带着英国君民的希望，满怀憧憬地来到了中国。

四

1792年，大英帝国派遣以马戛尔尼为首的庞大使团，由英国朴茨茅斯港出发，乘坐"狮子"号军舰，直赴中国天津海港。

马戛尔尼此行目的何在？

原来，马戛尔尼使团访华，是英国商界推动政府决策的结果。

由于大清帝国的闭关锁国政策，外国商人的贸易长期被限制在广州一地。随着英国海外市场的发展，为了打开中国这个巨大的市场，获取更多的权益，英国商界强烈要求帝国政府与中国建立起外交关系并开展与扩大正常的经济贸易往来。

在这种情况下，英王乔治三世决定趁乾隆皇帝八十寿诞之时，以祝寿为名，派遣一支规模庞大的使团，替他完成这项艰巨的使命。

为了保证这项使命的顺利完成，英国政府花了大量的时间，专门收集中国的各种情报及资料，并为这次行动进行了细致、缜密的准备。

首先，英国政府选定马戛尔尼作为使团的特使。

这个马戛尔尼，本就不是一个普通的人物。

他是英王乔治三世的亲戚，身份特殊。作为一个出色的外交家，马戛尔尼曾经先后成功地担任过驻俄公使、加勒比总督和印度的马德拉斯总督。不仅如此，他还是一个优秀的航海家、富于冒险精神的探险家与极富经验的殖民者。把这个艰巨的任务交给他，乔治三世放心。

其次，这批使团皆由杰出的人员所组成。

请看马戛尔尼使团主要成员的名单：①

1. 马戛尔尼伯爵的扈从人员名单：

乔治·斯当东爵士，准男爵，大使团秘书

副官本松上校，大使卫队司令官

副官 H.W. 巴瑞施，皇家炮兵队军官

副官 J. 克卢

艾奇逊·马克斯威先生，大使的秘书

爱德华·温德先生，大使的秘书

培林先生，弗兰西斯·培林爵士的儿子，从英国到中国途中任大使团的助理秘书

吉兰博士，大使团医生和哲学家

斯科特博士，大使团内外科医师

巴罗先生，大使团的事务总管

丁维提博士，机械专家，掌握礼物中有关数理和天文仪器部分

乔治·斯当东公子，乔治·斯当东准男爵的儿子

汤姆斯·希基先生，人像画家

亚历山大先生，制图家

赫脱南先生，斯当东公子的老师

_____

① 《1793 乾隆英使觐见记》附录一，天津人民出版社 2006 年版。

柏仑白先生，翻译员

2. 由东印度公司派遣到广州去通知关于以马戛尔尼勋爵为首的大使团行将到达的专员名单：

杰克逊、伊文和白朗三位先生

3. 军队（或称卫队）由下列人员组成：

20 名皇家炮兵队士兵

10 名属于轻骑兵第十一部队的士兵

20 名征自在卡脱汉姆的新增步兵部队的士兵

4. 皇家舰"狮子"号上的官员名单：

伊拉斯马斯·高厄爵士，骑士，司令官

康贝尔先生，第一副官

威脱门先生，第二副官

阿脱金先生，第三副官

科克斯先生，第四副官，在舟山逝世

俄梅纳先生，代理副官

杰克逊先生，"狮子"号舰上的事务长

桑德斯先生，事务助手

蒂彼得先生，事务助手

赛姆斯先生，事务助手，在巴达维亚被开除出船

罗韦先生，事务助手

路波先生，事务助手

这个使团人员多达数百人，包括外交官、贵族、学者、医师、画家、乐师、技师、士兵及仆役，如果再加上水手，人员几乎达到 700 人。

再次，为了确保这次使命的顺利完成，英国政府精心为中国皇帝挑选了 19 件完全能够代表当时英国科技和工业生产水平的礼物。

这批礼物主要包括天体运行仪、望远镜、天体仪、地球仪、火镜、显

示英国文化的各种图片及画像、毛瑟枪、连珠枪、削铁如泥的利剑、铜炮、榴弹炮、英国军舰模型等，总价值达到 1.3 万英镑。英国皇室与政府认为，只要中国皇帝与臣民见到这些珍贵的礼品，他们就一定会对英国人的能力和可靠性留下深刻的印象。

同时，乔治三世写信给马戛尔尼：

> 在中国经商的英国臣民很久以来多于任何其他欧洲各国……我对于自己的远方臣民不能不予以应有的关怀，并以一个大国君主的身份要求中国皇帝对于他们的利益予以应有的保护。

在信中，乔治三世授权马戛尔尼代表英国政府与中国皇帝谈判，要求中国政府保护在华英商的实际利益。

最后，为了保证马戛尔尼使团的一路顺利，英国政府专门派出英国海军的第一流军舰"狮子"号护航。东印度公司也为使团提供了当时世界上吨位最大的"印度斯坦"号以及"豺狼"号等 8 艘小船。

英王乔治三世在期盼。

英国朝野上下在期盼。

东印度公司在期盼。

肩负着大英帝国寻求与大清帝国建立正式邦交的沉重使命，马戛尔尼使团乘风破浪、向东驶来。

他们乘兴而来。

他们能达到目的吗？

五

可是，英国人谁能想到，马戛尔尼刚到中国，屁股还没有坐热，便因为觐见乾隆皇帝的礼仪搞得头都大了几圈。

原来，英国使团的船只刚刚驶进天津港口，朝觐礼仪便被前来迎接的中国官员提了出来。

马戛尔尼说：

彼等初向余琐谈中国朝廷之礼节及宫殿之宏丽，余静聆之。一一加以称誉。谓毕竟文明古国，气象是当如是。彼等乃复谈各国服制之同异，谈过半，行至吾旁，执吾衣襟袖观之，因言：贵使之衣窄小轻便，吾中国之衣则宽大舒适，二者相较，似以中国之衣为善。余颔之。彼等复言吾中国皇帝见臣下时，衣服必取一律，因贵钦使之衣，与华人不同，似于观瞻有碍。彼言至此，据指吾所缚蔽膝曰：此物于行礼大不方便，贵钦使观见之时，先宜去之。余闻此言不解其意，因曰：此事可无劳贵钦差置念，敝使在本国时，常着用此种礼服，觐见敝国皇帝陛下，殊不觉有所不便。谅贵国皇帝，不至强我必用华礼。彼等曰：敝钦差等以为觐见皇帝之礼，各国必同，敝国觐见皇帝时，例当双膝下跪，磕响头九个，想贵国亦必如此。余曰：敝国礼节与此略异。今敝使来此，虽当以至诚之心，使事事致贵国皇帝于满意之地，仍宜以尽职于敝国皇帝为第一要务。果欲令敝使舍本国祖宗相传之礼节，强从华欲，则此种答语，敝使雅不愿发诸口吻。万一必欲吾置答者，吾当作一意见书，至抵北京之时交奉。彼等见余言辞决绝，遂不接下文。[1]

大英帝国自征服世界以来，什么时候向别人磕过头？

"日不落帝国"怎能臣服在清帝国的脚下？

他们凭借军舰与大炮，经济实力与强大武力，征服了非洲，征服了美洲，也征服了亚洲的南亚次大陆。眼下，堂堂大英帝国的特使却被要求脱下本民族的服装，换上清帝国的宽袍大袖，再向清国皇帝行三跪九磕之礼，天下哪有这样的道理？

不仅马戛尔尼想不通，就是他的全体使团成员也同样想不通。

---

[1] 《1793乾隆英使觐见记》，天津人民出版社2006年版，第40—41页。

但是，想不通也得想。

当马戛尔尼使团到达大清帝国的皇家园林——热河避暑山庄的时候，中国方面再次要求英使"勉从中国礼节，不必再固执前议"。

这当然被马戛尔尼断然拒绝。

马戛尔尼抗议，我系西方独立国帝王所派之钦使，与贵国附庸国君主所遣贡使不同，贵国必欲以中国礼节相强，敝使抵死不敢奉教。

马戛尔尼想不通，大清国也想不通。

对于清政府来讲，自己是天朝上国，其余国家皆为蛮夷，除了朝贡关系，还真不知道还有什么别的国际关系。在清统治者的眼中，百年以来，无论是周边的国家还是远方的诸邦，还不都是自己的藩属或远夷，都必须匍匐在自己的脚下？

现在，马戛尔尼竟然不承认自己是贡使而是钦使，言外之意，他们在向中国方面抗议，我们大英帝国是一个独立而且强大的国家，不是你们中国的藩属国，中英两国是平等关系，你们不能用对待藩属国的礼节来对待我们。

对于马戛尔尼这种"不懂事"的态度，清政府当然不能答应。乾隆皇帝为此特下谕令：将英夷使臣称为贡使，"以符体制"。

对此，马戛尔尼相当不满，但是，"在人屋檐下，怎能不低头"。考虑到此行的使命，马戛尔尼隐忍再三，才没有立即提出抗议。但是，对于"磕头"问题，因为涉及国家的尊严与体面，他则仍然坚持原则，不肯做出让步。

大清国方面纳闷：既然"贡使"的身份都已经承认啦，你还摆什么清高之谱？既然是"贡使"，那就必须以藩属国的朝臣身份向中国皇帝磕头。

一句话，这个头必须磕，不磕不行。

他们决定用传统的方法来劝诫这帮不知好歹的洋人。

第一手，减缩英国使团馆舍中的供应之物，"各桌所陈盛馔亦易以草具，其意盖欲以饥饿为威逼之具，令钦使不得不允其所请"。

第二手，见此举无效果后，便又改换方法，继续用和平柔软之手腕，用软磨硬泡之形式，迫使英使就范。

在被逼无奈的情况下，马戛尔尼上书军机大臣和珅，要求以平等、对等之办法来解决这项争端。

马戛尔尼在信中说：

为了避免失仪和向尊严伟大的皇帝陛下表达地球上最远和最大国家之一的崇高敬意，本特使准备执行英国臣民和贵国属地君主谒见贵国皇帝陛下时所行的一切礼节。本特使准备在下述条件下这样做：贵国皇帝钦派一位同本使地位身份相同的大员穿着朝服在英王陛下御像前行本使在贵国皇帝面前所行的同样礼节。①

清政府万万没有想到，英国使团还这么不开化，这么丑硬下去。

马戛尔尼在觐见礼仪问题上的不肯让步，不仅让大清国的朝臣们不可思议，终于也震怒了中国的最高统治者——乾隆皇帝。

乾隆皇帝下旨斥责马戛尔尼的狂妄无知，命令和珅当面驳斥，同时下令减少对英国使团的赏赐与供应标准，以"稍加裁抑"。

至此，礼仪之争陷入僵局。东西方两个大国的初次接触即不融洽。

对于这个头，磕，还是不磕，已经成了一个关键性的问题。

此后，清政府决定对这件事情采取"冷处理"的态度。表面上，清廷气度恢宏，不屑在这样的事情上再多费口舌。实际上，马戛尔尼使团从此也不再受到中国方面的热情款待，觐见中国皇帝也好像变成了一件遥远不可及的事情。

在令人心神不安的冷战中，迫于使命的驱使，在现实面前，马戛尔尼终于低下了他高傲不屈的头。

---

① 林延清：《〈乾隆英使觐见记〉解读》，《1793乾隆英使觐见记》，天津人民出版社2006年版，第241页。

千里迢迢、不辞辛劳地从海外赶来，绝不是为了简单地来与大清国统治者吵架干仗。英王乔治三世的使命、大英帝国全体臣民们的期望，绝不能因为自己的身份受辱而废止。思来想去，为了不辱使命，马戛尔尼决定下跪磕头。

终于，双方达成了解决方案：在万寿节前的八月初十日，在万树园的招待宴会上，乾隆皇帝召见英国使臣时，可以允许英使行英国最高礼节。而八月十三日在澹泊敬诚殿举行乾隆皇帝的万寿盛典时，英使向乾隆皇帝呈献国书时则必须按着中国的藩属国贡使的觐见礼节行三跪九磕的大礼。

终于，马戛尔尼见到了乾隆皇帝，将英王乔治三世的亲笔书信恭送到了中国皇帝的手中，也将大英帝国的愿望传达给了中国的这位最高主宰者。

后来，据马戛尔尼的记述，在他的眼中，乾隆皇帝"实一老成长者，形状与吾英老年绅士相若，精神亦颇壮健，八十翁望之犹如六十许人也"。[1]

终于，我们这位天朝上国的乾隆皇帝，也心满意足地欣赏到万里之外的"泰西小国"英吉利的特使，像中国周边的藩属国的特使那样给自己行三跪九磕的臣服大礼了。

马戛尔尼磕头啦，乾隆皇帝的面子也给足啦，接下来的问题是，乾隆皇帝能够接受英王乔治三世的国书要求与马戛尔尼使团提出的一系列的两国要求及其他事项吗？

六

马戛尔尼虽然为了大英帝国的使命被迫放弃平等的礼仪原则而向中国皇帝磕了头，可是，他并不知道，乾隆皇帝根本就没有承他这个情。毕竟，

---

[1] 《1793乾隆英使觐见记》，天津人民出版社2006年版，第103页。

磕头与否说白了不过还只是一个面子上的问题，对于两国的实际利益来说并没有什么损益之处。但是，对于英王乔治三世与特使马戛尔尼提出的具体要求，清国政府就不会有任何商量与通融的余地了。

种种迹象表明，马戛尔尼的中国之行，似乎前途黯淡。

据史料记载，8月21日，马戛尔尼使团离开热河前往北京。大约就在这个时侯，英使马戛尔尼带来的国书才被翻译了出来。

乔治三世在给乾隆皇帝的国书内容主要有四条：

1. 要求派马戛尔尼为使臣长期驻华，中英两国建立外交关系；

2. 扩大英国在华贸易范围，发展中英双方的经济往来关系；

3. 要求中国皇帝保护在华的英人利益；

4. 介绍使团情况，希望乾隆皇帝能够与英国特使就双方关心的问题展开全面的谈判。

对于马戛尔尼使团不辞万里、前来祝寿这件事情，乾隆皇帝还曾经一度沾沾自喜了一阵子，但当马戛尔尼为了觐见礼节问题的争吵与乔治三世给他的国书翻译出来后，乾隆皇帝才如梦方醒。原来，大英帝国使团来华的真正目的不是专门来为他祝寿，而是借祝寿之名来与中国建交并扩大贸易往来。

于是，第二天，军机处便专门给接待特使的大臣徵瑞去文，要他赶快催促英国使团抓紧回国。

按大清帝国惯例：外国使臣无久住中国之前例，以法律论，使臣到京至多不过勾留四十日，四十日后如不自去，就被斥逐。

乾隆回銮以后，接待大臣便按照乾隆皇帝与军机大臣和珅的意思，援引此例，敦促马戛尔尼使团早日离京回国。

据使团随员安德生在《随使中国记》中记载：

皇帝至北京，闻吾国使臣尚无回国之意，异甚。向左右言曰：他们英吉利人事情办完了怎么还不想回国去？难道他们忘记了家乡不成？奇怪！

奇怪！后来闻吾英人至中国后有得病身故者数人，又奇甚。言曰，他们英吉利人究竟不配到中国来，来了便要死的。

军机大臣和珅也趁机劝说：

你们离家已久，谅来对于故乡风物必定牵记的很。皇上的意思也以为你部下的人到中国后已死了几个，你自己身体又不舒服，想来北京天气太冷，与你们洋人的体质不甚合宜。将来交了霜降，天气还要冷得很，替你们设想，还是早一点儿回国的好。而且我们天朝的宴会礼节，新年时与万寿时差不多，贵使既在热河看见了万寿礼，也不必再看新年礼了。

对于这样明显的逐客之意，马戛尔尼不免失望之极。他干脆向和珅摊牌：大英帝国皇帝派我来中国，不是为暂时的联络感情，而是要我久住北京，以便有事时代表大英帝国皇帝随时与清国政府商量解决。

和珅当然左顾而言他。

很快，乾隆皇帝给英王乔治三世的国书也已写好。

留驻北京既然已无可能，在万般无奈的情况下，马戛尔尼再次给和珅写信，代表英国政府向中国政府提出最后六点要求：

第一，请中国允许英国商船在舟山、宁波、天津等处登岸，经营商业。

第二，请中国按照从前俄国商人在中国通商之例，允许英国商人在北京设一洋行，买卖货物。

第三，请于舟山附近划一未经设防之小岛归英国商人使用，以便英国商船到彼即行收藏，存放一切货物且可居住商人。

第四，请于广州附近得一同样之权利，且听英国商人自由往来，不加禁止。

第五，凡英国商货自澳门运往广州者，请特别优待赐予免税。如不能尽免，请依1782年之税律从宽减税。

第六，请允许英国商船按照中国所定之税率切实上税，不在税率之外另行征收。且请将中国所定税率录赐一份以便遵行。缘敝国商人向来完税，系听税关人员随意估价，从未能一窥中国税则之内容也。[①]

对于英王乔治三世及其特使马戛尔尼所提出的全部要求，乾隆皇帝断然拒绝。他在给英王乔治三世的国书中逐条予以了答复。

1. 关于英国要求派特使常驻北京一事，乾隆皇帝明确回答："此则与天朝体制不合，断不可行。"

2. 关于英商在舟山、宁波或天津泊船贸易一事，乾隆回答："皆不可行。"

3. 关于英商要求仿效俄国，在北京"另设一行，收贮货物发卖"一事，乾隆回复："更断不可行。"

4. 关于英国要求在舟山拥有一个小岛和一块空地，以贮存货物，乾隆答复："此事尤不便准行。"

5. 关于英国要求在广州附近拨一小地方居住英商一事，乾隆回复，此"已非西洋夷商历来在澳门定例。况西洋各国在广东贸易多年，获利丰厚，来者曰众，岂能一一拨给地方分住耶……核之事理，自应仍照定例，在澳门居住方为妥善"。

6. 关于英国要求英商货物自广东至澳门，由内河行走或不上税或减税一事，乾隆回复，"夷商贸易往来纳税，皆有定制。西洋各国均属相同。此时既不能因尔国船只较多，征收稍有溢额，亦不便将尔国上税之例独为减少，惟应照例公平抽取，与别国一体办理"。

7. 关于英国要求英商货物入关照规定纳税，不得勒索一事，乾隆回答，"粤海关征收船料，向有定例。今既未便于他处海口设行交行交易，自应仍在粤海关按例纳税，毋庸另行晓谕"。

8. 关于英人在中国传教一事，乾隆回答："不敢惑于异说。""今尔国使臣之意欲任听夷人传教，尤属不可。"

---

① 《1793 乾隆英使觐见记》，天津人民出版社 2006 年版，第 155—156 页。

乾隆对英国的国书答复，一方面，体现了对英国带有扩张侵略性质的如割取中国岛屿、减免内河关税等无理要求的严正拒绝，维护了中国国家主权；另一方面，也暴露了孤立于世界之外的中国封建统治者的愚昧和孤傲。这个答复表明，马戛尔尼使团的中国之行彻底失败。这个答复也表明，"龙"与"狮"由于认识及观念上的不同，暂时还没有对话与来往的可能。

对于中国政府的这种态度，马戛尔尼显得十分的失望与无奈："我受命于英王陛下而出使中国，这在英国历史上是第一次，许多人都盼望着这次出使能够获得圆满成功，至于我就更不用说了。然而，现在的情况使我不能不感到极度的失望，我不能不感到无限的遗憾。"

实际上，对于大清帝国，对于近代的中国，也何尝不是一种无法弥补的遗憾呢？

1816 年，在马戛尔尼使团使命遭到失败后的第 13 年，"考虑到与中国通商的重要性，因为它影响不列颠帝国人民的利益与安乐，并关系国家一项巨大岁入"，英国外交大臣罗加事里又继马戛尔尼之后指派阿美士德为前往中国北京的特命全权大使，再次试图与中国发展外交关系并扩大和加强对华经济贸易的往来。

罗加事里在给阿美士德的训令中特别指出：

如果阁下能够为公司（指东印度公司）货船获得开往广州以北另一口岸的许可，这将被认为是对华贸易的一项真正重要的收获；但是，就阁下使团所要完成的任务而言，没有任何一件事比在北京设置一名办理英国人民事务的长住使臣更为重要了……在留在中国的时期内，阁下应极力搜罗有关中国商业政策及政府实际情况的情报；阁下及阁下的某些随员应特别注意探求在中国人中间扩大推销英国制造品的任何手段。[①]

英国外交大臣罗加事里的这个训令，明确告诉了我们有关阿美士德使

---

① 马士：《东印度公司对华贸易纪事》第 3 卷，第 284 页。

华的三个重要信息：

1．力求为英国商人再增加一个通商口岸；

2．继续试图与中国寻求建交的途径；

3．收集有关中国的情报。

然而，阿美士德使团带着和马戛尔尼同样的要求，却碰到了和马戛尔尼同样的遭遇。嘉庆皇帝的保守、固执甚至比其父乾隆皇帝更有过之而无不及，他干脆拒绝接见阿美士德使团。

嘉庆皇帝仍然把英国作为前来朝贡的国家，同样因为三跪九磕的礼节，将阿美士德使团"即日遣令归国"。

乾隆、嘉庆二位皇帝在处理对外关系上的态度表明，东西方文明，各自在自己的环境中生成、发展，从而形成了各自独特的制度及观念，彼此之间存在着巨大的鸿沟。东西方世界要想相互接近、沟通、理解，开展正常的交流与往来，就必须经历一个长期的、痛苦的、艰难的适应与磨合，甚至是带有血腥味的过程。

但中国与西方的差距并没有因为中国拒绝放眼西方就因此而变小。相反，差距愈来愈大，两个文明之间的矛盾很快就要演变成为刀兵相向的公开对抗。

七

在我国五千年的文化中，有一部以术数、阴阳、八卦为主题的典籍，它的名字叫《周易》。这部具有根源性意义的元典，据说经历了上古伏羲、中古文王、周公、近古孔丘三代圣人，历时两千多年才得以完成。

在这本书的六十四卦的第一卦"乾"卦的爻辞中，有一句很重要的名言：

上九，亢龙有悔。

它的意思是：物极必反，一个事物发展到了极点，就会开始走下坡路；

一个人走的太远了、太骄傲了，就会有后悔的地方。把这句话用到盛世末端的乾隆皇帝的身上，倒是有一种说不清的合适。

应当看到，1793 年马戛尔尼使团的访华，对于中国是一次觉醒与走向世界的契机。

这是中国走向近代的最初也是最佳的一个机会。

马戛尔尼使团来华携带的礼品，是经过英王乔治三世与英国国会的反复挑选才最终决定下来的。这些礼品，是"能显示欧洲先进的科学技术，并能给（中国的）皇帝陛下的崇高思想以新启迪的物品"。

天体运行仪，可以清楚地演示太阳、月亮、地球及其他星辰的运转；

天球全图，犹如一个小宇宙，可以让人感受到天空中的诸多天象；

地球全图，天下万国、四洲、山河、海岛都画在球内。尤为重要的是，它包括了当时航海探险的地理新发现。

如果说，中国朝野看到这些东西还不感到惊奇的话，那么，英国使团带来的当时世界上行驶最快、装备着当时世界上最厉害的火炮的"皇家元首"号军舰模型，该足以让中国朝野震动了吧？

何况，随团带来的榴弹炮、迫击炮以及手提式武器毛瑟枪、步枪、连发手枪，任何一件武器都足以能够引发中国军备上的改革。

奇怪的是，在这种巨大的差距面前，从乾隆皇帝到朝中大臣却没有人去认真地思考与研究一下。

这是盲目自大的心理在作祟。

这是愚昧无知的思想在作怪。

据史料记载，乾隆皇帝在阅过马戛尔尼呈进的贡品名单后，不是兴趣盎然，而是不屑一顾。他在礼品名单上批示道：

又阅译出单内所载物件俱不免张大其词，此盖又夷性见小，自为独得之秘，以夸炫其制造之精奇……至尔国所贡之物，天朝原亦有之……庶该使臣等不敢居奇自炫。

有这种故步自封思想意识的领导者，国家还能进步吗？

最让人感到可气的是，在撵走马戛尔尼使团后，乾隆皇帝即让人将英使所送的这些颇能代表当时世界最先进科学技术与军事装备的礼品统统送入圆明园仓库封存，弃如敝履。

60多年后，当英法联军进入圆明园后，看着这些完整无缺静静地躺在那里并且布满灰尘的礼品，感到十分意外与不可思议。

1793年，中国与近代世界失之交臂。

1793年，大清国丧失了一次重新正视自己、与世界并步的机会。

1793年，这是中国与西方国家发生关系的最佳机会。由于马戛尔尼的使华失败，东西方两个大国就这样擦肩而过。

当时，中英东西两大帝国实力相当，此时与英国建立外交关系，双方可以平等地交往。英王乔治三世派遣马戛尔尼使团访华，主动向中国伸出橄榄枝，如果乾隆皇帝能够在此时变动脑筋，抓住这个送上门来的机遇，双方互派使节，建立正常的正式国家往来关系，中国就会在此后的年代里，有充足的时间研究西方，了解对手，发展自己。遗憾的是，当政者的麻木与迟钝使中国在世界已经发生巨变的关键年代里仍然沉沉昏睡，一觉醒来已是物是人非了。

本来，中国一直是对外贸易的出超国，有发展经济贸易的有力条件。18世纪和19世纪初，到广州的外国商人日益增多，对外贸易规模越来越大。但是，由于清政府禁令森严，中国的大商人都视远洋贸易为危途，只有一些小商小贩零星地贩运货物出洋，对外贸易的主动权和高额利润长期由外国商人所垄断。如果乾隆皇帝能够趁英国要求扩大经贸之机将中国商业推向世界，可以设想，50年后中国的经济实力是不会落到了只能在被动挨打中匍匐前行的尴尬境地的。

这是历史的阵痛！

前事不忘，后人之师。

八

随着中国与西方差距的不断拉大，两个文明之间的矛盾很快就演变成为刀兵相向的对抗。

1842年，大英帝国用炮舰与鸦片叩开了中国闭关自守、长期封闭的大门，迫使清政府签订了丧权辱国的《南京条约》，被迫割地、赔款，开放广州、福州、宁波、厦门、上海五口为通商口岸。此后，西方的列强们开始效仿英国，纷纷染指中国，欧风美雨开始狂扫中华神州大地。

从一定意义上看，鸦片战争是大清国历史上的一大转折点，若将视野放大，它也是中国数千年历史上的一大转折点。从此，世界开始进入了中国，中国也开始逐步融入了近代世界。

鸦片战争之所以成为中国历史上的一个转折点，并不在于这场战争本身。就双方而言，战争规模并不算大，过程也相对简单。但是，这场战争却代表了中英两国的不同文明、实力之间的冲突与较量，战争的胜负实际上早已由双方的社会性质、文明程度、政治制度、军事力量及民众的支持力度等综合因素所决定。对于清政府来说，失败是必然的。《南京条约》及其附件的签定，标志着中国不平等条约体系与殖民地半殖民地屈辱的开始。

鸦片战争的失败是清政府王权危机的前奏曲。

宣樊在《政治之因果关系论》一文中说：

本朝内乱，以洪、杨为巨；而外祸之发轫，则始于鸦片战役。有鸦片战役，始知外国之强。未几英、法联军继之，而中朝情势乃大绌矣。故南京、天津二次条约，实维新政治之所由肇也。

鸦片战争后，清政府误认为西方国家入侵中国是暂时的，他们的要求满足之后便不会再来，《南京条约》不过是"暂事羁縻"，但事实远非如此，殖民主义者的欲望是永远不会满足的。

1860年，英法两国发动了第二次鸦片战争，清政府又以失败而告终，再次先后被迫签定《天津条约》《北京条约》，规定中国向英法赔款，增开通商口岸，允许外国公使进驻北京等。

第二次鸦片战争改变了清政府对西方国家的短视看法。此后，西方国家也认清了大清帝国的虚弱本质，他们频频挑起事端，对中国的权益要求不断增加；清政府经过两次惨败的教训，对西方国家的看法也由蔑视变为恐惧，失败一个接着一个，除了满足西方列强的要求外，清政府已经别无选择。自古以来至高无上的皇权破天荒地受制于列强并开始出现危机。

对于西方列强的入侵所可能给中国政治带来重大影响的这一问题，马克思早在100多年前就敏锐地观察到："英国的大炮破坏了中国皇帝的威权，迫使天朝帝国与地上的世界接触。与外界完全隔绝曾是保存旧中国的首要条件，当这种隔绝状态在英国的势力之下被暴力所打败的时候，接踵而来的必然是解体的过程。正如小心保存在密闭棺木里的木乃伊一接触新鲜空气便必然要解体一样。""随着鸦片日益成为中国人的统治者，皇帝及其周围墨守成规的大官们也就日益丧失自己的权力。"① 不仅如此，伴随着巨额赔款的出现，外国公使的进驻北京，不平等贸易的往来与扩大，通商口岸的开放与增加，传教士的纷纷到来等，西方对于中国的影响逐步扩大并不断深入。西方政治、经济、军事、文化终于成为中国人关注的焦点，中国在被动挨打中被纳入了以西方文化为霸主地位的世界体系之中。

"西方上帝中国行"的第一成果，就是带动了广州一个不第秀才名叫洪秀全的文人，于1851年在帝国的南方发起了中国历史上规模最大的一次社会底层的农民造反运动。清政府赖以生存的经制军——八旗、绿营，

---

① 马克思：《中国革命和欧洲革命》，《马克思恩格斯选集》第二卷，人民出版社1972年版，第2—3页。

在这场战争中很快被消灭殆尽。

为了自救，清政府被迫下放紧握在手中的权力，开始允许地方汉人自建军队。从此，形成内轻外重，兵为将有的政治格局，而且，汉人的建国意识也因此而开始复苏。

以太平天国战争和第二次鸦片战争为分水岭，清帝国在瑟瑟秋风中，终于步入了它的晚期。

日之将夕，悲风骤至。

在欧风美雨的猛烈冲击下，在清帝国内部火山的爆发中，清帝国这艘破船究竟能否渡过危机、驶向光明的彼岸？

事情是由人做起来的。

清帝国这艘破船能否经得起风吹雨打，关键还在这艘船上的船长及大副们的智慧与能力……

这盘死棋还能盘活吗？

只手难擎将倾厦

——理想者肃顺的现实遭遇

　　肃顺是从布衣迅速走到执掌国柄的政治前台的。没有特殊的本领与机警，走到这一步难于登青天。就凭这一点，可以断言，对于得罪朝野上自那拉氏、恭亲王，下至文武僚吏，甚至西方列强的后果，肃顺心中应该是明镜似的清楚。对于别的大臣不敢想的事情，肃顺替咸丰皇帝想到了；对于别的大臣为了保身保官而不敢做的事情，肃顺替咸丰皇帝义无反顾地做到了。虽然，这样做的后果是遭到各个方面的强烈嫉恨。在失去咸丰皇帝支持后，肃顺就迅速落得个身首异处的下场。但我还是要说：伟哉！肃顺，咸丰时期一个真男人，一个敢于为理想而拼杀不计身后事的真男人。

一

1861 年 11 月，北京阴霾沉沉，气氛压抑。

这一天，顾命大臣肃顺护送着咸丰皇帝的梓宫从热河来到了京郊密云。

此刻，肃顺的心情格外沉重。

载垣、端华等赞襄政务大臣不听他的计策，不同意在热河将那拉氏除掉；回京后，又多了一个对手恭亲王奕䜣；今后局势究竟怎样发展，看不透啊！虽然，现在自己是赞襄政务王大臣，枢机权力在手，但信任与支持自己的咸丰皇帝去了，小皇帝又年幼无知，掌印决策之权尽归其母。数日前在热河关于两太后垂帘之争的激烈情况，又不自觉地浮上了肃顺的心头，让他一想起就感到心中压火，喘不上气来。

当晚，夜幕漆黑，在半夜三更之际，慈禧心腹醇郡王奕譞突然带兵闯进肃顺住处，肃顺被抓。

数日后，肃顺被定为叛逆罪，绑缚市曹。

当是时，肃顺身肥面白，以咸丰大丧故，白袍白鞋，被反缚在一个窄小的牛车上。

过骡马市大街，儿童欢呼："肃顺也有今天啊！"有人拾瓦块、泥土、砖头掷向肃顺。顷刻，肃顺面目模糊不可辨。

真正为国家做事的人，却为社会所不容，这真是历史的讽刺与悲剧。

到了菜市口，将行刑，肃顺坚不下跪，刽子手以大铁柄敲碎其两胫，乃跪下。随着一刀砍下，肃顺人头落地。

很快，慈禧与慈安共同垂帘听政，废除咸丰时肃顺制定的诸多政策，改年号祺祥为同治，晚清女主主政时代开始了。

人亡政息，咸丰皇帝依靠肃顺制定的几项有助于挽救大清国灭亡的基本国策，也就伴随着肃顺、咸丰，沉沉酣睡在他们的坟墓中。

二

今天提起肃顺，对于许多人来说，或许有点陌生。

但是，他却是开启晚清帝国这部真实历史的一把钥匙。

谈起晚清帝国的政坛往事，自然不能不提到这个人物。

之所以绕不开他，主要是因为咸丰时期的许多重大国策，涉及国运命祚的许多事情，离开了肃顺，很可能就会说不清楚，或者是说不完整。

在许多普通读者的眼中，晚清人物百百千千，慈禧、奕䜣、荣禄、奕劻、曾国藩、李鸿章、袁世凯、张之洞等，名人众多，活动的舞台广阔。肃顺是何许人也，何值一提？在他们的历史记忆中，肃顺是一片荒漠。提到他的重要影响时，眼中也是一片模糊与迷茫。他们不知道，实际上肃顺与晚清政治的兴亡有着极大的关系。

这种情况的出现，其实一点儿也不奇怪。过去有限的历史教材，也只给人们留下了一个专权跋扈，最后在与慈禧、奕䜣的政争中被推上京城菜市口刑场，一刀脑袋落地的肃老六的形象。由于慈禧长期秉政，晚清官方档案也对此讳之莫深，肃顺也就一直是以一个不起眼的反面者形象被铸在晚清帝国的官方档案中。多年来，史学界对这个人物的漠视与研究的薄弱，客观上也淡化了晚清史上这一重要人物对当时历史的重要影响。这使人们对肃顺的认识不足倒起了不小的导向作用。

但是，如果我们拂去历史档案上的尘土，走进在风雨中飘摇晃荡的晚清帝国大厦，人们就会看到许多过去没有看到或听到过的真实历史，认识到历史教科书背后肃顺的真实面孔，从而领略到真实的晚清历史风光。

三

　　肃顺，满洲镶蓝旗人，爱新觉罗氏，出生于闲散宗室。道光年间，曾在宫中任职，也就是如我们今天在电视剧上看到的御前带刀侍卫一类的人物。整个道光年间，他不过只是一个不起眼的小人物，当时可能谁也没有想到，他会在咸丰朝末年政局上掀起一股惊涛骇浪。

　　时势造英雄，英雄造时势，这个辩证法在任何时间、任何地点，都在发挥着它的魔力作用。

　　如果是在康乾盛世，国家太平、政治清明、主明臣贤，肃顺自然也就没有显露头角的机会。同样，如果咸丰皇帝性格坚毅、魄力远大、勇于任事，有其前辈雍正爷般的铁腕，肃顺亦不会有机会施展本领，崭露头角。

　　问题恰恰是，咸丰是一个倒霉又苦命的天子。他刚刚坐上皇帝的宝座，还没有时间喘息一下来享受战胜其弟奕䜣、夺得皇权的喜悦，广西爆发的太平天国农民造反运动就给了他当头一棒，让他惊慌失措、极端无奈，自感生不逢时，心绪忧郁坏到了极点。

　　1851年，科场上找不到出路的民间知识分子洪秀全在广西桂平金田村发动农民起来造反。洪秀全利用基督教，创立拜上帝会，公然宣布清朝皇帝为"阎罗妖"。他要"手持三尺定山河""执掌乾坤杀伐权"。同年，他建立了与清政府对立傲视的太平天国政权，掀起了中国有史以来最大的农民起义的狂潮。

　　太平军扫荡过处，地方政权几同瓦解，以清朝官员升黜变迁的数量为例，短短数年，因战败被免职、革职乃至丧命的钦差大臣、总督、巡抚、都统、将军就达30多人。对于太平军的摧枯拉朽，横扫千军，"满督抚殉节者有之，而敢与抗者无有也"。① 占领南京后，太平军又挥师北上，直逼北京，沿途八旗、绿营军不堪一击，官吏将士的腐败无能暴露到了淋漓尽致的程度。

内忧未除，外患又起。1856 年，英国借口"亚罗"号事件，法国借口"马神甫"事件，联合发动了旨在攫取更多权益、满足它们贪婪欲望的第二次鸦片战争。英法联军一路北上，直逼天津，虎视眈眈地盯着北京。面对内外交患、政治形势日益紧迫的局面，咸丰帝在政治上显示出了极端的无奈。他捉襟见肘，心急如焚，疲于应付，思想上陷入了极度恐慌的状态之中，身体健康也受到了很大的影响。"文宗初基，东南糜烂，天下岌岌。"② "时局所虑，在无将无饷，而实则两患仍在当事之非才。"③ 应接不暇的局面，使咸丰感到了朝廷中大臣的因循守旧，哀叹国家缺少匡济之才。当此时，"肃顺一人差强毅，敢任事"，④ 大受咸丰赏识，一再得到破格擢用的礼遇。这样，乱世出人才，英雄起草间。肃顺与晚清政局的结缘，实际上就成了自然而然的一件事情。

四

对于肃顺的升迁之快，世人多表惊叹，也十分的不解，只谓他简直就是一个乘火箭上升的宦海人物。

请看下列肃顺在咸丰朝的升迁记录：

道光三十年（1850 年）正月，道光帝病死，咸丰帝即位。七月，肃顺

---

① 张祖翼：《清代野记》，中华书局 2007 年版，第 2 页。

② 郭嵩焘：《养知书屋文集》卷十，光绪十八年刊。

③ 车吉心总主编：《中华野史》（清朝卷五），泰山出版社 2000 年版，总第4887 页。

④ 沃丘仲子：《慈禧传信录》，崇文书局民国七年版。

授内阁学士兼礼部侍郎衔。

咸丰三年正月，肃顺授正黄旗蒙古副都统，二月，署理銮舆使，三月初十日，迁銮舆使，九月，署理正红旗护军都统。

咸丰四年三月，肃顺赏御前侍卫，受皇帝直接管理，与咸丰帝接触频繁，以后几月连得升迁，四月，署理正红旗满洲副都统，授工部右侍郎，六月，派充练兵翼长，闰七月，调补正蓝旗满洲副都统，十月，授礼部左侍郎，十一月，为册封懿贵妃那拉氏的副使，十二月，署理镶白旗护军统领。

咸丰五年二月，肃顺管理向导处事务，即总统大臣，为皇帝出巡做各种准备工作，是月还授左翼监督。四月，授前锋营统领，正二品，负责"警跸宿卫"。不久，太平天国北伐军失败，五月，肃顺以筹办巡防记功，九月，受命管理镶蓝旗总族长，十一月，调补户部左侍郎兼管三库事务，十二月，调补正白旗满洲副都统。

咸丰七年正月，肃顺实授都察院左都副御史，七月，授正红旗汉军都统，八月晋理藩院尚书，九月，迁礼部尚书管理理藩院事务，十月，充大考翻译翰詹阅卷大臣。

咸丰八年二月，肃顺充查城大臣、崇文门监督，四月，署工部尚书，五月，授内大臣，九月，调礼部尚书，仍管理理藩院事务。十月，充武乡试监射大臣，十二月，调户部尚书。

咸丰九年九月，肃顺充翻译乡试正考官，十月，充稽察沟渠河道大臣，并在御前大臣上学习行走。

咸丰十年正月，授御前大臣，并充经筵直讲，御前大臣主要负责向皇帝奏报要预定召见大臣的人数和名次。"御前大臣，体制最尊，国语谓之'戈什昂邦'。非王公负重望者，罕能任此"①。三月，肃顺充领侍卫内大臣，五月，授总管内务府大臣，"上三旗包衣之政令与宫禁之治，凡府属吏、

---

① 车吉心：《中华野史》（清朝卷四），总第 4203 页。

户、礼、兵、刑、工之事皆掌焉"[1]。十月，授镶黄旗汉军都统。

咸丰十年八月，英法联军进攻北京，咸丰帝北逃热河后，肃顺以户部尚书协办大学士，署领侍卫内大臣，"行在事一以委之"。十二月，授协办大学士。

咸丰十一年七月十六日，咸丰帝病死前，遗诏肃顺与载垣、端华等八大臣同为"赞襄政务王大臣"，辅佐幼帝载淳。肃顺权势煊赫，盛极一时。

据史料载："文宗喜肃顺，言无不尽。"[2]咸丰皇帝之所以喜欢肃顺，主要还是因为他有才干、有抱负、敢于任事和勤于治事。实际上，肃顺确实是咸丰朝末年中央高级官员中出类拔萃的一位。

由于得到咸丰皇帝的恩宠和信任，肃顺的权势炙手可热。据清史专家萧一山先生讲："帝极信任之，遇事均与谋，军机大臣遂至拱手听命而已。"[3]应该说，在辛酉政变发生前夕，肃顺已经权倾一时，成为咸丰帝临终之前一人之下、万人之上的权臣。

五

肃顺对晚清帝国国策走向的影响是巨大的。他的政治主张和政绩，主要表现在这样几个方面：

---

① 李治亭主编，刘小萌：《爱新觉罗家族全书》第1册，吉林人民出版社1997年版，第292页。

② 黄濬：《花随人圣庵摭忆》，第57页。

③ 萧一山：《清代通史》卷下，第419页。

（一）为帝国制定和初步推行了"以汉保满"与"以汉制汉"的基本国策

清朝开国以来，满汉畛域藩篱深固，旗汉界限分明。清迁入关后推行"首崇满洲"的政策，"各部院衙门堂司，悉令满洲掌印"，①不让汉人握有军政实权。凡核议政事，皆满官一人主之，汉官只有"相随画诺，不复可否"的份儿。时光发展到咸丰朝，满洲官民腐朽已到极致。面对太平天国摧枯拉朽的打击，清政权的统治出现了严重的危机。事实表明，清开国之初制定的"扬满抑汉"的政策已经到了必须改变的时候了。肃顺则是顺应这一历史需要而走在时代前列的一名朝廷最高官员。

肃顺本是满人，但他对满族人却极端瞧不起。肃顺认为满族旗人多贪图安逸，没有实际能力，而汉人中英俊有识之士颇多，因而主张重用汉人。

据《满清野史续编》记载："肃顺秉政时，待各署司官，眦睚暴戾，如奴才若。然惟待满员则然，待汉员颇极谦恭。尝谓人曰：'咱们旗人'浑蛋多，懂得什么？汉人是得罪不得的，他那支笔厉害得很。故其受贿，亦只受旗人，不受汉人也。"

据《清朝野史大观》中记载，肃顺极喜延揽人才，邸中客常满，如汉人陈孚恩、匡源、焦佑瀛、黄宗源等，皆肃顺所举荐也。这些人日后或入军机，或成为辅命大臣，或封疆，皆肃顺识才荐举之功也。心中深存满汉畛域之念的咸丰皇帝，后来所以能重用曾国藩、胡林翼、左宗棠等一批湘系汉人官僚，实与肃顺的政治见解不无关系。

面对清王朝的颓势，肃顺看清了只有汉人才能挽救这一败局，显露出了"万人皆睡他独醒"的政治敏感。因此，他决定推动咸丰重用有能力、有济略的汉人官僚，来渡过清王朝统治危机的重重难关。

---

① 《光绪钦定大清会典》卷二十七。

肃顺平日与座客谈论，非常佩服曾国藩之识量、胡林翼之才略。

"湘军初起，肃顺力言其可用，上向之。"肃顺屡次向咸丰帝"倡言重用汉臣"，让咸丰皇帝逐渐认识到重用汉人对维系大清王朝统治的重要性。

在肃顺的推动下，咸丰五年二月二十七日，咸丰皇帝任命胡林翼署理湖北巡抚。这为湘军发展奠定了政治上的基础，成为日后湘军转败为胜的契机。

咸丰十年，苏常失陷，咸丰帝打算调胡林翼总督两江。肃顺乘间建议，胡林翼在湖北，措置尽善，未可挪动。不如用曾国藩督两江，则上下游俱得人矣。咸丰皇帝遂如肃顺的建议，擢调曾国藩为两江总督。这一事件，成为曾国藩一生事业之转折点。在此之前，曾国藩仅是一个军队的领导人，力争地方权力而不可得，七八年间不见大功。直到此时，才有督吏筹饷之权，不徒为空名之督师。削平太平天国，建立不朽功业，于此肇基。清末学问大家王闿运曾说："曾侯大用自肃豫庭（豫庭为肃顺字）。"今天我们如果用伯乐相马的眼光去衡量，无疑，肃顺为曾国藩事实上的伯乐，曾国藩是肃顺在大清国危机情况下发现而让其一展骥足的千里马。曾国藩、胡林翼、左宗棠等能在很短的时间内，就被发现而驰骋得志于疆场，肃顺的识才眼光与荐举之力，大矣！肃顺与曾国藩相得益彰，为朝廷建功立业，成为晚清政治史上一大佳话与一道亮丽的风景线。

曾国藩督两江后，咸丰帝又准肃顺的奏请，相继领旨令曾国藩保荐封疆将帅人员及节制江苏、安徽、江西、浙江四省军务，使湘军将领终于握有地方实权，成为扭转时局的一件大事。

当是时，"曾文正皖南之败，退守祁门，劾者纷起，廷议将改简，肃大言曰：'胜败兵家之常，临阵易帅，兵法大忌，不如使之戴罪立功可也。'"[1]肃顺就像母鸡护着自己得来不易的鸡仔，再一次使曾国藩的政治

---

[1] 张祖翼：《清代野记》，中华书局 2007 年版，第 239 页。

生命化险为夷。

后来，咸丰皇帝病死热河之前，肃顺还向他许言曾国藩可寄予厚望。以致咸丰帝一时兴致，让肃顺等转告曾国藩，"有能克复金陵者可封郡王"。① 咸丰帝死后，肃顺等赞襄政务，"益重（曾）国藩"。②

肃顺以重用汉人名士闻名于世，尤其他智救左宗棠的故事，更是为时人所乐道。

左宗棠，湖南名士。太平军起义后，在湖南巡抚骆秉章幕府供职。胡林翼曾说："骆之办事，全在左卿。"③ "自刑名、钱谷、征兵、练勇与夫厘金、捐输，无不布置井井，洞中机要。"④ 但是，左宗棠为人直达，多恃才自傲。他常把自己比作大清朝的诸葛武侯，在人际关系上不注意保持微妙的礼节，因而几乎引来杀身之祸。

咸丰九年，湖南省永州镇总兵樊燮被左宗棠革职，樊燮不服，遂向湖广总督官文弹劾左宗棠。官文是咸丰帝放在两湖地区的监军式人物，为了牵制和打击湘军势力，压制湘军头领不服之气，遂借机向咸丰上疏弹劾左宗棠。这件事，自然在两湖地区引起了震动，湖北巡抚胡林翼、湖南巡抚骆秉章为保左宗棠，上疏力争。这就是当时震惊朝野的左宗棠弹劾案。

官场之事，明明暗暗，虚虚实实。左宗棠虽然在当时名气很大，以致咸丰八年咸丰帝召见郭嵩焘时，还询问"若识举人左宗棠乎？何久不出也？年几何矣？过此精力已衰，汝可为书谕吾意，当及时出为吾办事"。但官文毕竟是咸丰的心腹，咸丰皇帝自然将天平总是偏向于官文一方。

史载，官文弹劾左宗棠的奏折呈进后，廷旨命官文密查，如左宗棠果有不法情事，可即就地正法。对于左宗棠的为人，肃顺早有耳闻。当他知

---

① 薛福成：《庸庵笔记》，第36页。
② 黄濬：《花随人圣庵摭忆》，第428页。
③ 胡林翼：《抚鄂书牍》，《胡文忠公遗集》卷六十一，光绪元年湖北崇文书局刻本。
④ 薛福成：《庸庵笔记》，第36页。

道欲将左宗棠"就地正法"的密令，大吃一惊，连忙将此消息辗转透露了出去。郭嵩焘与左公同县，又素佩其经济，倾倒备至，闻之大惊。连忙请时任肃顺幕府的王闿运求救于肃顺。

肃顺告诉王闿运，论救他当为任之，然必外廷汉官，需有上疏言之者，咸丰帝问及，"余方能启齿"。否则，按清朝规制，满族宗室、旗人官员不许交结外朝汉人官员，若我凭空陈奏，恐会招致皇帝疑心。

随即，王闿运将这些对策转告郭嵩焘。郭嵩焘则托同在南书房供职的潘祖荫上书言此。

此时，湖北巡抚胡林翼保举左宗棠的奏折也星夜呈进宫中。胡林翼力荐左宗棠才可大用。并说"名满天下，谤亦随之"是普遍现象。

面对潘、胡的先后上书，咸丰皇帝问计于肃顺。

咸丰帝问："官文弹劾左宗棠，潘祖荫、胡林翼又保举左宗棠。方今多事，用人之际，人才难得，左宗棠果为不法，固应严惩，如果左宗棠擅长于军旅，自当弃瑕录用。不知你认为究竟如何？"

肃顺立即答对："听说左宗棠在湖南巡抚骆秉章幕中，赞画军谋、迭著成效。骆秉章之功，都是左宗棠的功劳。骆秉章在湖南功绩昭著，从中足见左宗棠的才能。人才难得，自当爱惜。"

经过肃顺等人的营救，左宗棠得以逃过死劫。

肃顺在营救左宗棠的事件中遇事不惊，先是授计他人，内外合力营救，继则适时对咸丰帝启发诱导。肃顺在政治斗争中的高度灵巧性，在此表现得可谓是淋漓尽致。

历史事实告诉人们，咸丰帝对湘军从最初的利用、限制到后来转向大力使用，肃顺之功不可没。

曾国藩、胡林翼每有条陈进用，左宗棠得救，其他湘军将领先后得到提拔，"帷幄之谋，皆由肃顺主持之"。[1]

———————————

[1] 李岳瑞：《春冰室野乘》，《清代野史》第 5 辑，第 106 页。

王闿运说:"肃顺之学术经济,迥非时人之伦,军书旁午时,庙谟广运时,皆肃顺一人之策,故能成中兴之功。"正是由于清廷重用了曾国藩等汉人能吏,太平天国革命才被镇压下去,洋务运动才得以轰轰烈烈地兴起。可见肃顺的"以汉保满"重用汉人的政策对晚清政治的影响是极其重大的。

(二)对于暮气日深的官场风气,肃顺主张乱世用重典,主张以严刑峻法重整朝纲,整改吏治

肃顺在其当权时期,主要办了三件大案:

一是戊午科场受贿案。

肃顺在戊午科场案中力斩大学士柏葰,影响甚远。

咸丰八年为干支戊午年,故发生在该年顺天府乡试科场考官舞弊案,称为戊午顺天乡试科场案,简称"戊午科场案"。它不仅是咸丰朝第一大案,也是影响晚清政治变局的一件重大事件。

自隋唐开科举取士,乡会试为抡材大典,然而通关节,行贿赂,历朝屡见不鲜。嘉道以降,世风日下,世弊变得更为严重。"此风至咸丰初年尤盛行,大庭广众,不以为讳。"结果,许多有真才实学的人,因为无钱行贿而落选,而许多品学皆低者,却因行贿而中试。

咸丰八年,主持该年全国顺天乡试的当朝文渊阁大学士柏葰等人因收受贿赂而被人告发。

柏葰是道、咸两朝重臣,道光二十年后相继为官刑部侍郎、兵部尚书和户部尚书等职,其地位相当于我们今天的最高人民法院副院长、国防部长和财政部长。咸丰六年又以户部尚书协办大学士,典试戊午乡试后不及一月,又升迁为当时国家大臣品级中最高的文渊阁大学士(曾国藩后来以平太平天国之功,也只是得到了武英殿大学士衔,其地位低于文渊阁大学士),位列当朝第一宰相,其地位显赫,一时深为咸丰帝信任倚重。

当科考案发，柏葰等收狱之后，咸丰帝在勤政殿召开诸大臣商议处理办法。实际上，咸丰帝认为柏葰"早正揆席"，日常行为又勤谨慎重没有大错，"欲曲待之"，想对柏葰从轻发落。但是，肃顺则丝毫不做让步，他当殿力争，要咸丰帝正法柏葰，以惩积习。

在清朝，有一个不成文之规定。凡一、二品以上官员犯死罪后，在行刑前，大都能得到皇帝的格外恩典，免死或流放。肃顺的当殿坚请，完全打破了这一不成文的规定。

据说，柏葰在赴刑场时，曾告其子说，皇帝一定会降恩于他，要其子速回家替他准备远行物件。但言未毕，其好友刑部尚书赵光便一路痛哭而来。柏葰一见，说："完了，完了，皇上断不肯如此，此必肃顺从中作祟。"原来，咸丰皇帝在签署处决柏葰等人的驾帖时，迟迟犹豫不肯下笔，并说："罪无可逭，情有可原。"肃顺在旁对说："虽属情有可原，究竟罪无可逭。"咸丰帝意犹未决，肃顺即夺硃笔，代书之。当时，赵光在旁，一见此情景，便痛哭而出，前来与柏葰诀别。

据统计，戊午科场案总计惩处91人，其中斩决5人，遣戍3人，遣戍改赎罪者7人，革职7人，降级调用者16人，罚俸者38人，等等。

戊午科考案体现了肃顺改革时弊的决心与魄力。面对吏治腐朽，考风败坏，肃顺犯颜直谏，力主斩大学士柏葰，确实对整肃科场积弊、整肃吏治起到了极大的震慑作用，收到了一时的效果。"自此惩儆，寒畯稍稍吐气，而大员子弟亦不敢视为公物，公然攫取矣。"

《春明梦录》一书中说得透亮："京师场弊，自大学士柏葰正法后，功令为之一肃，数十年诸弊净绝。"从此"遂无敢明目张胆显以条子相授受者，迄今三十余年，乡会两试，尚称肃穆。则此举诚不为无功。"

祺祥政变后，随着肃顺被杀，科场风气又日渐败坏。同治以后，清科场陋习甚多，无以遏制。慈禧秉政四十余年，一改肃顺严酷做法，博宽大之名，凡派搜检之王大臣请训时，必谕之曰："勤慎当差，莫要多事。"

即隐示以勿搜也。天长日久，"科场气运之所以终，而国之所以亡也。"①

二是户部宝钞案。

咸丰八年，由于不法奸商与官吏利用清政府的币制改革，中饱私囊，导致京城钱庄发生挤兑风潮，引起了民众的强烈不满与社会的不稳定。这些问题，震动了咸丰皇帝。十一月，咸丰帝令载垣、端华、僧格林沁和军机大臣迅速议奏，震惊一时的户部宝钞案终于浮出了水面。

十二月，咸丰帝改令肃顺为户部尚书，接办户部事务，开始了清理户部宝钞案工作。

由于案情复杂，官场涉案人员太多，此案的调查与处理先后持续了二三年，肃顺严肃执法，前后抄没官吏、商人各数十家，波及数百人，以致"南北两监，因为之满"②。先后处斩 4 人，绞监候 1 人，流放 3 人。后因祺祥政变发生，肃顺被杀，中断了该案的审理。

三是耆英议约违旨斩留案。

耆英历经嘉庆、道光、咸丰三朝，嘉庆时已任山海关总督、护军统领等职位；道光时先后曾任礼、工、户、吏四部尚书、热河都统、盛京将军。道光二十二年，又因在第一次鸦片战争中任签约大臣，先后与英、法、美签订了约议和而受到道光帝的赏识。因"抚夷"得力，道光时期，耆英的官职一升再迁，直升迁到文渊阁大学士兼镶白旗满洲都统，一时为朝官所惊羡，成为道光朝"历五部之权衡，掌九门之管钥"的重臣，是一个不折不扣的三朝元老大臣。

咸丰八年，英法联合发动对中国的第二次鸦片战争，北上进犯天津，威逼京城。

咸丰皇帝忧心如焚，再次赋予耆英全权对外交涉大权，希望耆英能像第一次鸦片战争那样为朝廷出力，议和退夷，阻止英法进京。为此，咸丰

---

① 张祖翼：《清代野记》，中华书局 2007 年版，第 192—193 页。

② 《清代档案史料丛编》第一辑，中华书局 1978 年版，第 108 页。

帝"召对密幄",亲自替耆英筹划好了外交谈判策略,以耆英为"完全此事之人",^①对耆英寄予了无限的厚望。

谁知耆英领命抵达天津后,英法两国公使竟然将之拒于门外,拒绝会见。

原来,第二次鸦片战争伊始,英法联军攻陷广州后,从总督署内掠得耆英办理道光朝外交时上给道光帝的案牍章奏,全部交给翻译官以英文译出,知道了耆英在奏折中多次仇骂"英夷",对照耆英当年和约时的言行,英国认为耆英言行不一,对耆英的欺诈行为深为不满,不愿再与此人打任何交道。

几天后,法国公使劝说英使会见耆英,英国使者李泰国、威妥玛当场拿出从叶名琛总督衙门发现的耆英1850年底上奏朝廷的一份奏折,不留情面地揭穿了耆英的老底,致使耆英张皇失措,狼狈不堪,"惶恐而去"。^②

耆英见英法使者不买其账,甚至加以凌辱,惧怕英国人的报复,他不顾咸丰帝的嘱托与希望,未加上奏,便擅自离开天津潜回京师。

战时状态,钦差大臣不固守岗位,私自逃离前线,其罪之大,震动朝野。

议和大臣擅自离岗回京,咸丰帝让大臣们议罪。以奕䜣为首一派,主张将耆英定为斩监侯,实际上是暗中为他寻找生机。肃顺力排众议,单衔奏请将耆英立予正法治罪。否则,"国法何申?官邪何儆?况今尚有办理夷务之臣,若皆相率效尤,畏葸潜奔,成何事体?"^③结果,咸丰帝采纳了肃顺的意见,赐耆英自尽。

实际上,处死耆英是肃顺推行其重典治国之策的必然结果。

自鸦片战争以来,清朝大员多临阵脱逃,不仅贻误战机,而且往往导

① 《筹办夷务始末》(咸丰朝),第886页。
② 《耆英传》《清史稿》卷三百七十。
③ 《筹办夷务始末》(咸丰朝),卷二十六,第969页。

致战事一败涂地，而清政府对官员处置往往过轻，难以起到震慑之效。

肃顺力请处死耆英，是对鸦片战争以来昏聩官场的一次大清扫。肃顺不怕得罪朝野官吏，不惧历史的惰力和阻力，猛治时弊，其胆量和气魄实为难能可贵。

耆英议约违旨处死一案，大大震动了朝野，无论对于正在与太平天国殊死决斗的一线官吏，还是对正在与列强谈判的外交官员都无疑起到了儆效作用，加大了他们为朝廷办事的决心与力度。从这个意义上看，耆英处死案，就不仅是第二次鸦片战争中的一次重要案件，而且在整个晚清时期，对于挽救官场的颓势都有它更广、更深远的意义。

（三）奏减八旗俸饷，让八旗子弟自谋生路

满洲开国，主要得力于八旗制度。努尔哈赤在短短十几年间能够统一东北各部，建立后金政权，就是得力于八旗制度的亦兵亦民，平时为民生产，战时自备甲马随军征战的政策。

多尔衮入关后，满族倾族随龙入关，八旗按旗分居京城四城及郊区各县，护卫朝廷。

旗人生计主要依赖于皇帝的特别恩赐，有丰厚的定量俸米、俸银。

为了保持旗人永久的经济优势，清政府实行旗地"永昭世守"的子孙承袭制和"永停输纳"的免赋税制。

大臣允禄说：朝廷对八旗兵丁，"就如父母养育自己的孩子一样小心殷勤地致力保惠他们。税赋屡次豁免，特赏动盈千万计，从衣食住用直到其婚丧嫁娶一概用朝廷的钱来保管保用，政治上亦给予旗人很大的特权。"

据统计，仅雍正、乾隆两朝，清廷用在"赈济"八旗的白银就超过了2000万两。

这种制度，使旗人处于一种不劳而获、养尊处优的局面。久而久之，八旗子弟的进取心在衣食无忧、无事可做中消磨殆尽。不仅成为一个除了

履行兵差，成天游手好闲，在茶馆、酒店和戏园子里消磨岁月，不士、不农、不工、不商、不兵、不民的懒惰群体，而且成为国家财政的重要负担、京城治安不稳定的根源。

肃顺评论当时旗人就说过："满人糊涂不通，不能为国家出力，只知道伸手要钱罢了。"为了改变这种状况，肃顺向咸丰皇帝提出了减少旗人俸饷、让旗人自谋生路的国策，这是很有见地的，有利于重振八旗精神、恢复旗人的进取之心，保证清王朝的长久统治。可惜，这一主张遭到旗人的普遍反对，未及实行，祺祥政变发生，肃顺被杀，这一最后挽救旗人颓势的国策也就最终胎死腹中。

（四）对待外国侵略者，主张坚决抵抗，不肯妥协

终咸丰朝，多事多患，外患频繁。英、法、俄、美趁火打劫，企图趁清政府全力对付太平天国革命之机，迫使清政府再进一步答应他们的无理要求。作为咸丰倚为柱石的重臣肃顺，对于外国侵略者的要求，予以了坚决的抵制。

咸丰九年六月，俄国使者伊格纳切夫来到北京，要求清政府同意1858年黑龙江将军奕山与俄国签订的《瑷珲条约》，咸丰皇帝命肃顺处理此棘手之事。

肃顺在会见俄使的过程中，先声夺人，指出清政府已经批准了《天津条约》，"北京已无未了之俄国事务"，并表明《瑷珲条约》完全无效。

肃顺指出：签订条约的奕山"既无全权证书，又无正式关防，无权将黑龙江左岸让与俄国。"奕山及其助手的恣意妄为，已经受到了中国皇帝的严厉惩罚。

六月十二日，伊格纳切夫以书面形式向清政府提出《中俄续增条约》三项和《补续和约条目》六条，要求将乌苏里江以东、以南直至海滨的中国大片领土划归俄国。

肃顺据理驳斥：中俄东段边界应以《尼布楚条约》为准，乌苏里江以东地区"不与俄国连属"，根本谈不上立国界的问题，如果他国侵占中国地方，中国自有办法，无劳俄国过虑。

肃顺强硬声明，乌苏里江以东地区"断不能借"，没有必要言及立界问题。如果俄国欺人太甚，必要时大清国将"宣示中外，使各国闻之，共知贵国之非是，然后闭关停市"。①

八月初四日，中俄双方在俄罗斯馆进行第三次当面交锋。

伊格纳切夫诡辩兼威胁，妄图逞其所谋。

肃顺依据《尼布楚条约》，直接否认《瑷珲条约》的合法性。

关于中俄东段边界，肃顺指出："自康熙年间鸣炮誓天，以兴安岭为界，山南尽属中国，山北尽属俄国。"至于乌苏里江至海地区，并不与俄国连属，根本谈不上立界通商。关于西北边界，"两国本身有分疆地界"，此由新疆地方官员同俄代表"照旧定交界办理"即可。

谈判桌上，双方互不相让，发生了"极为激烈的争执"，生气已极的肃顺，"竟将给他看的《瑷珲条约》文本掷于桌上，并很不客气地说：这是一纸空文，毫无用处！"②

在肃顺的坚定立场面前，俄使伊格纳切夫一时无所逞其技，无法达到其侵吞中国领土的目的。肃顺的强硬外交立场，使得外国侵略者认为，肃顺是他们侵华交涉利益中的一大障碍。在后来的祺祥政变中，外国侵略势力支持肃顺的政敌，这是重要原因之一。

历史表明，肃顺柄政时期，西方列强的贪婪要求基本上没有达到目的。一系列不平等的割地卖国条约是后来奕䜣集团与列强签订的。

① 《筹办事务始末》（咸丰朝），卷四十，第1541—1543页。
② ［俄］布克斯盖夫登男爵，《1860年〈北京条约〉》，第24页。

（五）赞同咸丰帝效法钩弋故事，处死慈禧

1860 年，逃居热河的咸丰皇帝心情坏到了极处。

九月，英、法联合占领北京，大肆烧杀抢劫后，逼迫留守议和大臣奕䜣签订了中英、中法《北京条约》，咸丰最讨厌的外国公使终于长期驻在北京，睡在皇上的卧榻之旁。

俄罗斯更是强盗加无赖行径，借口调停有功，也签订了《北京条约》，将不久前清政府坚决否认的《瑷珲条约》全盘实施，把乌苏里江以东地区尽数吞并。

东南战况更是败信频传。长期围攻天京的江南、江北两个清军大营被李秀成、陈玉成两个太平天国将领集中攻破，朝廷倚重的八旗、绿营的最后一点国防力量就这样被太平天国消灭殆尽。

圆明园被焚烧一炬的消息，更是令咸丰为之心碎，往昔欢歌曼舞、恣意欢乐的园池殿阁，如今却成了断壁残垣。独忆皇园仙踪，情何以堪？

咸丰皇帝百感交集，病魔攻身，这个刚满 30 岁的年轻皇帝，"咳嗽不止，时有红痰"，被时局彻底压垮了。

为了社稷祖宗大业，咸丰感到是到了该安排后事的时间了。

皇帝的后事，说来也甚简单。

咸丰只有一个不到 5 岁的儿子载淳，这省去了先辈们因为多子多孙而带来的定嫡的麻烦。

但是，摆在咸丰面前的，却有着更大的麻烦，那就是如何防止太子生母侵权误国的麻烦。

这个唯一儿子的生母那拉氏，就是一个极喜弄权、经常参与咸丰决策的年轻女人。那拉氏性格刚毅、手段泼辣、心机很深，在自己仙游宾天后，这个年轻的女人能不擅权干预朝政吗？对于这件事情，咸丰可能不止一次地想过。

但是，他太懦弱了，太喜欢那拉氏这个女人了，他时常想起汉武帝的钩弋故事，但他就是迟迟下不了这个手！或许，自己这么年轻，度过这段熬煎的日子，身体会好转呢？咸丰帝就这样将这件大事暂时搁置了起来。

但是，汉武帝的钩弋故事又常常不自觉地浮现在他的脑海。

西汉时期，雄才大略的汉武帝在晚年时仍是游性不减，花心亦不减当年金屋藏娇之时。一日过河间，遇到了"奇女"赵婕妤，"由是得幸"并把她带进了皇宫，将之安居在钩弋宫。不久，钩弋夫人就给晚年的汉武帝生了个儿子，也就是后来的汉昭帝。

昭帝五岁时，汉武帝命画工作《周公负成王图》，挂在甘泉宫，"于是左右群臣知武帝意欲立少子也"。

不久，武帝大限将至之时，命人将钩弋夫人杀于云阳宫。

对于其他为自己生了儿子的嫔妃，汉武帝同样绝不心软，"无不遣死"。

对于此事，左右群臣大惑不解，问："既立其子，何去其母乎？"

武帝笑中带骂：你们这帮愚人怎能明白。以前国家为什么乱？就是因为"主少母壮"啊，寡后独居，必定骄蹇，必定淫乱，必定自恣，谁能管住她？你们忘了吕太后的故事了么？

群臣这才如梦初醒，豁然懂得汉武帝苦心做此的玄机。

从小在道光严责下饱读史书，知历朝往事的咸丰帝，不可能不把锋角时露的懿妃同赵婕妤常常联系起来。

史载，咸丰帝晚年，不满于那拉氏专权。最喜肃顺，言无不尽。一日，那拉氏忤旨，引起了咸丰的心中怒火，于是咸丰就此事谋于肃顺，说不日将效汉武故事，"卿谓何如？"肃顺的建议就是事不宜迟，应该照办。

但咸丰濡迟不忍。不久，在与那拉氏床笫之欢后，酒后吐真言，将与肃顺讨论的秘密方案毫无保留地泄露了出来。那拉氏闻言，魂不守舍。第二天赶紧找到了妹夫醇郡王奕譞，求其转圜。在兄弟几个中，咸丰登基后与醇郡王相交最厚。经过奕譞说服，本来就舍不下那拉氏的咸丰就把这个难题留给了同他一样没有主见、懦弱无能的东宫慈安。

传说，咸丰不忍生前动手，病笃时才匆匆写了份密诏给皇后慈安，谓那拉氏日后若有不法，即可奉诏诛之。好一个糊涂的咸丰，他该明白，懦弱慈安哪是精明强干那拉氏的对手。日后，慈禧果然母以子贵，与慈安并列垂帘听政之列。羽翼一旦丰满，遂将咸丰遗诏骗到手，焚之一炬后就向慈安下了毒手。

肃顺赞同咸丰行钩弋故事，可见其极有政治远见。如果咸丰帝君臣二人同心坚决，在咸丰死前处死那拉氏，就不会出现慈禧专权统治晚清四十年的历史了。

只可惜，咸丰不是汉武帝，以私心兼好人之仁终于导致了妇人掌国、宗庙覆灭的命运与结局。

六

肃顺，晚清时代一大臣，咸丰时期一重臣。他在晚清史上感咸丰皇帝知遇，在内政外交上为咸丰皇帝制定了志在挽救清王朝颓势的几项重大而有远见的国策，这一点已为众多清史学者所共识，《清史稿》中为其列传。

但是，目前见到的史书中，对肃顺所作所为的记载尚不多见，《清史稿》记载又显得太过笼统。

对于肃顺的所作所为，前面已有详细的记述，我不想再加置喙。我只想就肃顺个人品质发一点感想。

在我的眼中，肃顺是晚清咸丰时期一个真正的男人，因为，他有血气、有胆识、有肩膀。咸丰皇帝信任的大臣有那么多，但是真到了内忧外患、需要出力报效的时候，真正能够站出来不计自身后果为咸丰全力报效的却只有肃顺一人。

肃顺感咸丰知遇之恩，他没有在咸丰危难之机只顾计较个人得失而畏葸不前，误国误君。

为了大清国的大定利益，肃顺推动咸丰制定了"以汉保满"的政策。

为了大清国的长远利益，肃顺采取削弱旗人俸禄的政策，让旗人重整志气，重新振作。

为了大清国的长远利益，肃顺不惜用重典治政，大刹官场腐败贿赂之风。

为了大清国的长远利益，肃顺对外国侵略者的无理要求采取了强硬的政策。

为了大清国的长远利益，肃顺甚至赞同咸丰在临终前效汉武钩弋故事，杀掉皇太子载淳的生母、天生喜欢弄权的那拉氏。

咸丰真的这样做了，大清朝的历史将会怎样改写呢？

肃顺是从布衣迅速走到执掌国柄的政治前台的。没有特殊的本事与机警，走到这一步难于登天。就凭这一点，可以断言，对于得罪朝野上自皇后、亲王，下至文武僚吏，甚至西方列强的后果，肃顺心中应该是明镜似的清楚。对于别的大臣不敢想的事情，肃顺替咸丰皇帝想到了；对于别的大臣为了保身保官而不敢做的事情，肃顺替咸丰皇帝义无反顾地做到了。虽然，这样做的后果是遭到各个方面的强烈嫉恨。在失去咸丰支持后，肃顺就迅速落得个身首异处的下场。但我还是要说：伟哉！肃顺，咸丰时期一个真男人，一个敢于为理想奋斗不计身后事的真男人。

写到这里，我不禁大发悲声，不能自抑。

我感肃顺之遇。

没有咸丰皇帝的赏识之力，就没有晚清政治舞台上肃顺呼风唤雨的作为。从这点而言，肃顺是幸运的。他至少没有像其他伴食宰相、衣禄臣僚那样碌碌无为，人死名除。从某种意义上讲，咸丰是肃顺的刘备，肃顺则成为在咸丰内忧外患之机应召出山辅佐的诸葛武侯。君臣二人相知投机，简直到了无话不能谈的地步。肃顺的一切作为，皆是咸丰信任放手使用的结果。

我又叹肃顺之运。

　　诸葛亮在刘备死后尚能执掌国柄，与后主阿斗尚能互容互通，没有妇人干政从中阻挠，能够有幸继续全力以赴地推行他的复汉大业——隆中之策。

　　相比之下，肃顺就没有那么幸运了。咸丰不是刘先主，他没有刘备的大智大勇。他在临终之机尚对肃顺等顾命大臣心存疑虑，决定用皇后干政平衡权力。咸丰临终前为皇后钮祜禄氏做了一颗"御赏"印，为皇太子载淳做了一颗"同道堂"印，明谕凡一切诏谕只有在盖有这两颗方印时方能生效，其时皇帝年方6岁，"同道堂"印自然就落在其生母那拉氏的手中。咸丰临终前根本就没有为肃顺制定的国策做过真正长远的打算，他是带着满有胜券的欣慰笑容去龙驭上宾的。

　　这两枚大印落在忌恨肃顺的两妇人手中，就实际上给肃顺戴上了紧箍咒。咸丰尸体未寒，两宫太后就急不可待地联起手来要垂帘听政，夺取权力。在遭到肃顺等赞襄大臣联合抵制后，她们又与在京城握有重兵、拥有西方列强支持的恭亲王奕诉联起手来布下了政变的阴谋。至此，肃顺纵有冲天本领，已经是难逃"老佛爷"的手掌心了。

　　悲哉，肃顺，这就是专制时代给他布置的现实之命运。

　　皇权可以成就他，也就可以毁灭他。

　　祺祥政变后，肃顺果然人头落地。一个在咸丰危难之机为大清国费尽心力的改革者，就这样倒在历史惯性的屠刀下面了。

　　人亡政息。肃顺挽救大清国的几项英明而又有远见的政策，也在朝野上下群吠叫嚣声中随风而逝了。

　　从最高中央政府方面挽救大清国的一点希望，就这样像几个五颜六色的肥皂泡，转瞬间彻底破灭了。

不是冤家不聚首

——曾国藩 VS 洪秀全

　　洪秀全与曾国藩，均为晚清时代之名人。两人所生时代相同，地域籍贯亦相距不远，幼年、少年、青年二人走过了相同的苦读科举道路。只不过，一人屡战屡败，一人屡战屡胜，挫折与顺利在两人心理与性格上烙上了挥之不去的、迥然不同的两大烙印，也使两人从此走上了迥然不同的两条道路。洪秀全抱着绝望与怨恨的情绪，走向了与清王朝彻底决绝的造反之路，而曾国藩则因为科举和仕途的一帆风顺，做上了京官，后又领衔东南督抚，走上了保卫大清江山的功臣之路。

一

　　道光二十三年（1843 年）4 月的广州，天气闷热，虽然不时地有丝丝海风飘来，但仍然难以拂去人们心中的烦躁。

这天，是发榜的日子。

老天爷偏不与人方便，天上淅淅沥沥地一直下着小雨。但这并不能阻挡远来科考、巫盼知道结果的学子们前来观榜的举动。一张张油伞下面，涌动着一颗颗忐忑不安的心，飘动着一个又一个急匆匆的身影。

这时，一个匆匆赶来的瘦弱青年费力地挤过无秩序的人群，来到了衙门旁边的公示榜前。

他一眼不眨地将榜文从头到尾读了三遍，并没有找到洪秀全这三个大字。

顿时，他急切的眼神暗淡了下来，感到头重脚轻，心中充满了彻底的绝望。

踉踉跄跄的他，不知道自己是如何回到了已经订好的回乡客船之上。一上船，他便倒了下去。

这是广东花县的农民洪火秀（后改名洪秀全）第四次来到广州应试。

这一年，是 1843 年。

舟在前行，浑身已经没有半点力气的洪火秀，脑海中却如波涛汹涌。过去的一幕幕往事又如一个个小虫爬上了他的记忆，让他感到阵阵心痛，让他无论如何也挥之不去。

1814 年，洪火秀出生在一个普通的农民家庭。这时，清王朝已经走过它的"红颜美少年"时期，开始进入了"可怜鹤发白头翁"的"衰世"年纪。

他的家里，也有几亩好田。他的父亲是个"堡尊"，也算得上是村中族人中一个体面的人物。洪火秀在家中排行最小，也是家中的宠儿。他的父亲，对他寄予了很大的希望。期望他能好好读书科举，将来好光祖耀宗。

火秀"自幼即好学，七龄入塾读书。五六年间，即能朗诵四书、五经、孝经及古文多篇，其后更自读中国历史及奇异书籍，均能一目了然。读书未几，即得其业师及家族之称许。其才学之优俊如此，人皆谓取青紫如拾芥，行见其显父母光宗族矣"。①

洪火秀天资聪明，又喜欢读书，家里和族人自然对他寄予了很大的希望，这是很容易让人理解的一件事。这些厚望一方面给予了他无限的信心与对前途的憧憬，另一方面又无疑给他的心理添上很大的压力。这就使他形成了既要强又自尊的倔强性格，对他后来的人生道路产生了重大的影响。

1828 年，15 岁的洪火秀，在顺利经过童试、举族欢腾时，第一次来到广州科考。结果是，希望越高，失望越大。初试的失败，对洪火秀与家人都是一个不小的打击。但家人与他都并未绝望，继续准备着再次赴考。

1836 年，洪火秀第二次赴广州应试，结果又名落孙山。欲哭无泪的洪火秀，独自徘徊在考场附近的龙藏街，正好有传教士在给人们赠送基督教宣传品，他也要了一本，这就是华籍传教士梁发编写的《劝世良言》。洪火秀应试完毕，"即携之回乡间，稍一涉猎其目录，即便置之书柜中，其时并不重视之"。② 他的心思，仍然全力集中在科考上面。

1837 年，洪火秀第三次赴省考试，结果再次榜上无名。这一次应试不售，对洪火秀产生了致命性的打击。

回家后，他大病一场，感觉无颜再对家人及族人之厚望。

"秀全病时，神游四方，常在其室内走动跳跃，或如兵士战斗状，常大声疾呼：'斩妖，斩妖，斩呀！斩呀！这里有一只，那里有一只，没有一只可以挡我的宝剑一砍的。'"③

原来，洪火秀在病中做了一场怪梦，梦见天上至尊的老人，命他降世救人，要他"手握乾坤杀伐权，斩邪留正解民悬"，并封他为"天王大道

---

① 中国史学会主编：《太平天国》第六册，第 838 页。

② 中国史学会主编：《太平天国》第六册，第 840 页。

③ 中国史学会主编：《太平天国》第六册，第 840 页。

君王全"呢！病好后，洪火秀从此改名洪秀全。

绝望中的洪秀全实在不甘心自己这十余年的苦读就这样化成泡影。病好后他再次振作精神，积极备考。

在亲人们的殷殷期盼与祈祷中，1843 年，洪秀全再次踏上了广州科考的征程。他对这次考试充满了最后的希望。不幸的是，官场黑暗、科场腐败的社会现实又一次击碎了他通过科考挤入仕途的梦想，封杀了他的金榜题名、光宗耀祖的追求。

……

雨渐渐地停了，天气也变得明朗起来。洪秀全起身走到舱外，眼望着蓝天，做出了一个与过去理想彻底决绝的惊天决定。

第三次应试失败大病卧床时产生的与现有秩序彻底决裂的思想，这时真正在他的身上扎下根来，他回想起上次病中吟出的两首诗："展爪似嫌云路小，腾身何怕汉程偏。风雷鼓舞三千浪，易象飞龙定在天。""鸟向飞晓兮必如我，我今为王事事可。身照金乌灾尽消，龙虎将军都辅佐。"①

想到这里，他又激情满怀，一扫一路上的颓丧心情，转身回舱取出笔墨吟写出了："龙潜海角恐惊天，暂且偷闲跃在渊。等待风云齐聚会，飞腾六合定乾坤。"② 他做出决定，从此"不考清朝试，不穿清朝服，要自己来开科取士"。③

回到家后，洪秀全将过去昼夜苦读的经书抛弃于地，开始认真钻研《劝世良言》，从此走上了造反清王朝的道路。

---

① 中国史学会主编：《太平天国》第六册，第 843 页。
② 中国史学会主编：《太平天国》第六册，第 843 页
③ 《金田起义》，广西人民出版社 1975 年版，第 23 页。

二

与洪秀全诞生先后，嘉庆十六年（1811年）农历十一月十一日夜半，一个小生命在湖南湘乡来到了人世。

湘乡设县已很久远。西汉哀帝建平四年，长沙王之子昌被封为湘乡侯，历史上第一次出现了"湘乡"二字。至东汉，正式设立湘乡县，属零陵郡。其后，岁月悠悠，世间沧海桑田，隋、唐、明先后过渡，一丝灵气终于集中到了晚清，才使此地发达知名了起来。这丝灵气和这个呱呱坠地的小生命联系在一起了，这就是洪秀全的克星、文章功业至今仍为人们啧啧称道的曾国藩。

湘乡曾氏，历来为寒门冷籍。曾国藩说过："吾曾氏家世微薄，自明以来，无以学业发名者。"①

也正因为这样，这个家族才更加长年盼望后人能够成龙成凤，盼望族中后生有人能够科举及第，光祖耀宗。

事情亦很巧合，有两件事让人们与曾国藩的出生联系了起来。

曾国藩出生的那天晚上，他的祖父曾竞希梦见了一条巨龙，在空中盘旋进自己的家中，悬梁绕柱，惊得他不敢正视。一梦醒来，国藩诞生。曾竞希认为这是大吉大祥的兆头。

另一件是，曾家庭院里缠在古枫树上的紫藤，本已枯槁，现在却借曾国藩出生之喜，死而复活，枝粗叶茂，盘旋而上，宛若一条凌空而奔的蛟龙。因此，人们都说曾国藩是条蟒蛇精投胎，缠在这棵枫树上的紫藤，就是蟒蛇精的化身。

通过这两件事情，曾家就把光大门第的全部希望都寄托在了这个生来

---

① 《曾国藩全集·诗文》，岳麓书社1989年版，第236页。

就有神话附身的孩子身上。祖父、父亲从此对曾国藩耳提面命，督促他早日走上学而优则仕的道路。

据史载，曾国藩刚出生时，颧骨突出，脸长黄瘦，但长到七八岁时，已相当肥胖，只是不爱说话，所以大家给他起了个诨号，叫"肉哑巴"。他才思并不敏捷，但自小喜欢动脑子，尤其倔强，不甘落人之后。他的母亲江氏，生性勤劳倔强俭朴自强，这对曾国藩的性格形成产生了很大的影响。后来，曾国藩成事后，曾经多次说过："吾兄弟皆秉母德居多，其好处亦正在倔强。若能去忿欲以养体，存倔强以励志，则日进无疆矣。"[①]凭着秉继母亲的倔强勤奋，凭借着父亲多年来的耳提面命，曾国藩数年寒暑，勤学苦读，终于迎来了摘取硕果的季节。

1826 年，曾国藩到长沙府参加童子试，被取为第七名。

1831 年，曾国藩肄业于湘乡县的涟滨书院。这年，他改号涤生，取涤旧更生之意。

1833 年，曾国藩参加科试，被录取，入县学。他后来回忆道："余平生科名极为顺遂，惟小考七次始售。然每次不进，未尝敢出一怨言，但深愧自己试场之诗文太丑而已。至今思之，如芒在背。"[②]直到同治十年五月，他仍在日记中写道："接澄弟信，知纪寿侄县考又取案首。吾家星冈公之子、孙、曾孙，入学者九人，而取案首者八人，惟余不得案首耳。"[③]瞧！曾国藩没有取上第一名，竟为此耿耿一生。洪秀全科考之未售，其心情之难受由此倒可窥斑见豹了。

1834 年，曾国藩肄业于岳麓书院。

当时，他在同侪中已经初有文名。

岳麓书院是曾国藩以后政治生涯的基础。在这里，他先后与罗泽南、

---

① 《曾国藩全集·家书》（二），岳麓书社 1989 年版，第 934 页。
② 《曾国藩全集·家书》（一），岳麓书社 1989 年版，第 96 页。
③ 《曾国藩全集·日记》（三），岳麓书社 1989 年版，第 1857 页。

郭嵩焘、胡林翼、左宗棠、刘蓉、刘长佑等结上了同学关系，这些人最后都成为湘军的领袖，组成了曾国藩成事的人事基石。

这年，他参加甲午乡试，中试第 36 名举人，终于挤进了学林们光宗耀祖的行列中。

我国科举考试，源于隋朝，发展于唐、宋，完善于明清。

清代的科举考试，概袭明制。至光绪三十一年（1905 年）诏令废科举制，科举制历沿 1300 多年。明清八股取士，儒生首先须通过制艺考试，成为可入县学的生员，称为秀才。秀才经过乡试，登第者，称为举人。举人通过会试、殿试，登第者，称为进士。进士中只有进入一甲、二甲者，方可入翰林院。

曾国藩在家人的督促下经过了 18 年的苦读，才始得入县学，又经过 5 年的提高，才中试举人进士。他从识字读书到开始踏入仕途，已经总共花去了 23 个宝贵的春秋。正如曾国藩本人所说，真真是"韶华弹指总悠悠""大半光阴被墨磨"了。

对于功名，曾国藩"急于科举"。他"锐意功名，意气自豪"。[①]中试举人后的当年十一月，他便动身进京，向科举最后难关发起进攻了。

1835 年，曾国藩满怀信心地参加了第一次京城会试，结果出乎意料，名落孙山。然而，他仍然期望甚高，进取不止。他高唱着"匣里龙泉吟不住，问予何日斫蛟鼍"，[②]继续准备着下一场的会试。

1836 年，适逢皇太后六十大寿，例加恩科一次。曾国藩第二次参加会试，结果又是名落孙山。

不过，曾国藩是一个"愈挫愈奋"的人，过了两年，1838 年，曾国藩第三次参加会试。

这次，他中试第 38 名贡士。四月，他又在正大光明殿复试一等，殿试三甲第 42 名，赐同进士出身。很快，他又参加了朝考，入选后改翰林

---

① 刘蓉：《养晦堂文集》第 3 卷，第 17 页。
② 《曾国藩全集·诗文》，岳麓书社 1989 年版，第 77 页。

院庶吉士。至此，曾国藩为自己的科举挑完了最后一筐土，终于登上了世人所盼的科举及第的顶峰。

这一年，他才28岁。

至此，朝为田舍郎、暮登天子堂的得意经历，使曾国藩走上了一条不同于洪秀全要走的道路。

绝望之余，洪秀全要"手持三尺定山河，四海为家共饮和。擒尽妖邪归地网，收残奸宄落天罗。东南西北效皇极，日月星辰奏凯歌。虎啸龙吟光世界，太平一统乐如何！"① 也就是说，他要另起炉灶，决心取清王朝江山而代之。

得意之际，曾国藩则要"受君父之厚恩，蒙祖宗之德荫，将来何以为报！惟当竭力尽忠而已"。②

绝望之余，洪秀全要效仿黄巢、李闯王，掀起反清的滔天巨浪。他痛恨"飒飒秋风满院栽，蕊寒香冷蝶难来"的现状。憧憬着"他年我若为青帝，报与桃花一处开"的理想景象。

得意之际，曾国藩则以诸葛孔明为榜样，要以名相为终生奋斗目标，为朝廷做出一番惊天动地的大业。他放口高唱："卧龙跃马今安在？极目天边意未穷。"③

三

洪秀全反清，在很大程度上是因为当时的社会背景没有给他提供一个通过正常科举之路进入仕途来实现他齐家、治国、平天下的机会。

---

① 中国史学会主编：《太平天国》第二册，第848—849页。
② 《曾国藩全集·家书》（一），岳麓书社1989年版，第62页。
③ 《曾国藩全集·诗文》，岳麓书社1989年版，第81页。

而洪秀全却是一个自视很高的人。

这一点，很容易让人理解。

一个天资聪颖、自小便被父老乡亲视作香饽饽的宠儿，一个自小读过很多经、史之书，有着走出自己狭小的天地进而寻求更大施展空间的人，却因为社会不公平而丧失了前途，辜负了家人族亲的殷殷厚望，其间心理落差之大肯定是为一般人所难以理解。

洪秀全数十年寒窗苦读，屡次科考却连一个秀才的资格也未捞到。如果仔细追究其原因，他所居住的穷乡僻壤、严重短缺的师资资源，恐怕是阻碍他进一步成功的一个重要因素。一个只凭村塾夸奖赏识、所读经书就那么几本的莘莘学子，单凭自己一腔热血与主观愿望的支撑，就去与大城市或者乡村富有势力的、拥有比较丰富教育资源的考生相拼、相竞争，其结局自然是不言而知。

但是，洪秀全却不这么看。

在他的内心深处，肯定会认为自己连连的科考失败，完全是由于考官、知县的贪污受贿，狗眼看人低。

他的心，已经被仇恨、怨愤与绝望彻底充满。

从洪秀全的性格角度来分析，很可能当时他根本就没有"三省吾身"，从自身条件出发去仔细总结一下连连挫败的原因。

就这样，洪秀全在绝望中愤怒了。他要追效唐末黄巢，走出一条因多次参加科举考试落第而走向反抗道路的老路。

他对族弟洪仁玕说："弟生中土，十八省之大受制于满洲狗之三省，以五万万兆之华人，受制于数百万之鞑妖、诚足为耻为辱之甚者。"

片刻，他接着说道："每年花中国之金银几千万为烟土，收华民之脂膏数百万为花粉。一年如是，年年如是，至今二百年，中国之民富者安得不贫？贫者安能守法？"[1]

---

[1] 中国史学会主编：《太平天国》第二册，第 570 页。

说到这里，洪秀全不由得站起身来，拍案三叹，他决心推翻清王朝统治，建立一个新朝、新秩序，由他自己来开科取士。

几天后，洪秀全请人为他打铸了两把数斤重的"斩妖剑"。

从此，他背上这两把剑，开始了他的反清大业。

洪秀全的反清大业，是从他对《劝世良言》的服膺开始的。

华人传教士梁发，深通大清国当时的实际情况。他深知，要想使基督教为中国人所接受，就必须用中国人喜闻乐见的形式出现。梁发既通西文，又有很深的儒学功底。他的《劝世良言》，与其说是对基督教的翻译传播，毋宁说是儒教、基督教二教的混合物更为合适。因此，这本书成为造反者洪秀全寻找反清理论依据的入门教材，就很容易解释通彻了。

事实是，科考绝望后的洪秀全，对这本书十分沉醉。他认真阅读研究了这本书中关于上帝、耶稣的介绍及其基督教教义的基本内容，终于找到了发动下层劳苦民众进行斗争的一个有力工具。

中国封建社会延续了几千年，农村中的宗教迷信传统是一股巨大的保守力量。历史上的中国农民，封建迷信传统是根深蒂固的。正因为如此，中国历代农民起义都打着宗教迷信的幌子，去激励民心，招集群众。从秦朝末年，陈胜、吴广利用"鱼腹丹书，篝火狐鸣"，去招集反秦举义的力量；到东汉末年张角利用太平道而发出"苍天已死，黄天当立，岁在甲子，天下大吉"的起义预言。从五代的母乙、董乙，北宋的方腊，南宋的钟相、杨幺利用的摩尼教，北宋李仙、王禧利用的"妖法"，到元末刘福通、韩山童，明代的唐赛儿、徐鸿儒，清代的姚之富、林清、李文成都利用的白莲教，等等，都是用宗教旗号发动的农民起义。喜欢阅读中国历史的洪秀全不可能不知其中的三昧。

于是，洪秀全皈依了上帝，建立了"拜上帝会"。他要依靠上帝的旗帜，去做出一番惊天动地的事业来。

洪秀全开始行动了。

1844 年 4 月初，洪秀全与冯云山等人离开了花县家乡，出游天下。

据《太平天国》记载，他们先到广州，入顺德，又折回广州，转游南海、番禺、增城、从化、清远、英德、曲江、阳山、连山，来到瑶族地区的八排，进行发动群众的工作。在遭遇严重困难后，洪秀全决定到广西去。俗话说得好，远来的和尚好念经。在广西达贵县赐谷村，洪秀全、冯云山经过奋斗终于扎下了脚跟。不久，他们又转入紫荆山区，发动更多的群众加入"拜上帝会"。

1844 年至 1849 年，洪秀全先后创作了《百正歌》《原道救世歌》《原道醒世训》《原道觉世训》等文章与著作，为太平天国反清运动的发动，准备了思想理论条件。

1850 年春，道光皇帝死去，其子奕詝继位，年号咸丰。面对起事条件的日渐成熟，洪秀全满怀信心地写诗道："近世烟氛大不同，知天有意启英雄。神州被陷从难陷，上帝当崇毕竟崇。明主敲诗曾咏菊，汉皇置酒尚歌风。古来事情由人做，黑雾收残一鉴中。"[1]

他以黄巢、刘邦、朱元璋等人自比，要决心打出一个"新天、新地、新世界"的新秩序来。

1850 年 7 月，洪秀全发布总动员令，命各地拜上帝会众于 11 月 4 日前到达广西桂平金田村"团营"。洪秀全将聚集在金田村的拜上帝会众，按性别分别编入男营女营，广大分散的农民被组织成为一个严密的武装团体。洪秀全命令所有来金田的人，将个人私有财物全部交入公库，实行"个人不许私留财物，一切由公库统一供给的"圣库制度。一场史无前例的大规模的农民起义即将爆发。

1851 年 1 月 11 日，洪秀全在金田宣布起义，正式建号"太平天国"。

接着，太平军挥师东进。

3 月 23 日，洪秀全在武宣县东乡称天王。

12 月 17 日，洪秀全在永安进行了各项政权的建设。洪秀全颁布封王诏令，封杨秀清为东王，萧朝贵为西王，冯云山为南王，韦昌辉为北王，

---

[1] 中国史学会主编：《太平天国》第 6 册，第 869 页。

石达开为翼王。鉴于杨秀清在领导民众与清军作战过程中表现出来的杰出才能，洪秀全将太平天国作战的军事行政大权让出给他，同时明令，西王以下俱受东王节制。由此，太平天国正式确立了自己的领导核心和各王的地位，形成了天王领导于上，东王总理军政，诸王集议决策的权力运作体制。这种各王分封和世袭制的体制，实际上是一种极不成熟的行政体制，它导致了后来的洪、杨争权，形成了各王均有自己六部、卫队、军事力量，成为一个个相对独立的派系，这是导致太平天国以后发生内争的根本原因。

1852 年 4 月，太平军挥师北上，进入两湖，攻打长沙，攻占武昌，引起了清廷的极大惊恐。

1853 年 2 月，太平军挥师沿江东进，3 月占领"古来王气"的南京，正式建都，建立起了与清王朝南北对峙的农民政权。

接着，太平军乘胜东进、西征、北伐，严重瓦解了所到之地清王朝的统治体系。

定都天京后，洪秀全建立起正式的考试制度。

他将考试分为县试、省试、京试三级，考试合格者可分别得到秀才、举人、进士。京试一甲的前三名也分别称为状元、榜眼、探花。

洪秀全痛恨讲究门第出身，他亲自规定"无论何色人，上至丞相，下至听使，均准与考"。[1] 考试内容，主要是他为建国建军所写的著作文稿。1853—1860 年，共开十科。至此，洪秀全终于出了一口胸中恶气，实现了自己当初发下的要自己亲自开科取士的誓愿。

四

与洪秀全在体制内寻求"学而优则仕"道路的艰难崎岖相比，曾国藩

---

[1] 中国史学会主编：《太平天国》第四册，第 721 页。

可以称得上基本上是一帆风顺，好运连连。

曾国藩初期仕途道路上的一帆风顺，在很大程度上可以归结为他深得领班军机大臣穆彰阿的识拔。

史载，曾国藩于道光十八年（1838 年）到京参加会试，道光二十三年（1843 年）参加翰詹大考时，都是由穆彰阿担任总考官。翰詹考试结束后，穆彰阿向曾国藩索取考卷底稿，曾国藩立即誊正后送往穆府。这个事件加深了两人之间的师生关系。而这种师生关系，使曾国藩这个出身农村的进士很快在京城找到了靠山。"穆彰阿尝汲引曾文正公国藩，每于御前奏称曾某遇事留心，可大用。一日，文正忽奉翌日召见之谕。是夕，宿穆邸。及入内，内监引至一室，则非平时候起处。逾亭午矣，未获入对。俄内传谕：'明日再来可也。'文正退至穆宅。穆问奏对若何，文正述后命以对，并及候起处所。穆稍凝思，问曰：'汝见壁间所悬字幅否？'文正未及对。穆怅然曰：'机缘可惜。'因踌躇久之，则召干仆某，谕之曰：'汝亟以银四百两往贻某内监，嘱其将某处壁间字幅，炳烛代录，此金为酬也。'因顾谓文正，仍下榻于此，明晨入内可。洎得觐，则玉音垂询，皆壁间所悬历朝圣训也，以是奏对称旨。并谕穆曰：'汝言曾某遇事留心，诚然。'而文正自是骎骎向用矣。"①

仅此事可见，道光皇帝时曾国藩的官运亨通，与首席军机大臣穆彰阿的赏识荐举、关照与提携，确有着很大的关系。从这以后，曾国藩年年升迁，岁岁加衔，5 年中从七品一跳而为二品大员，拔擢神速。

道光二十七年（1847 年）六月，迁至内阁学士，兼礼部侍郎街。"由从四品骤升二品，超越四级，迁擢不次。"曾国藩为此按捺不住内心的激动，给叔父母写信说："常恐祖宗积累之福，自我一人享尽。"

道光二十九年（1849 年）正月，迁为礼部右侍郎。八月初二日，曾国藩兼署兵部右侍郎。

---

① 《清稗类钞》第三册，中华书局 1984 年版，第 1404 页。

道光三十年（1850年）六月初四，兼署工部左侍郎。十月，兼署兵部左侍部。

咸丰元年（1851年）五月二十六日，兼署刑部左侍郎。

咸丰二年（1852年）正月二十四日，兼署吏部左侍郎。

这期间，他还多次充任考官和阅卷大臣。

数年间，"国藩以进士入翰林，七迁而为礼部侍郎，历官吏部，兵部，刑部，工部侍郎。"要知道，在清代，侍郎是六部的副职，与尚书一道，同为各部的堂官。曾国藩升迁如此之快，大大出乎了他本人的意料，也使他个人的名声迅速鹊起。

1851年，太平天国运动在广西发生。很快，战火席卷了几乎南半个中国。

1852年，曾国藩母亲江氏去世。曾国藩抛弃行李，仅携一仆，昼夜兼程，回乡奔丧守制。

由于太平天国军队北上进入两湖，湘、楚局势危急。1853年1月，咸丰帝寄谕曾国藩："前任丁忧侍郎曾国藩籍隶湘乡，闻其在籍，其于湖南地方人情自必熟悉，着该抚传旨，令其帮同办理本省团练乡民、搜查土匪诸事务，伊必尽力，不负委任。"这项寄谕从此改变了曾国藩后来的人生之路。

清依古制，父母死，官吏均得在家守制三年后始得复官。咸丰皇帝让曾国藩夺情墨绖从戎，好友郭嵩焘也风尘仆仆前来劝驾，曾父也劝他"以嵩焘之言为正"。于是曾国藩决计出山从戎。

曾国藩自到省城长沙之日起，正式摆脱了他12年闲散无多政事的京官生活，逐渐揭开了他一生中最重要的人生几页。

为了平灭洪秀全的太平天国，曾国藩在奉咸丰圣谕办理团练的基础上又向前大大迈出了一步。他认为，团练剿匪还可，战胜太平军则不行。从此，他开始组织湘军，发展到出省作战，最终竟在清政府无兵可恃的危机状态下毅然崛起，成为清政府屏障中原、剿杀太平天国的干城与主力。

五

　　洪秀全与曾国藩，均为晚清时代之名人。两人所生时代相同，地域籍贯亦相距不远，幼年、少年、青年二人走过了相同的苦读科举道路。只不过，一人屡战屡败，一人屡战屡胜，挫折与顺利在两人心理与性格上烙上了挥之不去的、迥然不同的两大烙印，也使两人从此走上了不同的两条道路。洪秀全抱着绝望与怨恨的情绪，走向了与清王朝彻底决绝的道路，而曾国藩则因为一帆风顺，做上了京官，走上了保卫大清江山的功臣之路。

　　洪秀全的失败、曾国藩的成功，都不是偶然的。两个人的胜负命运从某种意义上讲在开战前，就已经决定了下来。这是因为，太平天国运动是一个读书人首先发动的，太平天国的克星恰恰也是一个读书人。

　　他们都在五六岁入塾，读的都是圣贤书，四书五经是主要课本。他们学的都是八股文，走的都是参加科举考试以进入仕途的道路。但是，洪秀全从 16 岁到 31 岁，四次参加乡试，都名落孙山，大败而归，连个秀才也未混上，而多年来的读书生活，已经使他丧失了下田种地的进行农耕自活的能力。

　　而曾国藩 23 岁中秀才，24 岁成举人，28 岁得进士，以个人之真才实学跻入仕官行列，又逢佳运步步高升。他们两人，对四书五经及其注疏，一个是不通不透，一个是滚瓜烂熟；一个是做文做诗流于粗俗，一个是严于律己、文章诗文均称得上是上乘之作；一个是立志造反，一个是志在圣贤功臣。两人的学识修养与在学业过程中结识的朋友间的文化差异，从某种意义上讲已经注定了两人的两种悲喜剧的前途与命运的结局。

　　洪秀全执著于拜上帝教的理论创造，写了《原道救世歌》《原道醒世训》与《原道觉世训》，来宣扬他的教义与政治的理想。他以东王杨秀清、西王萧朝贵的名义发表的《奉天讨胡檄布四方谕》指出："满洲之所以愚

弄中国，欺侮中国者，无所不用其极！"洪秀全号召太平天国民众，"其
有能擒狗鞑子咸丰来献者，或有能斩其首级来投者，或又有擒斩满洲胡人
头目者，奏封大官，决不食言。"①

他又号召太平天国民众，独尊天父皇上帝，砸烂太平军所到地区之各
种庙宇。如果说，洪秀全在斗争初期，十分清楚自己是在拿宗教作为号召
发动人们进行反清工具的话，那么在太平天国后期，有材料表明他真的沉
迷于宗教，真的把自己看成了天父的二子。

太平天国末期，天京被围，形势极为危急。李秀成、李世贤主张冲出
重围，放弃天京，拒西北，图中原。但洪秀全对此唯一救亡图存的良策却
听不进耳。他顽固坚持"靠实于天，不肯信人"，偏执地认为"万事俱是
有天"助他。他斥责李秀成："朕奉上帝圣旨、天兄耶稣圣旨下凡，作天
下万国独一真主，何惧之有？""朕铁统江山，尔不扶，有人扶，尔说无兵，
朕之天兵多过于水，何惧曾妖者乎？"②他还幻想东王、西王升天的幽灵"时
常带兵"战妖，"任妖飞变总落狱"。到了绝望的境地，洪秀全还一味靠天，
以其错觉、幻觉来鼓舞自己。一直到临死，他还在劝导人们要相信皇上帝
把幸福赐给天朝臣民，指望天父来保护天朝万万年。实在可笑、可悲！

无独有偶。与洪秀全相反，曾国藩服膺于宋明理学、注重于道德文章。
他说："吾辈读书，只有两事：一者进德之事，讲求乎诚正修齐之道，以
图无忝所生；一者修业之事，操习乎记诵词章之术，以图自卫其身。"③用
现代的话说，读书，第一是为提高文化知识水平。正因为目的明确，曾国
藩反对读死书，死读书。他认为读书必须与自己的社会实践联系起来，必
须有所作为。

曾国藩认为，道德、学问与事业，是一个人的三大财富。他说"《大学》

---

① 中国史学会主编：《太平天国》第一册，第 163 页。
② 《李秀成自述》，《太平天国文书汇编》，中华书局 1979 年版，第 528 页。
③ 《曾国藩全集·家书》（一），岳麓书社 1989 年版，第 35 页。

之纲领有三：明德、新民、止至善，皆我分内事也。若读书不能体贴到身上去，谓此三项与我身了不相涉，则读书何用？虽使能文能诗，博雅自诩，亦只算得识字之牧猪奴耳！岂得谓之明理有用之人也乎？"①

曾国藩初出办团练，便标榜"不要钱、不怕死"。他写信给湖南各州县公正绅者说："自度才能浅薄，不足谋事，惟有'不要钱，不怕死'六字时时自矢，以质鬼神，以对君父，即藉以号召吾乡之豪杰。"

曾国藩说过："予自三十岁以来，即以做官发财为可耻，以宦囊积金遗子孙为可羞可恨。故私心立誓，总不靠做官发财以遗后人。神明鉴临，予不食言。"

正因为曾国藩讲究道德、功业，流风所习，他身边也逐渐积聚了一大批有志于治国安天下的两湖籍知识分子。他们精诚团结，共赴国难，这与洪秀全集团定都天京伊始就大兴土木、选美女、讲享乐的农民小富即安的短视思想相比真不知高出了多少倍。

太平天国的勃然兴起与它的摧枯拉朽之势，使清政府业已腐败的躯体更加气息奄奄，趋于垂亡之日。对于这种局势与造成这种局势的原因，曾国藩早已烂熟于心。他既痛感国事之日非，更要以澄清天下为己任。对于洪秀全的讨胡檄文，他不置可否。为了发动天下士大夫与太平天国相对抗，他也发表了一篇著名的《讨粤匪檄》。

檄文中说："粤匪焚郴州之学宫，毁宣圣之木主，十哲两庑，狼藉满地。嗣是所过郡县，先毁庙宇。即忠义之士，如关帝、岳飞之凛凛，亦皆污其宫室，残其身首。以至佛寺、道院、城隍、社坛，无庙不焚，无像不灭。"

曾国藩搬出孔子、孟子、关羽、岳飞，甚至土地、城隍、佛家、道士来与洪秀全的天父皇上帝相对抗，这是他的绝顶聪明之处。孔、孟、关、岳、佛爷、菩萨，多年来是中国人心目中神圣不可侵犯的精神偶像。曾国藩高举这面与太平天国针锋相对的大旗，确实发动、团结与依靠了一大批官僚

---

① 《曾国藩全集·家书》（一），岳麓书社 1989 年版，第 39 页。

士大夫及民众。

曾国藩在檄文中进一步呼吁："自唐虞三代以来，历代圣人，扶持名教，敦叙人伦，君臣父子，上下尊卑，秩然如冠履之不可倒置。粤匪窃外夷之绪，崇天主之教，自其伪君伪相，下逮兵卒贱役，皆以兄弟称之。谓惟天可称父，此外凡民之父，皆兄弟也，凡民之母，皆姊妹也。农不能自耕以纳赋，而谓田皆天王之田；商不能自贾以取息，而谓皆天王之货；士不能诵孔子之经，而别有所谓耶稣之说《新约之书》，举中国数千年礼义人伦、诗书典则，一旦扫地荡尽。此岂独我大清之变，乃开辟以来名教之奇变，我孔子、孟子之所痛苦于九原。凡读书识字者，又乌可袖手安坐，不思一为之所也！"

大量史实证明，曾国藩与洪秀全之斗，湘军与太平军之战，在一定意义上讲是两种层次的文化高低之战，是代表高一层次文化的曾国藩战胜代表街徒取基督教与儒教形式的低一层面的洪秀全之战。进士战胜童生，或者说一个博士生在知识竞赛中战胜一个小学毕业生，即使用今天的笨拙眼光来看待，也不是说没有一定道理的。

六

洪秀全之败，败于他以宗教形式进行的永安建制，更败于他的领导团体的素质与综合能力。

任何事物都是一分为二的。洪秀全创立了"拜上帝教"，借天父皇上帝的名义组织民众。但是，这种没有系统理论的宗教也同时在太平天国运动之初就暴露出了它的消极作用的一面。

1848 年春，"拜上帝会"的领导人之一冯云山被捕，一时"黑云压城城欲摧"。洪秀全无可奈何之极，回广东运动关系设法进行营救。"拜上帝会"一时群龙无首，群言汹汹，大有散伙作鸟兽散之势。在这关键的时刻，杨秀清假装宣布天父降凡附体，他代天父发言，一时安定了心无定见的入教会众，并且带领会众救出了被囚狱中的冯云山，从此建立了宗教与世俗合一的、在"拜上帝教"中的权威与地位。

同年 10 月，萧朝贵也宣称耶稣下凡附体，取得了代天兄发言的资格。

事后，为了领导集团的团结，洪秀全不得不承认杨秀清、萧朝贵的代天父、天兄发言权。从此，杨秀清、萧朝贵、洪秀全分别取得了天父、天兄、二弟代言权的合法地位。这样无形中形成了三头政治。太平天国一开始就出现了杨、萧、洪鼎足而立的权力局面，埋下了日后争权分裂的祸种。

1851 年，太平天国运动爆发。按着历史的惯性，洪秀全作为"拜上帝教"会的缔造人，自然而然在武宣登基称王，杨秀清、萧朝贵不得不俯首称臣。按着"拜上帝教"的教义，天父皇上帝地位最尊，天父皇上帝的长子耶稣次之，天父皇上帝的次子天王洪秀全第三，东王杨秀清第四。但是，杨秀清既取得天父下凡代言权，在太平天国的领导集团中，他就拥有了裁决一切军国大政，以致否定天王洪秀全动议的最高决定权。从某种角度看，洪秀全的权力还在取得天兄代言权的萧朝贵之下。这种宗教地位与太平天国政权组织地位的混合局势，可以看作是不和女神厄里斯投下的一个"不和的苹果"。只是由于战争初期胜负不卜，杨秀清威望未孚，他还不敢运用天父代言权这个武器来打击洪秀全。到了一定情况下，这种矛盾必然会激化起来，从而影响太平天国的前程。

1852 年，萧朝贵战死长沙，太平天国的三头政治变成了两雄并列。

1853 年，太平天国攻占南京，建都天京，西征北伐，捷报频传。在军事胜利达到顶峰的时候，杨秀清自以为时机已到，他开始利用天父代言权来威逼洪秀全，向最高权力地位发起总攻了。也许，在杨秀清的眼中，洪秀全只不过是一个只会吟诗抄书、装神弄鬼的传教士。从金田起义到定都天京，洪秀全都未显露出超过自己的杰出的军事、行政指挥才能，洪秀全所拥有的一切，不过是他利用民众迷信宗教，宣称自己是天父皇上帝二子唾手得来的。太平天国能有今天，还不是自己一手努力的结果。何况，自己又拥有天父的代言权资格，为什么要屈居于洪秀全的权力地位之下呢！有了这样的念头，杨秀清开始采取行动了。

12 月 24 日，杨秀清诡称天父下凡降身，指责洪秀全处事有错。当着众人之面，要天王跪下认错，并要"即杖四十"。而洪秀全一听到杨秀清要他挨军棍，便也吓得立刻俯伏受杖。杨秀清的飞扬跋扈，竟然到了肆无忌惮的程度。

通过这次"天父下凡"，杨秀清从洪秀全手中夺取了如下的权力与地位。

1. 天王宫中女官的处罚，移交杨秀清审讯裁决，天王无权处断，这为杨秀清在洪秀全卧榻旁边安下耳目准备了充足的条件。

2. 以后天王遇事要与杨秀清"商酌而后行"，剥夺了洪秀全裁决军政大事的权力。

3. 胁迫天王赞誉杨秀清为"劝慰师""圣神风"。1852 年，洪秀全撰写《天条书》中规定的赞美诗为："赞美上帝为天圣父，赞美耶稣为救世主，赞美圣神风为圣灵，赞美三位为合一真神。"杨秀清取得"劝慰师""圣神风"，地位高过了洪秀全。

4. 胁迫天王把这次天父下凡中"记诏以垂教万世"，旨准颁行，在太平天国军民中宣传。

1856 年，杨秀清逼洪秀全封他为万岁。据《金陵省难纪略》载："一日，（杨秀清）诡为天父下凡，召洪贼至，谓曰：'尔与东王均为我子，东王有大功劳，何止九千岁？'洪贼曰：'东王打江山，亦当是万岁。'又曰：'东王世子岂止是千岁？'洪贼曰：'东王即万岁，世子亦便是万岁，且世代皆万岁……'洪贼归，心畏其逼而无如何也。"[①]另据《贼情汇纂》中记载："秀清叵测奸心，实欲虚尊洪秀全为首，独揽大权，独得其实。其

---

① 中国史学会主编：《太平天国》第四册，第 703 页。

意欲仿古之奸权，万一事成则杀之自取。"[1]

洪秀全与杨秀清的权力地位之争已经到了你死我活白热化的程度。石头城上，乌云滚滚，一场天京内讧悲剧不可避免地发生了。

天京事变，杨秀清及其所部，全部被杀害，韦昌辉被洪秀全利用后诛杀，石达开因遭洪秀全猜忌怕也遭毒手，率部出走，加上早年战死的冯云山、萧朝贵二王，永安建制中的六王只剩下了天王一个光棍。俗话说得好："一个好汉三个帮，一个篱笆三个桩。""红花虽好，尚须绿叶扶持。"现在，变乱后剩下的只有洪秀全一朵红花，天国的命运在此已经注定了它的悲剧的未来。

今日看来，洪秀全的失败，在一定意义上讲也是一次没有得到彻底改造的农民运动悲剧的必然结果。太平天国这伙农民，从天王洪秀全到其他各王，发动运动的目的本身就不太高尚、伟大。在他们的意识里，依然是传统农民的高官厚禄、门第尊严、妻美子贵、繁华享乐。杨秀清自己的万岁地位还未真正到手，便迫不及待地又要为其儿子的千秋万代的享乐生活、尊崇地位去努力、去竞争，世上再没有比这更可笑、更可悲的事了。写到这里，我真想为太平天国的领导者彻底地痛哭一场。哭其愚，哀其旧！

七

曾国藩的成功，恰恰与洪秀全相反，得力于他对团队严格的政治建设与组织建设。

面对轰轰烈烈的太平天国运动，曾国藩静观局势。他认为，要剿灭太平天国，八旗、绿营军队皆不可恃。不但八旗、绿营军队不可恃，即使是

---

[1]　中国史学会主编：《太平天国》第三册，第46页。

当时已经按照朝廷旨意，大江南北遍地开花的团练亦不可恃。他在给友人的信中，用自己切身的体会和对形势的明确观察，指出办团练对于镇压太平天国无济于事。他认为必须组建一支新的军队。他写道：今日"将欲灭贼"，必须"别树一帜"，训练一支崭新的密切协作完全听命于自己的军队，然后，"驰驱中原"。这样，太平之乱，方可"渐望澄清"。[①]

对于建立的湘军，曾国藩更是倾注了无尽的心血。关于军队将领的人选，曾国藩有过多次的论述。他指出："带勇之人，第一要才堪治民，第二要不怕死，第三要不汲汲名利，第四要耐受辛苦。治民之才，不外公、明、勤三字。不公不明，则诸勇必不悦服；不勤，则营务巨细，皆废弛不治，故第一要务在此。不怕死，则临阵当先，士卒乃可效命，故次之。为名利而出者，保举稍迟则怨，稍不如意则怨，与同辈争薪水，与士卒争毫厘，故又次之。身体羸弱者，过劳则病；精神乏短者，久用则散，故又次之。四者似过于求备，而苟阙其一，则万不可以带勇。"[②]曾国藩还认为，"血性""廉""明""朴实"等素质对于一个将领来说是必不可少的。曾国藩对湘军将领的挑选之严格是有史可查的。对于军队的高级将领，没有文化素养的，他几乎都给排除圈外。这与太平天国文化素质最高者如洪秀全只不过是一个童生相比，其将领素质实不知高出了多少倍。

翻开一部湘军史，你会深深地体会到，曾国藩的成功，是其集团内部上下同心、精诚团结、讲究节操、一致对敌的集体智慧努力的结果。

曾国藩固然是湘军的奠基人，并对咸丰十年至同治三年湘军的大发展，起了主要的作用。但江忠源倡议建立湘军水师，左宗棠更是与曾国藩同为湘军的倡议人。

咸丰五至八年（1855—1858年）间，曾国藩先败于九江，继困于南昌，后又丁忧回籍。而这期间，左宗棠、胡林翼却在大力扩充部队，收复湖北

---

① 庄练：《中国近代史上的关键人物》上卷，第 15 页。

② 《曾国藩全集·书信》（一），岳麓书社 1989 年版，第 224 页。

以及江西大部分地区，并将两湖建设成为湘军的后方基地。当曾国藩被困江西，进退无路时，左宗棠就在湖南全力组织力量，多方求援。胡林翼对曾国藩更是倾力支持，甚至把所部主力鲍超军拨给曾国藩指挥。当鲍超流露出不乐意时，胡林翼又两次致书告诫"不得妄萌他念"。要他"一心敬事涤帅，毋得稍有怠玩。自来义士忠臣，于曾经受恩之人，必终身奉事惟谨"。①

曾国藩被削除兵权后，胡林翼对他十分同情。他多次上奏，不遗余力地为曾国藩谋职谋权。为了协调满汉统治集团的内部关系，胡林翼在湖北，左宗棠在湖南，先后与皇帝在两湖的代表人物官文、骆秉璋成功地建立了合作共事的关系。

湘军集团领导团体内部的团结互助、共结同心、互相维系的关系不仅使曾国藩闲居在家时湘军没有瓦解，而且为咸丰十年后湘军的大发展，打下了坚实的基础。

总之，湘军之成功，不是曾国藩一人之力，而是湘军领军人物如罗泽南、李续宾、杨载福、曾国荃等一班人合力的结果。其中曾、左、胡大为突出，可以说是相互补充，缺一就不可能有后来那样的局面。

与太平军的领军人物讲求生活享受、争权逐利、互相猜忌，由暗斗发展到明争等可悲的事实相比，湘军集团的领袖人物大都讲究节操，能够清廉自守，经常进行自我反省。他们在挫败与困难面前，不气馁、不低头；在胜利面前，不骄傲，保持着一个清醒的头脑，始终保持了自己的素志。湘军集团的建军模式与领袖们的严于律己、治国平天下的素志，对百年后的中国革命产生了十分重大的影响。毛泽东、蒋介石这两位新民主主义革命时代的对手，都竭力从中汲取营养，从而对以后的中国历史进程产生了不可估量的精神影响。

---

① 《胡文忠公全集》下册，世界书局 1936 年版，第 944 页。

八

记得 20 世纪 80 年代初期，为了对付高考，我将教育部制定的《中国历史》四本、《世界历史》两本共六本书的教材早诵晚背，以致滚瓜烂熟，能够脱口而出，娓娓道来。时光流逝，20 年过去了，脑海中的许多记忆，也如一去不复返的时光一样，早已逃得干干净净，但中国近代历史的许多事情却到今天仍然能够记忆犹新，这可真成了一件奇怪的事情。

在中学历史教材中，记得当时课本中对太平天国的作用意义表述为："太平天国坚持战斗十四年，势力发展到十八个省，建立了与清王朝对峙的革命政权，沉重地打击了清王朝的反动统治。"

今天看来，这种对太平天国作用的表述是不够完整的。太平天国在近代中国历史进程中所起的作用应该有着更全面、更深刻的表述。起码，太平天国彻底瓦解了清王朝两百年来赖以维护统治的基本国防军事力量——八旗、绿营两支军队。从此，汉人官僚组成的军队成为清王朝苟延残喘的凭借。但是，这种军队对清王朝的忠心与作用远远逊色于过去的八旗与绿营军队，甚至到辛亥革命前后，清王朝自己训练建立的军队几乎全部站到了自己缔造方的反面，这真真是一种巨大的历史讽刺。

太平天国纵横大江南北，势力发展到 18 个省，坚持斗争长达 14 年之久。这种力量也沉重地摧毁了所到之地的清王朝的官僚体制，导致了地方势力的迅速崛起。清王朝从此由高度的中央集权体制被迫过渡到中央与地方二元政权体系。从此，清廷大权旁落，失去了它旧有的绝对权威。

更重要的是，太平天国运动唤醒了久已消亡的汉人的复国意识。从此，满人统治的合法性与否又重新被国人提了出来。它成为后来的孙中山提出的"驱除鞑虏，恢复中华"，发动排满革命的滥觞。

从某种意义上讲，洪秀全为因，曾国藩造果。

没有太平天国运动对清王朝的沉重打击，就不会有咸丰皇帝令曾国藩出山办理团练的谕令，也就产生不了以后的湘军集团。湘军集团是应镇压太平天国而生，并在与太平军的战争中逐渐克服困难发展壮大起来的。

曾国藩虽然创办了湘军，一手缔造了湘军集团，最终依靠这支力量镇压了太平天国运动，从而挽救了清王朝的统治，甚至使清王朝一度还出现了"同治中兴"的局面。

但是，战时他亲自创立的"兵为将有"的制度，开了后来地方势力通过练兵建军来夺取清政府军权的先河。他所上奏安插的功臣战将，迅速造成了后来督抚专权的局面；他一手创立的长江水师，后来成为江匪、哥老会的力量。

曾国藩充满希望耗尽心力奋斗了一生，晚年蓦然回首，却发现是只手难补青天缺。岂止难补天，而且有害于"天"。曾国藩失望了，心中充满的不是成功的喜悦，而是丝丝苦涩的反思。

年轻时自诩为"好汉""平生倔强"的曾国藩，在晚年却失去了当年的豪气。悲观、绝望、颓废成了他最后几年生命的主色调。他经常与身边的幕僚赵烈文谈起自己的过去，谈起清王朝的前途。

这天，当曾国藩与赵烈文在秋风明月下的江上泛舟、排遣愁绪时，又一次关心起清帝国的前途。赵烈文根据自己对国家现状的判断，决然做出了清王朝的灭亡不出 50 年的论断。

要是早几年，这肯定会引起曾国藩的极端反感与强烈的呵斥。但是，这一次，曾国藩没有反驳。对着江水，默然良久后才问道："理由呢？"赵烈文回答道："天下治安一统久矣，势必驯至分剖。然主威素重，风气未开，若非抽心一烂，则土崩瓦解之局不成。以烈度之，异日之祸必先根本颠仆，而后方州无主，人自为政，殆不出五十年矣。"

这时，远远的江面中传来了几声凄惨鹧鸪的叫声。月光下，曾国藩的脸色更加暗淡，眼神中显露出了少有的绝望神色。过了好一会儿，曾国藩首先打破寂静，不甘心地追问道："然则南迁乎？"他真的不希望赵烈文的预言变成现实。但根据他平生的博学与历尽的沧桑人生的经验来分析，他又得不出与赵烈文相反的结论。因此，他绝望地乞求道，如果真的发生了这种事情，清王朝还能像东晋、南宋那样偏安苟且下去吗？

赵烈文明白曾国藩的意思，实在不愿意再去触伤这位元勋老人的伤痛之处。但他也知道，自己做出什么样的违心结论都不会逃出自己追随了多年的幕主的目光的。

又是良久的沉默。许久，许久，午夜的船舱中终于飘出来了几句低柔但却坚决的结论："国初创业太易，诛戮太重，所以有天下者太巧。""恐遂陆沉，未必能效晋宋也。"[①]

恰在这时，月亮被一片黑云包围起来，江风阵阵，让人感到了秋天早到的寒气，使人觉得透心的寒冷。

江面上传来曾国藩的喃喃自语："吾日夜望死，忧见宗社之隈。"

---

① 赵烈文：《能静居日记》，同治六年元月二十日。

到头难与运相争

——恭亲王奕訢的跌宕人生

奕訢从 1861 年初负责总理各国事务衙门起，到 1884 年被慈禧赶下台为止的整整 20 余年间，主持和总管了大清国的洋务自强运动，奠定了中国工业近代化、军事近代化和文化近代化的初步基础。尽管洋务运动存在这样那样的缺点和毛病，而且结局也归于失败，但万事开头难，奕訢主持的洋务运动，毕竟是在中国古老落后的大地上，破天荒地第一次绽放出一朵朵近代化的奇葩。从这一意义上说，应该为奕訢在中国近代化的里程碑上记上一个头功！

一

1898 年的 6 月，北京天气闷热。暑气早袭，气压又低，人们刚刚饱受了四五月间风沙天气的狂袭，随之而来的又是热气阵阵的酷暑。

近几十年间，大清帝国经历了它二百年间没有出现过的苦难，在欧风美雨的打击下一下子衰老了下来。苦难的折磨，引发了这个过早衰老帝国的各种疾病。

衰病中的奕䜣，正在为眼下朝廷上发生的一些事情，愁肠百结，忧心忡忡：一群自以为"以天下为抱负"的所谓男儿大丈夫，个个自以为自己是医国高手。他们凭借自己从书本上抄来的所谓几个偏方，竟然对国家事务指手画脚起来。国家不稳定的政治气候中，让人们嗅到了即将要发生的血雨腥风，预测到政坛可能要发生史无前例的震动。

偏偏在这之前，奕䜣的妻儿子女或者撇下他仙游西天，或者不得不奉慈禧的上谕过继给了近支他人。亲人们的相继离去，子离妻逝的结局，使得这位失意的亲王雪上加霜，给其晚景增添了更加悲凉的色调。

家事、国事、天下事，终于击垮这位饱经挫折、忧患的老人。奕䜣病倒了，病情时轻时重，时好时坏。他知道，自己的日子不多了。但他很不甘心，割舍不下对祖宗基业的担心，割舍不下对光绪帝近来连续举措不当的忧虑，可他又能怎样呢？

往事一幕一幕涌上了他的心头。

二

道光十三年十一月二十一日（1833年1月11日）午夜，奕䜣在皇宫中降临人世。这一年，道光皇帝恰好50岁。自从春秋时期孔圣人说过"五十而知天命"这一智慧的话后，人们就普遍地将50岁定为人生的天命之年。道光皇帝天命之年喜添贵子，自然感到格外的兴奋。

他没有理由不兴奋。在奕䜣出世前，皇长子奕纬、次子奕纲、三子奕继皆相继夭世。人们常说"老怕殇子"，道光皇帝不可能没有洒过伤心的泪水。他虽然有四子奕詝，但前景未卜；五子奕誴"状貌粗拙"，道光帝打心眼里厌恶他。道光二十六年（1846年）初，干脆把他过继给自己的弟弟淳亲王绵恺为嗣，将奕誴的皇位继承权永远地排除在外。奕訢生时脸方目圆，天庭饱满，一眼便讨得道光皇帝的喜欢，于是，道光皇帝赐名为訢，"訢"者，"欣"也。这个名字恰当地表达了道光皇帝对于奕訢降世的欣喜心情与厚望之念。

奕訢以后的表现，更令道光皇帝欣慰与满意。

按照清制，对皇子的教育十分严格。有人这样赞叹："本朝家法之严，即皇子读书一事，已迥绝千古！"[①] 奕訢也不例外。奕訢"生而颖敏"，记忆力极强，师傅每日讲授千余言，"少读而成诵"。[②] 在师傅名儒贾桢的严格教育下，奕訢不仅对传统的儒家经义有了深入系统的学习和认识，而且书法、诗文、国画、古琴等功底也打得相当的扎实。与此同时，奕訢还发扬满族尚武的传统，练得一手好骑射，武功更是颇为了得，几乎样样都在四兄奕詝之上。

道光皇帝看在眼中，喜在心头。但是，道光皇帝对于接班人的选择，却有着他自己认识与情感的标准。

九位皇子之中，前三位已逝，五子奕誴已被过继出宫，七子奕譞、八子奕詥、九子奕譓，年龄太轻，唯有四子奕詝，六子奕訢各有千秋，可以争一短长。

论性格，奕詝仁慈、内向、木讷，温文尔雅、稳重老成；奕訢则开朗、外向、善言谈、办事干练，颇有主见、应变能力极强。

论相貌，奕詝长相一般，右腿因骑马摔下骨折，留下了一点跛的痕迹；奕訢则鼻隆脸阔、果毅英发，一表人才。

论出身，奕詝是全贵妃钮祜禄氏所生。而全贵妃是道光帝最喜爱的妃

---

① 《清朝野史大观》卷一，第40页。
② 费行简：《近代名人小传》，第52页。

子，母以子贵，立为皇后；奕䜣生母静妃博尔济吉特氏年轻貌美，为人聪颖，在皇宫地位仅在皇后之下，列第二位。而且，不久，皇后暴崩，静妃虽未被立为皇后，但实际上已经成为了六宫中的女主人。

种种事实表明，奕䜣似乎在各方面都较奕詝优越，应当确立为皇储。但是，道光皇帝却举棋不定，左右摇摆，犹豫不决，久久难以决断。他深深地知道，这一决断将决定大清社稷与祖宗江山未来的命运。

已经初长成人，且懂得了权力重要性的奕詝、奕䜣，谁都想"竞争上岗"，成为一个至高无上的皇权代表，因此他们都使出了浑身解数，极力在父皇面前表现自己。

形势变得微妙起来，奕詝和奕䜣，虽为和睦兄弟，但在关乎自己前途命运的储位问题上，彼此却心照不宣，展开了隐蔽的角逐。两位皇子的老师，为了帮助自己的学生入储，各自也在进行着幕后的策划，施展着无声无息的较量。

偏偏在这关键的时刻，深得道光皇帝欣赏与信任的奕䜣老师贾桢因母病故回家守制。奕䜣的老师换为卓秉恬。卓秉恬是四川人，嘉庆七年进士，长期担任工、兵、吏等部尚书及大学士等职，为官作风严谨，喜经世致用之学。他见奕䜣才思敏捷、接受能力强，便帮助奕䜣进一步提高学识和应变能力，打算以真才实学去打消道光帝的顾虑。

奕詝的老师一直为杜守田。杜守田，山东滨州人，道光三年进士，官至工部侍郎、左都御史、工部尚书。此人心机甚深，少言寡语，善于揣摩道光帝的心思，同样深受道光帝的信任。因为追随道光皇帝多年，他非常了解道光帝的性情、想法与作风。他认定自己的学生奕詝长处不在武功和辩才，而应当以道光的选人标准——忠厚孝悌的标准来使奕詝获得父皇的信任。

道光二十七年春的一天，道光帝命令诸皇子随他郊猎于南苑。这一天，南苑注定成为具有对大清国命运起重要意义的角斗场，较量一方是皇四子奕詝和他的老师杜守田，另一方是皇六子奕䜣和他的老师卓秉恬。

狩猎，是奕䜣得心应手之事。这一天，他猎获的禽兽最多。中间休息时，他忽然发现四兄奕詝坐在一旁，一无所获，而且，连他的手下人也都垂手侍立，身边没有猎得的兽物。奕䜣问其缘故，奕詝回答"今天身体不舒服，所以不能驰逐"。奕䜣信以为真，也就没有往下多想。及至天晚，在众皇子中，数奕䜣收获最多，于是顾盼自喜。到道光皇帝面前报告战果，奕䜣本来最合道光意思，谁知奕詝说出一番话来，却使道光皇帝转而认为奕詝"真有人君之度矣"，就在这一转念之间，"立储之义遂决"。①

原来，奕詝听到父皇让他们几个兄弟随扈围猎时，深知自己的武功不及奕䜣，很紧张，即去上书房，找他的老师杜受田请教。杜受田长于揣摩之术，"欲拥戴文宗以建非常之勋"，因而面授机宜道："阿哥至围场中，但坐观他人骑射，万勿发一枪一矢，并当约束从人不得捕一生物。复命时上若问及，但对以时方春和，鸟兽孳育，不忍伤生命以干天和，且不欲以弓马一日之长，与诸弟竞争也。阿哥第以此对，必能上契圣心，此一生荣枯关头，当切记勿忽也。"②奕詝遵照老师的授计，藏拙示仁终于取得了道光帝的好感。

无疑，奕䜣临行前也会去向老师请教，卓秉恬当然也少不了对他面授机宜。卓秉恬嘱咐了奕䜣什么，没有档案记载，我们不得而知。但有一点可以肯定，不管他说了什么，结论是显而易见的。卓秉恬少年得志，成功的资本全在他拼命的实干，而杜受田则老谋深算，很会讨得皇上的喜欢。斗智者上，斗力者下。以南苑狩猎为标志，道光帝心中的秤砣开始向奕詝方面倾斜，这是不言而明的事实。

道光二十八年，道光皇帝病重，且久治不愈。为了最后的定夺，道光

---

① 小横香室主人编：《清朝野史大观》卷七，上海科学技术文献出版社，第47页。

② 小横香室主人编：《清朝野史大观》卷七，上海科学技术文献出版社，第46—47页。

帝叫奕𬣞、奕䜣到病床前答对。两位皇子及其各自的老师都知道,决定最后命运的时刻来到了。

卓秉恬鉴于奕䜣头脑清楚、口齿伶俐、学识丰富等特点,确定了示才见长的方针。他满怀信心地告诉奕䜣:"上如有所垂询,当知无不言,言无不尽。"

杜守田则考虑到奕𬣞的常识不及奕䜣,皇上问对,对答如流的必是奕䜣,奕𬣞要想取胜,只能再来一个出其不意,以奇胜之。于是,杜守田教导奕𬣞:"阿哥如条陈时政,知识万不敌六爷。惟有一策:皇上自言老病,将不久于此位,阿哥惟伏泣流涕,以表孺慕之诚而已。"

双方都如计而行,结果,杜守田再次胜出。道光皇帝进一步认定"皇四子仁孝,储位遂定"。①

道光皇帝选接班人的标准,从上述几次事例中可以看到蛛丝马迹。显然,道光觉得,奕䜣虽有才干,但锋芒毕露,德性涵养不足;奕𬣞才能虽不如奕䜣,但仁孝宽厚,能让他身后安心,不至于出现先祖康熙圣祖万年后的家庭悲剧故事。

这样,道光三十年正月十四日,道光帝在病危中紧急召见他信任多年的军机大臣,宣示开匣启谕。

御书中明确指定:"皇四子奕𬣞立为皇太子!""皇六子奕䜣封为亲王!"

一匣两谕!这是有清以来绝无仅有的事。看来,决定把皇位传给奕𬣞,道光帝心中是矛盾与痛苦的。也许,道光帝比谁都清楚,他钟爱奕䜣,也很想把神器托付给他,但对性格才能外露的奕䜣,他又实在放不下心来。德与才,在道光心中的天平上,他认为还是"德"更重要。奕𬣞虽拙,却令他放心。但不管怎么说,他也不能让奕䜣受委屈,特旨御赏奕䜣为亲王

---

① 小横香室主人编:《清朝野史大观》卷一,上海科学技术文献出版社,第64页。

而没有其他皇子的份儿，就是道光对奕䜣心中有愧，特意补偿的有力证明。

就在这一天，道光皇帝"龙驭上宾"，永远地离开了他的爱子们。也就在这一天，奕詝登上了他多年梦寐以求、来之不易的龙座。

奕䜣与皇位，就这样失之交臂，徒给读史的后人留下了无限的惆怅，留下了无限的想象空间。

对于道光皇帝立奕詝而不立奕䜣，多年来人们颇有微词，文才武功均在奕詝之上的奕䜣，心底的不解与不平、酸楚与失落是不言而喻的。奕䜣的皇帝梦破灭了，心中当然不是滋味，但这是命运的安排，他也无法抗拒。

但是，奕䜣对于这个对他钟爱有加的皇阿玛，心中难道就没有一点怨恨之情吗？答案是肯定的。有，不过，这股怨气，只能在腹中说话、发泄，出于口是会遭到更大祸患的。

他肯定认为，道光用人不公。选储定后，这是关于大清国万年社稷安危之事。道光不任用有才略的他而选中了只知耍小手腕的四兄奕詝，难道要置国家江山于不顾吗？对于这一点，奕䜣想不明白，也永远不会原谅他的这个糊涂的父皇。

他肯定认为，道光选中奕詝而没有点他是大清国的悲剧。因为，事实不是在明摆着嘛！奕詝做了皇帝，却没有君临天下、化解内忧外患的魄力与心理素质，最后终因消极颓废，沉湎酒色，只活了 31 岁就短命而死，把这一片残破的江山无情地丢给了他年仅 6 岁的儿子载淳，徒然给贪婪权柄的那拉氏制造了窃柄弄权的机遇。如果他奕䜣上台，能有这样的事情发生吗？他很自负地做出判断，答案是否定的。

奕䜣肯定又想起了他在上书房读书的老师，第一任老师翁心存仅授业一年，当时奕䜣年幼，自然没有留下什么印象。第二任老师贾桢与他朝夕相处多年，师生建立了深厚信赖的感情，但他主试江南后，偏偏老母去世，为了尽孝，离开了上书房。第三位老师卓秉恬，也算是个宿儒了，可他太缺乏对道光皇帝的了解，缺乏在关键的时刻制定出正确的应变策略，一味催促自己抓住一切机会在父皇面前显露才华，结果，皇位痛失，斯人远去。

想到这里，奕䜣更加怀念自己的恩师贾桢。他甚至假想如果当时老师的母亲没有去世，老师一直留在身边，对父皇与自己都彼此熟悉的贾桢，或许会在关键的时刻，为自己制定出制胜的策略，帮助自己战胜困难。那么，今天的自己、今天的朝局绝不可能是这个西风残照的景象。

不过，这一切都过去了！奕䜣回过神来，想起了光绪十三年末他给好友知己宝鋆写的一首诗：

平生志气今犹在，四载安居复有群。

是啊！岁月仙逝，华发催生，自己的平生志气今犹在什么地方呢？

奕䜣茫然了。他又顺着这个思路想下去，想起了他给宝鋆的另一首《朗润园感怀》。这首诗表达了奕䜣对一生远大抱负破灭和凄凉人生的慨叹：

实事渐消虚事在，他生未卜此生休。

想到这里，奕䜣闭上了疲倦的眼睛。过了好一会儿，他的思绪才又向远方飞去。

三

咸丰帝的母亲早逝，从小在奕䜣之母静妃身边长大，咸丰、奕䜣朝夕相处，亲情融融。不过，这些都是表面的现象。在权力与利益环境包围下长成的人们，在他们的心中，利害永远是摆在第一位的。早年，兄弟二人斗力竞智，淘汰率各占百分之五十，不是你胜就是我赢，皇宫就是一片没有硝烟的战场。最终，道光偏爱上奕詝，奕詝成了咸丰皇帝。

奕詝坐上龙椅后，按照先父的遗诏，就封奕䜣为恭亲王。

奕詝在亲王面前特意以"恭"字为冠，其个中深意明眼人自然一看便就明白。那意思是说：奕䜣啊！奕䜣，你不要认为自己才高略长还像从前那样，恃才傲物。我现在是皇帝，而你是臣子，你要认清自己的身份与地位，对朕恭恭敬敬、惟命是从，否则就是不恭，就是不敬，就会给你好看，认命吧！奕䜣是个聪明人，当然不会不知其中三昧。对于已经当上皇帝的奕䣂，他不敢不恭，也不能不恭。始终对奕䜣心存戒心的咸丰对奕䜣的恭顺也做出了姿态。咸丰二年（1852 年），他特地把京城最好的王公府第一大贪官和珅的府第赐给奕䜣，但就是不给他干政的机会。

然而，时局多艰，南国烽烟四起，太平天国运动的惊涛骇浪，终于把奕䜣推上政治舞台的前沿。

面对太平天国北伐军的步步逼近，咸丰皇帝与周围大臣都惊慌失措，在国策上无一建树明断。大敌当前，自救要紧。奕䜣聪明能干，才略优于自己，这一点咸丰是最清楚不过的。1853 年 10 月 12 日，咸丰帝添派奕䜣办理京师国防事宜，加强京师的防务，对抗太平军的北伐。没过一个月，他又特命奕䜣出任军机大臣，总揽军国大计，直接对他负全权责任。

军机处成立于雍正八年（1730 年），是清中枢决策机关，全国政务总汇。军机大臣直接对皇帝负责，处于"君权附庸"的地位，是凌驾于内阁、各部、院之上的最重要的机构，史书称"隐然执政之府矣"，[①] 地位重要性相当于我们今天的国务院。

奕䜣走上国家政治舞台，表面上是皇兄格外施恩。因为按祖制，清朝自设立军机处以来，向无诸王在军机处行走，目的就是为了避免亲贵专权。但从深层本质分析来看，咸丰此时敢于抛开"祖制"，公然任命奕䜣在军机大臣上行走，却是太平军东征、北伐的局势造成的。在太平军的摧枯拉朽的冲击下，清政府赖以存在的八旗、绿营两大国防主力已经瓦解，形势严峻，"祖制"帮他渡不过这道难关，环视周围重臣，也似乎没有能挺身而出、真正能够为他分忧解愁的，关键时刻，还要靠这个能干的皇弟帮他支撑危局。因此，说奕䜣由此得志，不如说因势得志更符合事实。人们常

---

① 《军机大臣年表一》，《清史稿》第 176 卷，中华书局 1976 年标点本。

说"英雄造时势",其实,从奕䜣的身上,人们更能找到"时势造英雄"的根据。得势得志,失势失志,这条定理成为奕䜣一生事业与人生沉浮的真谛。

皇兄破格重用,奕䜣更当尽职尽责。很快,奕䜣使军机处有效地运作了起来。一年之后,即1855年春、夏之交,在奕䜣赞画下,太平天国的讨北军便被扫灭一空,京城转危为安。

常言道,狡兔死,走狗烹;飞鸟尽,良弓藏。京师转危为安,咸丰帝悬在半空中的心终于放了下来。奕䜣已经完成了他的使命,皇兄也不愿看到皇弟势力膨胀起来,这对他没有好处。"祖制"不准亲王入掌军机处不就具有此深意?卧榻之旁岂容他人鼾睡!

把奕䜣罢黜,虽然有些"良弓藏"的味道,但终究自己可以睡个好觉。很快,咸丰皇帝就找到了借口,利用奕䜣在其母亲的封号问题上做起文章,将奕䜣逐出军机处,剥夺其一切职务,一撸到底,恢复了他闲散亲王的原样。

十月二十七日,咸丰帝继续穷追不舍,发表上谕:"道光三十年正月十四日,皇考宣宗成皇帝升遐,朕与顾命大臣敬启密缄,亲奉朱谕:'皇六子奕䜣,封为亲王,钦此。'朕祗遵遗命,于十七日降旨,封奕䜣为恭亲王,并于恭撰慕陵碑文内,敬谨叙述。惟是中外臣民,但知奕䜣之封亲王,系朕即位后推恩,未知系皇考遗命,不足以传信后世。著将此旨付史馆,于实录本纪内,将皇考朱谕封奕䜣为亲王,纂入道光三十年正月十四日遗命各条之此,以昭信史。"

这道上谕,无疑的是向中外臣民宣告:奕䜣我根本就不打算重用他。如果不是道光皇帝的遗命,朕根本就不会封奕䜣为亲王。同时这道谕旨的另外一个深意,就是警告那些与奕䜣走得太近的臣僚,要他们知道皇上的心意,赶紧与奕䜣彻底划清界限。

至此,奕䜣用完奕䜣又将他彻底踢出局外。奕䜣,被他这位会要阴谋的皇兄,又着实耍弄了一通。

这一切,又都是因为君臣名分的缘故。这就是命吧!由一国军机之首转眼又回到从前的闲散亲王，这对于青春活力四射、有着治国平天下抱负的奕䜣来说，实在是一个难以接受的残酷事实。他胸中的不平、郁闷、忧虑时常如大海风浪，难以平息。

牢落天涯客，伤哉志未伸。

独醒空感世，直道不容身。

忠荩遣骚雅，高风问楚滨。

怀沙数行泪，饮恨汨罗津。

这时的奕䜣，自比蒙冤被逐的战国时期楚国忠臣三闾大夫屈原，向世人大声诉说着举世皆醉唯我独醒的哀怨。面对大清帝国将要扑面而来的种种灾难，身为大清的皇子，奕䜣没有像那些庙堂之上的君臣，在"商女不知亡国恨，隔江犹唱后庭花"。他的心灵一刻都未平静过，他时时在关注着不断恶化的局势。

四

咸丰将奕䜣赶回家后，百般艰难的政治事务却让他这位天子焦头烂额。

自恭亲王奕䜣遭到咸丰皇帝的罢斥，退出军机处之后，朝中文武大臣，一时歌舞升平，因循积习，不知振作。国家大事，几如盲痴，一筹莫展，堪与奕䜣比肩者，一时无人。

在宗室近支中，咸丰皇帝的其他几个兄弟，或才力平庸，或年幼无知，均难担任军国重任。特别是在太平天国运动发生后，咸丰帝对汉人表现出了更加不信任的姿态。这样一来，作为宗室近支而又对皇权不构成威胁的怡亲王载垣和郑亲王端华，便受到了咸丰帝的青睐和重用。可是怡、郑二王并无多少才情，满口满语，汉文更是不甚通达，一旦受到重用，帮皇上分忧愁时，立即感到力不从心。好在二王还算有自知之明，于是合力向咸丰帝推荐了我们前文书中曾经浓笔重墨过的肃顺。君臣遇合，朝中风气立刻焕然一新，倒也为后世子孙，留下了一段可圈可点的佳话。

奕䜣失势，是肃顺"暴发"的原点。肃顺的"暴发"与奕䜣之被冷落，形成了强烈的反差，奕䜣能不怨乎？

不想，英法联军打进了北京，咸丰帝与肃顺一伙却狼狈逃往热河。仓促间，咸丰并没有带上奕䜣，而是让他留下来收拾残局，其中用心之深，人们自可放胆去运用自己的大脑想象。但是这一事件，倒造就了奕䜣再度崛起的机缘。

不畏艰难的奕䜣，与洋人"不惮接对"，力成和局，终于使京师转危为安。在人们的心目中，奕䜣简直成了再造乾坤的巨人，誉声鹊起，威望顿著。正如史书所言："擅社稷之功，声望压端华、肃顺之上。"[1]京师中的达官贵族、王公大臣，一时纷纷向恭亲王奕䜣身边聚集，无形中成了以奕䜣为首的实力集团——"京师派"。这为他与肃顺集团——"热河派"的最终叫板奠定了坚实的基础。

在奕䜣崛起之前，没人能与肃顺相抗，以肃顺的性格也不怕有人胆敢与他过不去。但他没有料到，本来想把奕䜣推入洋人的野蛮火海，让他在京师的战火中不死也要灰头灰脸。哪承想，奕䜣不但毫发无损，相反倒平安无恙并且迅速崛起了，声望甚至压他之上，这就使肃顺不能不开始对奕䜣另眼相看、严加防范了。

实际上，肃顺无须揽权，这时皇上已身体不支，完全寄情于声色，肃顺大权在握。问题是，奕䜣不是一般人，而是当今皇帝的同胞手足，要是皇上倒向他这个能干的皇弟一边，肃顺就完了。要压倒奕䜣，最大的法宝还是皇上。皇上对他这个皇弟的不放心，生怕他擅权干政是有目共睹的，兄弟之间有难以化解的恩怨，只要他们之间的关系不拉近，恭亲王就不能

---

① 中国史学会主编：《第二次鸦片战争》，第2册，上海人民出版社1978年版，第146页。

把他怎么样。肃顺计策已定，就经常在咸丰耳边进谗言，状告奕䜣有与洋人勾结谋反之意，要皇上时刻警惕他这个不安心的亲王弟弟。

肃顺的危言耸听，倒不完全是空穴来风、无中生有。在此前后，英国驻广州领事罗伯逊在给阿斯登的信中就说："如果中国政府发动一套新的制度，人民是会接受的，很可能叛乱会就此熄灭。但是发动新的制度包含了一个惊人的问题，那不多不少正是变更皇位。从现在皇帝身上，什么也希望不到。他已经退到热河去，各种迹象表示他尽量反对大臣们的迫切要求，意图留在热河……皇帝的兄弟恭亲王现在北京……处事表现很开明的看法。假如他肯听普鲁士的话（他好像是听信的）……教育把他培养成一个人物，可以代替那个毫无精力的皇族代表，那是一个当国家危急时不顾国政的人物。"①

不管奕䜣有意无意，英、法、俄等国列强到了为了自己国家在华的利益确实有让他取代奕䜣做皇上的想法。巴夏礼就单刀直入，劝奕䜣登上"空着的皇位"，但被奕䜣"严肃地拒绝了"。②在北京的"热河派"，也传递着可能"失位"的信息。还有头脑简单的皇老五惇亲王奕誴由北京跑到热河，没深没浅地说出奕䜣欲谋大位的话。各种传闻杂凑到了一起，由不得咸丰不相信。

咸丰皇帝对奕䜣的疑虑与恐惧，也在日益滋长。当奕䜣得知皇兄病重的消息，上疏恳请前往探视，希望能够借此消除误解时，没想到皇兄不念兄弟情谊，以相见徒增伤悲不如不见为理由，拒绝了他一片好心。皇上如此对待奕䜣，肃顺感到高枕无忧了。

谁知，天有不测风云，人有旦夕祸福。

1861 年 8 月 22 日，即咸丰十一年七月十七日，咸丰皇帝在热河山庄

---

① 严中平：《一八六一年北京政变前后中英反革命的勾结》，《历史科学》1952 年第 5 期，第 16 页。

② 布克斯盖夫登：《1860 年〈北京条约〉》，第 1121 页。

烟波致爽殿，把这个令人烦扰的大清国事业留给了他不足 6 岁的儿子载淳，享年才 31 岁。

咸丰帝死后，"北京派"和"热河派"的关系更加紧张起来。

咸丰病死前，做出了三个决定：

1. 立他的唯一儿子、6 岁的载淳为皇太子。

2. 任命肃顺、载垣、端华、景寿、穆荫、匡源、杜翰、焦祐瀛 8 人为顾命赞襄政务大臣，在自己宾天后辅佐载淳赞襄一切政务。

3. 赐皇后钮祜禄氏"御赏"印，赐皇太子"同道堂"印为今后下达谕旨的符信。"御赏"印为印起，"同道堂"印为印讫，规定凡一切诏谕只有盖上这两颗方印时才能生效。

这三条遗命，充分显示了咸丰皇帝对身后事务的精心安排，说明是他慎重思考后的结果。咸丰立载淳为皇太子，他就这么一个儿子，没有什么选择的余地。幼子载淳继位，由八大臣共同辅佐赞襄一切政务，而不是一两位大臣，说明咸丰考虑到了身后肃顺跋扈专权的可能性。咸丰的这个用意就在不使权力偏斜于一两人之手，八位大臣又可互相牵制、监督，从而防范权臣大权独揽，出现像顺治时期多尔衮摄政那样威胁皇权的局面。

同时，遗命也表现出咸丰对顾命大臣的忧虑与防范。咸丰为了防止八大赞襄政务大臣滥用手中的权力，他又给了皇后与皇太子最后的联合否定权。两人手中各握有一枚一落定乾坤的印章。不用印就等于八大臣草拟的上谕无效。另外，单给皇后一颗"御赏"印，却没有载淳生母懿贵妃的事，是否也含有他对皇帝生母的不信任，以便让皇后日后富有权力去牵制她的用意呢？

这就是咸丰对自己身后权力格局的精心安排，其特点是多方牵制，其指导思想是权力制衡。这样设计的目的是为了避免自己身后的朝局动荡，确保他的儿子载淳顺利得到和行使权力。

另一方面，他更加担心皇弟奕䜣身贵势重，因此拒绝援用摄政王祖制，甚至坚决把奕䜣排除在了顾命大臣行列之外，根本不给他接近皇帝与朝政的机会。

关于此事,《清史稿》中将之定为圣明的"庙算"。但是,中国千百年来也留传着一句俗言,叫作"智者千虑,必有一失"。咸丰自己就没有多想想,皇后钮祜禄氏性格柔和、才略平平,对政治、对权力没有多少兴趣,给予她"御赏"印究竟有多大的实际意义?至于给予皇太子的"同道堂"印,由于载淳年幼,为他掌管此印只能是她的生母那拉氏。那拉氏拥有了这颗相当于皇权的"同道堂"印,就等于咸丰授予了她参政的权力。用皇后去限制富有野心的那拉氏,那不是黄粱美梦是什么?这两颗为了捍卫儿子持权而特意铸造的印章,最终为那拉氏实际掌用,清室的残年江山最终还不是坠入了一个外姓的妇人之手?再说,咸丰所出的招数本身就是让权力对立的双方不停地过招,以在冲突中保持平衡的战法。但有牵制必有矛盾,矛盾双方不可能长期势均力敌下去,矛盾一旦激化,那就是你死我活的争斗。最终定是一方彻底解决另一方,否则便是没有解决。

后来事情发展的结局表明,咸丰企图平衡权力、确保儿子皇权永固的如意算盘,终究是水中捞月、枉费心机而已。

据恽毓鼎的《崇陵传信录》记载,咸丰死前,曾亲自手书一封密诏给皇后密藏。这封密诏中说:"略谓叶赫氏祖制不得备椒房,今既生皇子,异日母以子贵,自不能不尊为太后,惟朕实不能深信其人,此后如能安分守法则已,否则,汝可出此诏,命廷臣传遗命除之。"咸丰死前,又是给皇后"御赏"印,又是给皇后写密诏,足以表明他对皇太子生母那拉氏行为极不放心,因此,特以此来使皇后日后能有驾驭那拉氏的法宝。

咸丰的用意很明显,一是要将皇弟奕䜣彻底排除在权力中心的局外;二是不让那拉氏后宫干涉朝政。但是,这两条他都没有达到目的。其主要原因在于:

1. 他忽视了奕䜣于京城在列强支持下已经形成了一个强大的实力派集团,手中握有胜保、僧格林沁等统兵大员,有英法等国列强做后台的事实。

2. 对付皇太子生母那拉氏的唯一方法，就是肃顺赞成的依照汉武帝钩弋故事，将她果断除掉。咸丰既不忍心将她通过自己之手除掉，又不想让她日后干涉朝政，这是一个两难的问题，最后事实必然发展到出乎他的意料。这既是那拉氏的野心与性格所致，也是与咸丰临终设立的权力分配格局有着不可分割的关系。

咸丰遗诏的结果就是半路杀出了慈禧太后这匹黑马，最终打破与推翻了咸丰设计与安排的中央高层权力分配格局，形成了以慈禧太后掌握实际皇权，名义上垂帘听政的政治局面。

皇太子载淳生母那拉氏是一个十分聪颖性格又极端倔犟的女人。后宫多年尔虞我诈的现实生活使她变成了一个权力欲极强的女人。她父亲是一个官僚，在全国许多地方做过官。她从小就随父亲走南闯北，扩大了眼界、增长了见识，同时，由于耳濡目染、悉心观摩，逐渐学会了官场上一套趋利避害的处世本领。入宫以后，她不失时机地替咸丰帝出谋划策。在咸丰帝病重期间，她又替咸丰批阅奏章，逐渐熟悉了皇权业务，更增加了她攫取朝廷大权的野心。咸丰皇帝赐给儿子的"同道堂"印，由于儿子年幼，该印实际由她掌握。这样，就等于咸丰授予了她临时"皇权"处置的权力。但是，对此，她并不满足。她的目标是垂帘听政，亲自坐庄。

咸丰皇帝的错误决定，最终导致了这样一个局面的出现：由于受那拉氏与钮祜禄氏的联合牵制，赞襄政务大臣们并不能独立自主地行使权力；而那拉氏与钮祜禄氏联合起来，欲行垂帘听政，也自然遭到赞襄政务八大臣的坚决抵制；奕䜣在这场权力分配中，不但没有被援引祖制授予摄政王而且连顾命大臣的份儿也未捞上，对此，他肯定极度失望与不满。在这种情况下，一场激烈的皇权斗争就不可避免地发生了。

咸丰皇帝死后，按照惯例，载淳继承大位，皇后晋封母后皇太后，懿贵妃那拉氏因为是皇帝生母晋封圣母皇太后。那拉氏总觉得不够称心，所以以后又给二人上了两个徽号，一称慈安，一称慈禧。

肃顺和慈禧，性格上都属鹰派，即所谓"硬碰硬"，原是难以共存，都不喜欢还有比她或他更有权力的人。咸丰一死，慈禧便以肃顺专权事联合慈安，并力主两人一同垂帘听政。因为此举不符合清室祖制及咸丰的临终遗命，被八大臣坚决顶回。慈禧于是起而联合在京师有势力亦想有作为的奕䜣，共同对付一致的政敌——肃顺集团。两宫太后、奕䜣、肃顺本来都是一家人，这时却为了各自的权力利益形成了微妙的三角关系。这为奕䜣的第二次辅政提供了珍贵的机会。

1861 年 11 月，在回銮北京后，慈禧在奕䜣安排下，发动了"辛酉政变"，载垣，端华、肃顺被杀，其他赞襄大臣或贬或放，"祺祥"年号改为"同治"，最终确立了两宫太后的垂帘听政，改变了大清国最高权力的体制。

肃顺集团的消灭，标志着大清国女主掌国——慈禧时代的到来。

咸丰之死与肃顺集团的消灭，也标志着奕䜣一生权力与事业顶峰时期的到来。从此，他内掌军机、外操总理各国事务衙门，为他洋务事业的启动，铺平了道路。

肃顺集团的失败，大致有如下因素造成：

1. 在政治斗争中，实力是胜负成败的决定因素。奕䜣集团内有胜保军人实力派支持，外有列强可恃，议和期间又将在京师的主要官僚都集中到了自己的门下。相比之下，肃顺集团则力单势薄，除了咸丰遗诏辅政外，别无可恃的资本。

2. 在专制统治时代，君臣名分是一个铁的不可逾越的定律。小皇帝如同一块引力强大的磁场，这个磁场被谁掌握，谁就拥有发号施令、生杀予夺的权力，谁就会对整个官僚集团产生最大的吸引力与向心力，因为皇帝是整个封建官僚体系的中心。在热河期间，小皇帝控制在肃顺势力手中的时候，奕䜣就不敢轻举妄动，否则他就会被肃顺以逆臣的罪名通过皇帝下诏轻而易举地除掉。而当小皇帝回到北京，完全在那拉氏、奕䜣掌握之中时，肃顺等人的悲剧命运与结局就注定了。

3. 肃顺在咸丰时期，治世用重典、减轻旗人的俸禄等措施，得罪了京师上上下下官僚旗人的利益；而英法联军逼进北京的危机时期，他又力劝咸丰北逃，并因阻止咸丰回銮进一步失掉了人心。人心向背是决定胜负又一个重要的因素，肃顺不注意团结官僚集团，自以为先有咸丰皇帝支持，后有先帝遗命，谁也不能奈我何，但"成事在天，谋事在人"，对于身后谋事这点，肃顺做得实在太差了。

五

辛酉政变后，清朝最高统治集团的权力结构较前发生了两个方面的变动：

1. 正式规定两宫太后垂帘听政。按清室祖制，是不允许设立这一制度的，但经奕䜣授意诸王公大臣，连续上奏，引经据典，酌古准今，拟定了一套垂帘听政的制度，颁发上谕施行，这满足了慈禧主宰朝政的迫切愿望。

2. "恭亲王奕䜣著授为议政王，在军机处行走"，并补授宗人府宗令，加上原已主持的总理各国事务衙门，内政外务大权集于一身，真可谓"独揽朝政，权侵人主"。奕䜣的亲信桂良、文祥、沈兆霖、宝鋆、曹毓英等人，均进入军机处。这样，清廷的主要权力机构——军机处，便成为奕䜣的一统天下。

这一变动所建立的政治体制，是两宫皇太后垂帘听政和恭亲王奕䜣辅政相结合的体制。但东太后不管事，真正管事的是西太后慈禧。这一时期的慈禧，对政治业务还不熟悉，加上自己的羽翼与地位还不稳固，凡事都要依赖奕䜣做主。因此，这一政治体制的开始时期，主导权完全掌握在奕䜣的手中，是以奕䜣辅政为主的，这也正是奕䜣发动辛酉政变想要达到的目的。

这一时期是奕䜣一生事业的黄金时代。奕䜣独揽朝政，大权在握，可以大刀阔斧地去推行他的政治抱负了。

第一步棋，奕䜣首先巩固与扩大了他的实力基地——总理各国事务衙门的事务与规模，把它作为推行大清国近代化的中枢与窗口。

第二次鸦片战争时期留京督办和局，与洋人频繁接触的经历，使奕䜣对西方世界有了更多更深的了解。第二次鸦片战争的惨败，也使他清醒地意识到，大清帝国遇到了"千古未遇之强敌"，积弱积贫，已无力抵抗。华夷之辨，唯我独尊云云，已经统统在西方列强的现代化科学技术结晶的坚船利炮面前化为乌有。如果执迷不悟，仍抱着"天朝"的僵化观念不放，结果会更惨。打肿脸充胖子，只能是自欺欺人。天朝上国的幻梦破灭了，这是严酷的现实。与其被动挨打，为何就不能顺时应势地面对现实改弦更张。在严峻的现实面前，奕䜣通过自省自审的努力实现了自我认识的更新、转型，他的观念开始转变了。提出设立总理各国事务衙门与设计中国通过办洋务自强振兴的蓝图就是奕䜣彻底自我更生的有力证明。

早在 1861 年 1 月 11 日，奕䜣就经过一番精心的策划，会同桂良、文祥正式向咸丰皇帝提出了设立总理各国事务衙门之请："查各国事件，向由外省督抚奏报，汇总于军机处。近年各部军报络绎，外国事务头绪纷繁。驻京之后，若不悉心经理，专一其事，必致办理延缓，未能悉协机宜。请设总理各国事务衙门，以王大臣领之。"①3 月 11 日，咸丰帝经过左思右想，终于在无奈中，最后批准了奕䜣的请求。

总理各国事务衙门的艰难问世，标志着大清国"闭关锁国"政策的放弃、标志着中国"无所谓外交"时代的终结、标志着中国从此真正地开始走向国际社会。

奕䜣总揽朝政后，在原有规模的基础上，将总理各国事务衙门建设成为一个总揽"新政"的包罗万象的洋务衙门，"凡策我国之富强者，要皆于该衙门为总汇之地"使之成为中国近代化的火车头。

---

① 中国史学会主编：《第二次鸦片战争》，第五册，上海人民出版社 1978 年版，第 342 页。

从此，总理各国事务衙门成为军机处之外的清政府又一神经中枢机关。在晚清，外国人将之视为清"帝国政府的内阁"，今世学者则称之为"洋务内阁"。① 奕䜣在洋务运动方面的筚路蓝缕，功不可没。

奕䜣推行洋务运动的指导思想和实施步骤，大体经历了练兵、制器和培育人才三个方面。用他自己的话来说，便是"自强之术，必先练兵""练兵又以制器为先""制器又必须以天文算学为源本"。

练兵是奕䜣首先要抓的洋务。以刀矛弓箭装备起来的旧式军队，无论如何敌不过洋枪洋炮的新式军队，这是奕䜣从第二次鸦片战争失败中获得的血的教训。奕䜣练兵经历了一个摸索过程。先从利用洋枪自行训练京营开始，但演试结果则大失所望，被咸丰帝下令废止。接着便责令直隶总督刘长佑练兵。刘长佑提出了训练直隶七军的计划，但练兵三年，一事无成，奕䜣甚为不满。继而改练直隶六军，每军步队 2000 人，马队 500 人，共合 15000 人，然而训练仍不得法，成效不佳。奕䜣对此并不灰心，继续倡导在沿海口岸练兵，先在天津调足一营兵力，交由外国武官以西式训练方法教演。天津练兵初见成效后，接着便向上海、福州、广州、营口等地推广。口岸练兵的开展，为大清国军队提高战斗素质、适应西式作战的方法，开辟了新途径。在奕䜣的倡导下，练兵工作得以逐步推行，旧式军队获得初步改造，奠定了军事近代化的初步基础。

练兵必先制器，没有洋枪洋炮和兵轮，练兵无从着手。奕䜣因急于练兵决定先向外国购买武器应用，并委托总税务司李泰国向英国购买兵轮 8 艘。不料李泰国擅自和英海军大佐阿思本订立合同，有损中国主权，这批兵轮被迫退回。这一事件激发了奕䜣设厂自制的决心，同时，在练兵过程中，他也逐步认识到自制船炮的重要性。1864 年 5 月，奕䜣正式提出"练兵又以制器为先"的命题，并且主张："宜乘南省军威大振，洋人乐于见长之时，将外洋各种机利火器实力讲求"，切不可"偷安苟且，坐失机宜"。

① 钱实甫：《清代的外交机关》，三联书店 1959 年版，第 173 页。

这一主张，很快获得地方实力派曾国藩、左宗棠、李鸿章等人的响应与实施。在以后几年间，陆续出现的大型制造船炮的近代军用工厂，如江南制造局、福州船政局、天津机器局等，都是在奕䜣的倡导、鼓励与支持下创建起来的。

李鸿章在创建江南制造总局之前，已设立了苏州和上海两个制炮局，制造短炸炮与多种炮弹，业有成效。对此，奕䜣曾给予高度评价和肯定，并从火器营中选派武弁8名、兵丁40名，赴江苏交李鸿章差委，专令学习外洋炸炮炸弹及各种军火机器。对李鸿章筹设船厂的意图，奕䜣深表赞同并函知说："阁下莅沪以来，设立军火局，广觅巧匠，讲求制器以及制造之器，击锐摧坚，业已著有成效，今论设立船厂，筹广购机器，精求洋匠，其于造船之法，已得要领，所有驾船之法，仍望密为讲求，其如何用外国人而不致授外国人以柄，用中国人而能使渐窥外国人之秘，又不致启外国人之疑，是在大才神明默运。"

奕䜣上述支持，对江南制造局的顺利创建，无疑起着重要作用。至于天津机器局，更是在奕䜣一手筹划下设立的。

奕䜣培育人才的活动，是从1862年创建同文馆开始的。最初只限于培养翻译人才。随着练兵、制器等工作的逐步开展，以及对西学认识的逐步加深，奕䜣深感培养技术人才的日益重要。他说"洋人制造机器火器等件，以及得船行军，无一不自天文算学中来"，"今中国议欲讲求制造轮船机器诸法，苟不藉西人为先导，俾讲明机巧之原，制作之本，窃恐师心自用，枉费钱粮，仍无俾于实际"。于是，他在1866年，奏请于同文馆中新添一馆，"招取满汉举人及恩、拔、岁、副、优贡"，"汉文业已通顺，年在二十岁以外者"，及"前项正途出身五品以下满汉京外各官，少年聪颖，愿入馆学习者"，学习天文算学。

奕䜣这一培养人才的进步措施，虽在顽固派群起而攻之的破坏打击下一时受挫，但奕䜣仍坚持初衷，一面义正辞严地反驳顽固派，一面重开天文算学馆，并陆续增开化学、格致等馆，把同文馆扩建成旧中国第一个培养科技人才的近代教育机构。在同文馆的带动下，上海、广东、天津、福州等地，也先后开展近代化教育活动，为晚清和民国造就了一大批翻译人才、外交人才和科技人才。与此同时，同文馆和江南制造局附设的翻译馆，还翻译出版了一大批西方科技书籍，传播了近代科技知识。

1874 年，因日军入侵台湾，海防空虚，奕䜣主持的总理衙门，提出切实建议，即练兵、简器、造船、筹饷、用人等 6 条，由军机处密寄各督抚切实筹议。筹议结果加强了海防，推进了洋务运动。

1875 年 4 月 26 日，清廷批准了总理衙门根据筹议而落实的海防经费一折，规定每年从部库封存的四成洋税中提出二成（约银 200 万两），再从江浙等六省厘金项下提银 200 万两，分解南北洋海防大臣李鸿章、沈葆桢兑收使用。从此海防经费有了的款，可以逐年添购船炮，后来北洋舰队的成军，便是以这笔经费为基础的。

奕䜣从 1861 年初负责总理各国事务衙门起，到 1884 年上半年被慈禧赶下台为止的整整 25 年间，主持和总管了洋务运动，奠定了中国工业近代化、军事近代化和文化近代化的初步基础。尽管洋务运动存在这样那样的缺点和毛病，而且结局也归于失败，但万事开头难，奕䜣主持的洋务运动，毕竟是在中国古老落后的大地上，破天荒地第一次绽放出近代化的奇葩。从这一意义上说，应该为奕䜣在中国近代化的里程碑上记上一个头功！①

六

同治四年（1865 年），清廷发生了一场以争权为中心的斗争，这场斗争的双方，就是 4 年前为打倒赞襄政务八大臣而联盟的盟友，如今则一方为垂帘听政的皇太后——慈禧，另一方为主持军机处的议政王——奕䜣。

---

① 《姜铎文存》，吉林人民出版社 1996 年版，第 756—758 页。

慈禧无愧是女中强人。且不说她在与肃顺等人的斗争中表现出来的勇敢机智，就是返回北京以后同恭亲王之间的一些交割，也足见其精明与能干。自热河回銮以后，慈禧与奕訢双方都不食热河密谋时许下的诺言，一方垂帘听政，另一方爵封议政王掌握军机处，俨然处于以无宰相之名但有宰相之实的辅政地位。可是就在慈禧重用奕訢的背后，却潜伏着限制其权势的很深用心。

可以说，两宫对奕訢的封赏确实是十分慷慨，但是，在分配清王朝最高权力这个问题上，慈禧则毫不含糊、绝不让步。为此，两宫发布了一系列的上谕诏示中外大小臣工。

在授恭亲王奕訢为议政王、军机处行走之后的第二天，两宫即以内阁奉上谕的形式郑重宣告，两宫"亲理大政"、两宫"万机日理"，要求中外臣工关于用人行政方面的一切事宜要向太后直陈密折，而对于议政王的权力和责任却只字未提。

诛杀载垣等人的第二天，两宫又以内阁奉上谕的形式表明她们的态度：凡需降旨的各省及各路军营折报，都必须先呈交两宫皇太后阅览，再发奕訢等军机大臣悉心详议，当日召见恭请谕旨后再行缮拟，并于次日呈请两宫皇太后阅定钤印后方能颁发。这就表明，奕訢对任何行政事务都没有最终处理权。

咸丰十一年十月九日（1861 年 11 月 11 日），内阁再次奉上谕明确了两宫与奕訢之间的权力界线："现在一切政务均蒙两宫皇太后躬亲裁决，谕令议政王、军机大臣遵行。"

十月十四日（11 月 16 日），江南道监察御史徐启文上了一道奏折。折中所云，"枢机重地，苟非其人，虽亲贵不容越俎，而既居其位，则责无旁贷，事有专归"，很有分寸，非常得体。尤其是："倘措施有未协，中外臣工皆得补阙拾遗，随时陈奏，不特亲王、大臣等无由自护己非，即已奉纶音，且不难收回成命"几句，很合慈禧的口味。因为这是限制、监督奕訢的好主意，且为慈禧日后收回成命找到了依据。

十月十五日（11月17日），经慈安、慈禧盖过"御赏""同道堂"印章的上谕明发了，也算是对徐启文奏折的答复："至中外臣工，于时事阙失，均宜直言无隐。即议政王、军机大臣等赞理庶务，如未能尽协机宜，亦准其据实指陈，毋稍瞻顾，以期力挽颓风，共臻上理。"

这个上谕的用意很清楚，就是让文武百官能敢于直言不讳，对议政王奕䜣及其施政班子军机处的军机大臣们起个监督作用，以免其专权。但是，中外大小臣工，亲眼目睹了慈安、慈禧与奕䜣联合发动的宫廷政变，恭亲王奕䜣位高权重，对这位总揽内外用人行政大权的人，谁还能去拿鸡蛋碰石头呢？况且，表面看两宫皇太后与奕䜣又是那样的和谐，于是中外臣工趋附奕䜣者日多。军机大臣、六部九卿均唯奕䜣马首是瞻。慈禧对这一情况不是不了解，她在密切关注着事态的发展，并寻找时机对奕䜣进行必要的限制、对趋炎附势的大臣进行警告。

精明强干的奕䜣对慈禧的心理，清清楚楚、明明白白，不过，奕䜣置若罔闻。在奕䜣看来，北京是他的天下，是他苦心经营的势力范围。况且，是他精心策划并依靠他的强大势力打败了肃顺，如今大功告成，就应该执掌大权。

所以一边是慈禧上谕屡下，一边是议政王我行我素，气势熏天。

看得出，他对于应该如何处理好与慈禧之间的关系，没有一个清醒的认识，也全然忘记了功高震主的忌讳。

他小看了慈禧，在两宫和皇上面前慢慢地就少了一份尊敬。一次，两宫召见时奕䜣就做了一件很出格的事。

原来，奕䜣每日带领军机大臣进见时，都是站在皇帝御案旁边，历陈军机大计，很辛苦，所以，宫监给皇上和两宫上茶时，慈禧都命"给六爷茶"，开始奕䜣还心存感激，可时间一久，受领得就心安理得了。如一日，召对的时间过久，慈禧又偶然忘了命茶，奕䜣直说得口干舌燥，拿起御案上的茶就要喝时，才猛然醒悟那是御茶，便又放还到原处，然而他并不觉得失礼，脸上一点儿愧色都没有。

有时奕䜣还在进见时故意装成没有听到慈禧的谈话，要求慈禧再讲一遍；有时他还故意抬高声音回答慈禧的问题，搞得慈禧很没面子。

慈禧开始对奕䜣的行为不满起来，而奕䜣又毫无收敛之意，竟发展到当面表示不服。一次，两人为不同的政见争吵起来，慈禧责备奕䜣尽用汉人，"你事事与我为难，我革你的职！"奕䜣也不示弱，回敬道："臣是先皇第六子，你能革我职，不能革我皇子！"边说边不耐烦地站了起来，气得慈禧大呼恭王要打她，还是太监将奕䜣劝出。

奕䜣竟敢这样公开与慈禧争吵，这是大逆不道，当然很让慈禧气愤。这更让她感到深深的不安，尤其是慈禧重用的汉族大员们反而与奕䜣的关系更为密切，慈禧感到了威胁。如不及早处置奕䜣，说不定有一天可能会受制于他。

慈禧现在已非垂帘之初，对处理国事、驾驭官僚积累了一定经验。奕䜣的势力范围主要在军机处和总理衙门，慈禧又连发两道上谕直指总理衙门和军机处，明确指令奕䜣自今往后不得为发展自己的势力而滥保官员升迁。剪除胜保使奕䜣失去武力支持后，慈禧不能再眼睁睁地看着奕䜣与曾国藩、左宗棠、李鸿章等人搞在一起，威胁自己的权力，于是，决心甩开奕䜣，结束两人在对等地位上互相监视的历史，要让文武百官包括奕䜣在内，明白她才是这个王朝的最高主宰。

双方这种暗中的争斗，随着时间的推移，日趋表面化。一些臣僚，特别是那些善于投机的人，敏锐关注着事态的发展，冀图慈禧同奕䜣争斗之际，邀功慈禧，取得荣华富贵。编修蔡寿祺就是其中的一个，由于他的发难，使慈禧与奕䜣的斗争转向公开化。

蔡寿祺，江西德化人。道光二十年（1840年）二甲进士，入翰林院任编修，同治四年（1865年）署日讲起居注官。他注意内廷动向，观察时局风云，特别是自入值日讲起居注官后，与内廷人员接触频繁，更加留意内廷。在对投靠慈禧还是奕䜣做出抉择后，他于三月初四日（3月30日）上奏疏参劾奕䜣，直接指斥奕䜣有贪墨、骄盈、揽权、徇私四大罪状。

奏折呈送慈禧，慈禧看后喜出望外。她同慈安商量后，决定单独召见奕䜣先做内部处理。

当奕䜣闻召而到后，慈禧顺手拿起了蔡寿祺的奏折，严肃地对奕䜣说道："有人劾汝。"说着便抖了抖那奏折，以便引起奕䜣的注意，也向奕䜣说明这是真凭实据，不是无中生有。

本来受参劾的人，按规矩听到这话应当立即伏地叩头谢罪的，但奕䜣却大模大样显得毫不在乎，他并未谢罪，反而问道："是谁上的奏折？"

慈禧非常不满意奕䜣的傲慢态度，生气地回答："蔡寿祺。"

奕䜣起初并不在乎，及听说有名有姓，还是什么蔡寿祺，生气加着急地说道："蔡寿祺并非好人，专事投机，我回去后立即将他革职拿问。"

一看奕䜣毫无认错的意思，慈禧怒目而视，慈安满脸阴云。这种局面使满不在乎的奕䜣感到了威慑。

就在他举足不定、十分尴尬之时，慈禧抓住了战机，对发愣的奕䜣下了逐客令，让他退出大殿。然后传旨，单独召见大学士周祖培、瑞常，吏部尚书朱凤标，户部侍郎吴廷栋，刑部侍郎王发桂，内阁学士桑春荣、殷兆镛等，避开了军机处。

承宣各大臣闻旨后匆匆赶到，慈禧垂着泪对诸臣宣布了奕䜣植党擅权等罪状，然后令大臣重治其罪。诸大臣开始不知所召何事，及听说是要处理议政王，大惊失色，胆战心惊，不敢答话。

慈禧见他们不表态，就开导说："诸臣当念先帝，无畏王。王罪不可逭，宜速议！"

慈禧的话没有打动诸臣的心，冷场又持续了一会儿，不过也不能老僵持着，正当慈禧焦急时，只见名望最高的大学士周祖培开了口："此惟两宫干断，非臣等所敢知。"

慈禧听周祖培推脱责任的话后，不依不饶地说："如果这样的话，我还请你们这些人干什么？难道等皇帝长大后，你们这些人没有罪吗？"

这话讲得很清楚了，意思是你们这些人必须赶快抉择，不能模棱两可，你们怕奕䜣难道就不怕皇帝吗？众臣知道事关重大，不可拖延，但又不敢贸然议罪，于是表示："此事须有实据，容臣等退后详察以闻，并请大学士倭仁共同查办。"

慈禧见状也不好强逼众臣当场定议，于是就同意了他们的意见，才让他们退下，各位大臣已经汗流浃背。

大学士倭仁、周祖培、朱凤标、吴廷栋等哪敢迟疑，三月初六日（4月1日），与内阁召蔡寿祺对质。得出的结论是：蔡寿祺参劾的多是捕风捉影的事。

尽管蔡寿祺参劾多为冒揣，慈禧却抓住不放，她当机立断，亲自动笔写了一道上谕，这一次她接受热河时的教训，不交由奕䜣控制的军机处，而是直接交内阁明发。谕旨是这么写的：

> 朕奉两宫皇太后懿旨：本月初五日据蔡寿祺奏，恭亲王办事徇情、贪墨、骄盈、揽权，多招物议。似此重情，何以能办公事？查办虽无实据，事出有因，究属暧昧，难以悬揣！恭亲王议政之初，尚属谨慎，迨后妄自尊大，诸多狂傲。倚仗爵高权重，目无君上，视朕冲龄，诸多挟制，往往暗使离间，不可细问；每日召见，趾高气扬，言语之间许多取巧妄陈。若不及早宣示，朕亲政之时何以用人行政？凡此重大情形，姑免深究，正是朕览大之恩！恭亲王著毋庸在军机处议政，革去一切差使，不准干预公事，以示朕保全之至意。至军机处政务殷烦，著责成该大臣等共矢公忠，尽力筹办。其总理通商事务衙门各事，宜责令文样等和衷共济，妥协办理。以后召见引见等项，著派惇亲王、醇郡王、钟郡王、孚郡王四人轮流带领，特谕。

诏书一发，朝野骇愕，内外哗然。外国使臣也频频询问军机诸臣事所来由。这说明洋人对罢免奕䜣的事也十分关注，甚至想出面干涉。不论宗室亲贵，还是部院大臣、外省督抚，特别是奕䜣的心腹们更是为其鸣不平，纷纷上书抗争。

首先，是惇亲王奕誴为奕䜣申辩说：今恭亲王"自议政以来，办理事务，未闻有昭著劣迹。惟召对时语言词气之间诸多不检，究非臣民所共见共闻。而被参各款查办又无实据，若遽行罢斥，窃恐传闻中外，议论纷然，于用人行政，似有关系，殊非浅鲜。臣愚昧之见请皇太后、皇上恩施格外，饬下王公大臣集议请旨施行"。

在惇亲王之后又有醇郡王奕𫍽也为奕䜣请命："被参各款查无实据，若因此遽尔罢斥，不免骇人听闻。"

此后，又有许多大臣为奕䜣请命，这充分显示了奕䜣的影响和力量。

慈禧与奕䜣在事发之后，各有所虑。慈禧见到许多大臣为奕䜣请命，且洋人也露干涉之意，知道奕䜣确实是个不好惹的人物，也恐怕这样下去，于己不利。慈禧屡次三番地召见大臣，说明她很想得到大臣们的支持，然而，满朝文武，上至亲王，下至御史台谏却众口一词，要求奕䜣复职，是完全出乎慈禧意料之外的。

慈禧感到罢黜奕䜣的时机尚不成熟，有些骑虎难下了。

恭亲王奕䜣起初以为慈禧不能把他怎么样，待见上谕明发天下，才真正认识了这位太后的铁腕，况且，皇帝在她手里，万一事情闹大说不定更糟，于是他决定对慈禧让步。当他通过其他大臣转达了这个意思后，正好给了慈禧一个下的台阶，于是，慈禧决定暂时与奕䜣讲和。

四月十四日（5月8日），慈禧传旨召奕䜣进见，面加训诫。这一次奕䜣已悉弃傲气，进门之后，双膝跪地，痛哭谢罪。慈禧也许动了恻隐之心，也许打击奕䜣的目的已经达到，也许军机处确实还需要奕䜣这样的人选，于是，慈安、慈禧又对奕䜣做重新处理：

今恭亲王既能领悟此意，改过自新，朝廷于内外臣工用舍进退，本皆廓然大公，毫无成见，况恭亲王为亲信重臣，才堪佐理朝廷，相待岂肯初终易辙，转令其耽安逸耶！恭亲王著仍在军机大臣上行走，毋庸复议政名目，以示裁抑！

在这场斗争中，卖身投靠慈禧的投机分子蔡寿祺不仅未捞到什么油水，反而受到处罚，先令其降二级调用，然后又革职勒令回籍，此即俗语之所谓"偷鸡不成反蚀米""赔了夫人又折兵"。

在这场斗争中，慈禧借蔡寿祺的奏疏，轻而易举地罢免了奕䜣的议政王头衔，使其名位和权力较前都大为削弱，从此，奕䜣不能同慈禧再处于"准平等"的地位，亲王辅政与太后听政的制约机制一去不复返了。

在这场斗争中，慈禧也让奕䜣明白，他是两宫太后的臣下，生杀予夺之权，均操纵在慈禧的手中。搞得好，可以合作；搞不好，肃顺等八大臣及胜保等大臣的下场，就是前车之鉴。

这是对奕䜣的一次政治试探和政治较量。试探的结果，全部剥夺奕䜣权力的时机显然不够成熟；较量的结果，说明慈禧确实握有无上的绝对权力。

经过这场打击以后，奕䜣认识到自己确实不是慈禧的对手，毕竟斗不过慈禧。奕䜣再也不敢小瞧慈禧，否则后果不堪设想，从此变得小心谨慎起来；而慈禧在这场风波中却极尽翻手为云覆手为雨之能事，玩亲王奕䜣于股掌之上，使王公大臣以下对其敬畏有加，进一步树立了自己的政治权威。

罢免了奕䜣的议政王封号，实现了二次垂帘听政，能与慈禧在权力道路上半分秋色的人就只剩下慈安东太后了。

一般人认为，慈安生性懦弱，无权力欲，"才不足以御政"，虽贵为正宫太后，但并未给慈禧揽权造成障碍。事实上恰恰相反，这一名分反倒成了慈禧发号施令的重要阻力。

慈安在多次重大的关键时刻与慈禧紧密合作不错，但不能因此说二人之间就没有矛盾。

史载，垂帘制起，虽东西两太后同训朝政，而实则处分一钧，仍以西后意为可否。慈安素谨慎，遇事每讷讷然不能出诸口者。晚岁尤嗜佛，长日宫中，以持斋咒经为事，以故西后获以恣其所欲。只是在慈安临死前一年，慈禧因抱病，不能听政，慈安才不得不单独一人召见廷臣，但经常婆婆妈妈不着要点。慈禧召见廷臣则完全是另一个样子，总能点中要害，绝不婆婆妈妈地讲些废话。

但是，我们并不能因此说慈安能力较低，"不轻言事"，便甘心把清王朝的统治大权全都让给慈禧；另一方面，我们也并不能说慈禧因为慈安能力低，"颓然若无所与者"，便满足于两宫并尊，维持其共同"垂帘听政"的局面。

就慈安来说，因为她在咸丰二年（1852 年）便立为皇后，备位中宫，而慈禧不过是咸丰帝的一位贵妃。咸丰帝死后，其子载淳继承帝位，因母以子贵，才封为皇太后的。慈安、慈禧两人名分上的这种差距，在等级森严的封建社会里，本身就成为慈安的一个巨大政治资本，一个足以压制慈禧，使其地位永远低于自己的无穷的政治力量。而慈安与慈禧之间的矛盾，最初就是从这里产生的。

慈安、慈禧两人之间围绕权势所进行的明争暗斗，有一个发展的过程。早在慈禧未成为贵妃之前，在宫中为了争宠，慈安就曾经要动用祖宗家法处置慈禧，在坤宁宫中摆下阵势，只是由于咸丰皇帝及时出面制止而作罢，这是两人的最初矛盾。

咸丰帝死后，两人在咸丰灵前就因"礼节细故"发生了争执，致使互相不惬洽，这是两人多年来在权力、名分与地位上矛盾的发展。

但是，在咸丰帝死后，面临"肃顺专大政，横暴不可制"的威胁，慈安、慈禧为了各自的利益，不得不联合起来，常常俯首耳语，计议甚密。那时她俩彼此之间即或有点矛盾，也还易于调停，两宫之间的关系也较为融洽，至少还可以维持表面上的团结。

当肃顺集团被铲除后，联盟的条件已经消失，权力问题就突出出来。慈安是以皇后的身份晋升皇太后的，而慈禧则仅仅是因为皇帝生母而以懿贵妃的身份晋升为皇太后。按礼制，慈安的地位当然应在慈禧之上。慈禧岂肯甘居人下，但为了共同挟制奕䜣，慈禧只能容忍。罢免了议政王以后，慈禧延揽军国大权的活动渐渐地大胆起来。

慈安自知能力不敌慈禧，但也不会甘心受人摆布，时时在为维护自己的权力和地位而努力。首先是花费心血来关爱同治帝。在同治帝的成长过程中，慈安以其宽厚慈祥而又细致的体贴、关照赢得了这个小皇帝的爱戴和敬重。就是说，慈禧虽为同治帝之母亲，然其"刻薄寡恩"，严厉有余而慈爱不足，同治帝反而与之疏远。

同治和慈安在选后和处置安德海的问题上，还联合起来反对慈禧，更使慈禧大为恼火。慈安力主按照祖制处死安德海，"一时中外交相称颂"，加深了两人之间的矛盾。继而发生同治立后之争，两人矛盾越结越大。

同治帝突然病故后，朝局几陷动荡，加上光绪小皇帝的年龄和见识的增长，使两位太后在同治年间积累的恩怨纠葛、利害冲突又重新引发，并有日益复杂、紧张的趋势。

为了不使矛盾激化，免遭不测，慈安决定暂时"隐居"，静观待变。自此以后，她就不太过问军国大事。

光绪六年（1880年），两宫太后携光绪帝亲往东陵致祭。慈安认为咸丰帝在世时慈禧只是一个妃子，不应与自己并列，即令慈禧退后拜祭。为此，两宫太后几乎争吵起来。最后，终碍于礼法和陵墓旁的气氛，慈禧不得不权为退后。尽管慈安此举算不上什么恶意，但其目的是否以此向慈禧昭示，不要忽略她的存在和"统摄六宫"之责呢？

这次冲突，使身体本已欠安的慈禧大病了一场。慈禧一病数月，久治不愈。六月初七日（7月13日）以光绪帝名义明发一道上谕，访求名医。浙江巡抚钟麟推荐了江苏名医薛宝田。

薛宝田，字心农，江苏如皋县人，出身名医世家。其祖父、父亲都是名医。当时薛宝田已66岁高龄，医术高超，经验丰富，堪称圣手。他慷慨请行，毅然前往。给慈禧皇太后治病既需真本事，又需大勇气。他在京43天，终于治好了慈禧的病。此后，他还写下了《北行日记》，专门记述了他在为慈禧治病期间的所见所闻。

薛宝田为西太后诊治时曾有如下对话：太后之病"由于郁怒伤肝，思虑伤脾，五志化火，不能荣养冲任，以致胸中嘈杂，少寐，乏食，短精神，间或痰中带血，更衣或溏或结"。皇太后问："此病要紧否？"奏："皇太后万安。总求节劳省心，不日大安。"内务府大臣广奏："节劳省心，薛宝田所奏尚有理。"皇太后曰："我岂不知？无奈不能！"医生一语道破心事，慈禧一答泄露心曲。慈禧多么不情愿慈安一人决事，更不能忍受自己不听政时，朝事仍能平静地运行。就在这几个月中，她还强扶病体两次召见军机大臣，并示意臣下对她要忠诚。

慈禧大病，又使慈安走到了政治前台，凡"召见办事，皆慈安太后御帘内，十余年来此为创见也"。听政期间，慈安听到了朝廷上下对慈禧独断专行的不满。慈安认为如此放纵下去，朝廷可危，自己也会成为慈禧的猎物。慈安决定规劝一下慈禧。就在慈禧病愈之后，借庆贺之名，慈安在钟粹宫宴请慈禧。慈禧不仅听出了慈安劝她行正之音，更听出了慈安要复出之意。这可是她一直百倍警惕着的事情。她深深感到，慈安的存在是自己独裁的主要威胁。她要开始行动，彻底除去慈安这个已经对己无用并且已经成为自己专权道路上的绊脚石。

慈禧的病刚刚治好，光绪七年三月初十日（1881年4月8日），慈安太后却突然身亡。慈安太后是怎么死的？传说不一，有说是慈禧害死的；有说是暴病而死的。但不管怎么说，从慈禧与慈安长期的矛盾发展及其争斗的蛛丝马迹来看，慈安之死慈禧恐怕不能脱其干系。

慈安虽然生前没有太大的势力，又不像慈禧那样具有谋略和魄力，但作为咸丰帝的"正位中宫"，她的存在本身就是慈禧独揽大权的一个不可逾越的障碍，使慈禧"慑于嫡庶之分"，不能毫无顾忌，为所欲为。

慈安死后，这种束缚消失了，两宫垂帘变成了一宫垂帘。

从此，慈禧可以了无顾忌、我行我素、为所欲为、惟己独尊，成了名至实归的专执国柄者。慈禧不仅在实质上，而且在形式上也已登上了权力的顶峰。她被人称之为"老佛爷"，完全由其一人控制了清王朝的内外大政。

慈安之死加速了整个统治中心内部关系的分化。在慈安生前，慈禧对奕䜣尽管屡次予以打击折辱，使奕䜣"晃荡不能立足"，时时如履薄冰，但慈禧还不敢做得太过分，奕䜣有慈安的"倚任"，还能继续在军机处执掌大权。慈安死后，奕䜣失去了朝中一个重要的支持者，这使他非但不会贸然对抗，而且其地位恐已岌岌可危了。

慈安死后，慈禧开始下决心彻底解决奕䜣的问题，建立完全听命于自己的"中央核心领导班子"。

光绪十年（1884年），清廷发生了大的朝局之变。这一变动与中法战争关系密切。

中法战争是由于光绪九年（1883年）法国推行殖民扩张政策，侵略越南，并以越南为基地进而侵略中国引起的。当时，清朝与越南之间保持着一种封建的宗主和藩属关系。清朝皇帝对越南国王实行"册封"，而越南国王定期派人到北京"朝贡"，这种关亲属于东方封贡体系，与西方殖民体系有着本质的区别。清朝和越南是"唇亡齿寒"的关系。

光绪九年12月，法国进攻越南山西的清军，中法战争正式爆发。对法是战是和，慈禧态度游移，迁延不决。恭亲王奕䜣在中央、李鸿章在地方，对法国和战也举棋不定。

此时进入越南的清军分为两支，一支是广西布政使徐延旭统领的粤西防军约6000人；另一支是云南布政使唐炯统领的滇省防军约8000人。山西一战，清军失败。接着，清军又相继失去北宁、太原、兴化。慈禧震怒，将广西巡抚徐延旭革职，云南巡抚唐炯革职拿问。

在边境连连告警之际，军机处拿不出任何切实可行的应敌办法，而奕䜣不在抵抗法军进犯与办理对外交涉上努力，却在为半年后慈禧寿典一事煞费苦心，意图以此讨好慈禧。但奕䜣此举丝毫没有博得慈禧的好感。慈禧对前方军事失利非常不满，她要借此事大做文章。

恰在此时，光绪十年三月初八日（1884年4月3日），日讲起居注官左庶子盛昱上了一封奏折，严厉弹劾张佩纶、李鸿藻，同时敦促恭亲王奕䜣和军机大臣宝鋆等，不要蒙蔽视听，诿卸责任，而要戴罪图功。

慈禧接到奏折后立即召见盛昱，说："枢臣如此，教我们如何是好？"并流着泪说："然非更动不可。"

三月十三日（4月8日），慈禧没有像往常一样召见军机大臣，而只单独召见领班军机章京，按她的意思，御前拟旨，发下全国。

谕旨将奕䜣开去一切差使，并撤去恩加双俸，"家居养疾"。宝鋆着原品休致。协办大学士、吏部尚书李鸿藻、兵部尚书景廉均获开去一切差使，降二级调用。工部尚书翁同龢革职留任，退出军机处，仍在毓庆宫行走。

一道懿旨，将军机处全班人马全部罢斥。罪名是"委蛇保荣""因循日甚""谬执成见""昧于知人"等。

同一天，慈禧又颁发上谕：礼亲王世铎著在军机大臣上行走，户部尚书额勒和布、阎敬铭，刑部尚书张之万均著在军机大臣上行走。工部侍郎孙毓汶在军机大臣上学习行走。这就组成了以礼亲王世铎为首的新的军机处。

三月十四日（4月9日），慈禧又发一道懿旨：军机处遇有紧要事件，著合同醇亲王奕譞商办，俟皇帝亲政后再降懿旨。这就是说醇亲王奕譞成了幕后首席军机大臣。

军机处的改组完成后，慈禧又对部院大臣、总理各国事务衙门、八旗都统做了重大的变更与调整。

礼部尚书徐桐接任李鸿藻的吏部尚书一职，左都御史毕道远接任礼部尚书。理藩院尚书乌拉喜崇阿接任景廉的兵部尚书一职，左都御史延煦接任理藩院尚书，吏部左侍郎昆冈、祁世长接任左都御史。总理各国事务衙门由奕劻管理，内阁学士周德润、军机大臣阎敬铭等在总理各国事务衙门行走。

慈禧在不到半个月的时间内，大规模改组政府，完成了清廷最高领导层的重大人事变动。因为这次变动发生在甲申年，史称"甲申易枢"或"甲申朝局之变"。

甲申朝局之变是辛酉政变之后慈禧同奕䜣之间20多年明争暗斗的一次决战，结果奕䜣被彻底击败，被强迫"家居养疾"，从此整整赋闲10年。

慈禧在同治四年欲罢斥奕䜣而未能实现的夙愿，这次终于如愿以偿。

这一变动大大出乎人们的意料。奕䜣在咸丰十一年（1861 年）入主军机处至今已 24 年。在人们的印象中，他没有功劳，也有苦劳，不至于彻底罢斥。及至懿旨公布，举朝愕然。盛昱尤其始料不及，同时也懊悔不已。因为新军机处的人员组成，在能力、威望、识见和人品上都与原来的军机处相差甚远。有人认为，这次易枢是"易中枢以驽骀，代芦服以柴胡"，真是一语中的。从此，新组成的军机处从某种程度上讲真正成了慈禧任意摆布朝政的装饰品。

甲申易枢后，慈禧有了不受任何制约的至高无上的权力，惟我独尊的政治地位至此完全确立。

七

奕䜣与慈禧之间的斗争，表面上是叔嫂政见不和导致的结果。事实上，更深层次的原因则是大清国晚年皇权与相权之间的较量。

咸丰时期，为了镇压太平天国、挽救统治的需要，清政府不得不出让相权，历史上遂出现了肃顺擅政的局面。

辛酉政变后，肃顺集团为奕䜣集团所代替，奕䜣取代肃顺，集内政外交大权于一身。其时，慈禧权力地位尚未稳固、羽翼尚未生成。故不得不隐忍两宫听政与奕䜣以议政王大臣的身份辅政的权力制约局面。

奕䜣的才干慈禧是清楚的，奕䜣集团的壮大也使慈禧心中隐隐不安。肃顺的跋扈犹在目前，慈禧亦怕奕䜣成为第二个与她对抗不听话的肃顺。

历史上，皇权与相权自古以来就是一对矛盾。从西汉初年开始刘邦对萧何的猜忌与打压一直到慈禧决心赶走奕䜣，都是封建王朝为强化其皇权专制而不得不推行的权争举措。

对于这一点，晚年赋闲在家的奕䜣心中也是清楚的。不过，在与这个皇嫂合作共事的 20 余年中，他深深了解了这位皇嫂的嗜权如命、胸怀狭窄、行事干练、对人苦辣的性格，看到了大清国将会亡在这位无所政见、唯知嗜权的妇人手中的隐患，发出了"我大清要亡于方家园"①的惊呼。

他又能做什么呢？他满腹经纶却斗不过皇兄奕䜣，富有才干却被皇嫂玩弄，说到底，这一切除了奕䜣的性格坚毅不足外，主要还应归结于君臣的名分。

中国几千年的历史上，"普天之下，莫非王土"，"君叫臣死，臣不死不忠"，觊觎君权是要灭门九族的。再有能力的臣僚要么去杀君自立，要么自翦羽翼，甘心这种不平等的地位。出生在皇宫大内、从小就经过正规传统教育、亲眼目睹皇家严厉家法长大的奕䜣，即使借他十个胆，他也是不敢去"想杀君另立"这件事的。

于是，奕䜣只有伤心、愤怒、烦躁却又无可奈何。

在晚年，他的这种心情，充分地反映在他的一首七律诗中。诗的内容如下：

> 纸窗灯焰照残更，丰砚冷云吟未成。
> 往事岂堪容易想，光阴摧老苦无情。
> 风云远思悠悠晚，月桂虚宫霭霭明。
> 千古是非输蝶梦，到头难与运相争。

往事已不堪回首，光阴已经摧老。除了向命运低头，用命运不济来宽慰自己，还能怎么样呢？

1898 年 5 月 29 日，奕䜣走完了人生的六十七载春秋。弥留之际，他把前来探视的光绪帝叫到床前，郑重叮嘱："闻有广东举人主张变法，请皇上慎思，不可轻信小人。"

在遗嘱中，他对光绪帝的前程与举措充满了忧虑："伏愿我皇上敬天

---

① 方家园：慈禧娘家所在之地的地名。

法祖，保泰持盈，首重尊养慈闱，以隆圣治，况值强邻环伺，诸切隐忧，尤宜经武整军；力图自强之策。至于用人行政，伏望恪遵成宪，维系人心，与二三大臣，维怀永图。"

可惜的是，奕䜣用自己一生坎坷经历总结出来的字字血、声声泪，老成持重的谋国之策却并未被光绪帝所采纳。

晚清帝国的一个重要支柱就这样坍塌了。

丧礼和谥法在隆重的仪式中进行，慈禧和光绪帝都亲自前往王府奠祭。

翁同龢宣读圣旨，声泪俱下：

光绪二十四年四月初十谕军机、内阁大臣：恭亲王三十余年恪恭奉职，殚竭忠忱，其间养疾家居，旋复起膺枢要，朝夕从事，力任其难，今日不幸薨，朕悲痛欲绝，呼天抢地。特赏特罗经被，辍朝五日，朕素服十五日，赐谥曰："忠"，配享太庙，并入京师贤良祠，增加园寝守卫厂户，四时祭祀。钦此！

在奕䜣死后的第十三天（1898 年 6 月 11 日），光绪帝采纳康有为的变法建议，正式诏告天下，宣布维新变法。

之后，奕䜣担心的事一件一件地发生。

母子相争，光绪帝一变成为阶下囚而前途未卜。

慈禧一手遮天，朝政更加昏暗。再过两年，内忧外患，纷至沓来。义和团事起、八国联军侵华、大清王朝经奕䜣整治与挽救振作起来的一丝国脉又重新沉息了下去。40 年前的一幕幕又开始重演，不过奕䜣再也管不了了。

庚子之变后，清王朝气数已尽，在奕䜣死后，它又苟延残喘了 13 年，终于淹没在辛亥革命的熊熊烈火中。

两峰争耸弱国脉

——慈禧光绪政争记

　　不管怎样说，光绪与慈禧的母子不和、权力之争，帝党与后党两个政治中心的出现与角逐，确实严重地影响到了后来的清末政局。不从这个角度去看问题，就很难说清1899年的废立之举、1900年慈禧利用义和团的灭洋之举，以及随之而来的八国联军侵华之祸；也就很难说清1901年以后清政府从经济、政治、军事、文化等领域推行的导致清朝统治彻底陷入混乱进而为辛亥革命提供了条件的新政改革。从这个意义上说，真正灭亡大清国的原因之一，不是孙中山发动的辛亥革命，倒是1895年以后清朝最高统治集团内部出现的这场权力内讧。光绪与慈禧才是大清王朝真正的掘墓人。

一

1898 年 6 月初的北京，天气炎热，催人欲睡。由于早到的暑气的影响，人们都无精打采地猫在屋里，无聊地打发着这难熬的时光。路边、河边、湖堤岸边的杨柳在炽热的阳光辐射下困倦地垂下了它们的枝头，枝上的叶子更是显得昏昏沉沉，令人感到无比的烦躁与郁闷。

这一天，在紫禁城的养心殿里，年轻的光绪皇帝的情绪却十分的高亢，一整天，他都坐在龙椅上，不停地阅读、不停地思考着。

面前的龙案上面，摆放着两本打开的书籍。看来这两本书已经深深地吸引与打动了这位年轻、清癯的皇上。

这两部书，一本是《俄彼得变政记》，另一部叫做《日本变政考》。

这两部书，是康有为第七次上书献给皇上的宝贵礼物，也是康有为根据自己的见闻与经验对这位年轻而又稚嫩的皇上"号脉"的结果。

康有为在揣摩皇上的思想，呈上这两部书后，他一定满怀信心地想到，自己受到重用的日子不远了。

康有为向光绪皇帝推荐了两位老师：一位是俄国历史上连目中无人的斯大林都顶礼膜拜、一生奉之为榜样的大名鼎鼎的彼得大帝；另一位则是中国的东邻——日本年轻有作为的明治天皇。

康有为为什么单单要向光绪推荐这两位洋老师呢？读者诸君从你们曾经知道的有关戊戌变法的历史知识中就可见到蛛丝马迹。但那些简单而又被打上时代烙印的、所谓的"历史知识"，却未必能让你们得出正确的答案。

在《俄彼得变政记》中，康有为说出了这么一段提纲挈领的话：

窃臣考之地球富乐莫如美，而民主之制，与中国不同；强盛莫如英、德，而君民共主之制，仍与中国少异。惟俄国，其君权最尊，体制崇严，与中国同。其始为瑞典削弱，为泰西摈鄙，亦与中国同，然其以君权变法，转弱为强，化衰为盛之速者，莫如俄前主大彼得。故中国变法莫如法俄，以君权变法，莫如采法彼得。

康有为显然在这里是为光绪分析：从政治体制上看，"君权最尊"的情况，中国与当时的俄国最为切近；从国际地位上看，受外国鄙视欺辱的情况，中国与当时的俄国也最相似。彼得大帝是君权变法成功的榜样，故值得光绪皇帝做一效仿。

康有为从当时中国的国情与实际情况出发，把俄国彼得大帝的变法经验作为一个"偏方"呈现给光绪皇帝，这不失为打动光绪皇帝，让光绪皇帝消除疑虑，早下决心的一个高明心法。

有趣的是，在《俄彼得变政记》一书中，康有为特别强调光绪皇帝应当以"俄国大彼得之心为心法"。[1]他要光绪皇帝学习彼得大帝变法的决心、毅力和识见。他在《俄彼得变政记》中这样有意地称道彼得大帝："彼得知时从变，应天而作，奋起武勇，破弃千年自尊自愚之习，排却群臣阻挠大计之说，微服作隶，学工于英，遍历诸国，不耻师学，雷动霆震，历法并头。"言外之意，他实际上在鼓动光绪皇帝：看呵！彼得大帝多么神勇，他敢破俄千年之成法，能够排除保守势力的阻碍与绊脚，把事情做成，把国家变富。你光绪帝为什么就不能奋发有为，斩杀在自己身边且高高在上的"索菲亚"，除旧布新，也像彼得那样做出一番轰轰烈烈、惊天动地的大事业呢？

是呵！那个彼得大帝的确是一个令人叹绝的传奇式人物，他也因政变与改革而在人类的历史上留下了一段千古佳话。

作为俄国罗曼诺夫王朝的第四代沙皇，彼得继位时年仅10岁。

---

[1] 康有为：《译纂〈俄彼得变政记〉成书折》，《杰士上书汇录》卷一。

当时，由于皇室及各派贵族之间争夺最高统治权的斗争太为激烈，彼得是和长他 10 岁的同父异母之兄伊万被同时拥立为沙皇的。但是，因为彼得年幼，而伊万痴钝，皇权真正地落在他聪明能干、同父异母的姐姐索菲娅的手中。随着彼得一世年龄的增长，索菲娅害怕自己的权力失落旁手。于是，以摄政王身份出现的索菲娅开始极力阻止彼得拥有实际政权，甚至还要预谋杀害彼得。但倔强的彼得像他同时代的大清少年天子康熙皇帝一样，用智擒鳌拜的手法，两次挫败了索菲娅的废立阴谋，将皇权真正抓到了自己的手里。

为了巩固自己的皇位，富强自己的国家，彼得决心向发达的西欧国家学习。他派遣使团赴西欧各国学习与考察，甚至自己也乔装打扮，化名前往。在西欧诸国，彼得深入工厂，进入宫廷，潜心学习强国的科技、政治文明的东西。回国后，他大力推行欧化政策，从经济、军事、文化、政治诸方面进行改革，收到了显著的成效。

为了推行变政，彼得一世不仅处死了摄政的索菲娅，甚至不顾众大臣反对，坚决处死了阻挠自己改革的亲儿子。这是彼得大帝成功的秘诀，康有为要将之全部告诉光绪皇帝。

性急要吃热豆腐的康有为，甚至这样期望光绪皇帝：

几暇垂鉴此书，日置左右，彼得举动，日存圣意，摩积激动，震越于中，必有赫然发愤，不能自己者。非必全摹彼得，而神武举动，绝出寻常，雷霆震声，皎日照耀，一鸣惊人，万物昭苏，必能令天下回首面内，强邻改视易听，其治效之速，奏功之奇，有非臣下所能窥测者。①

自认为自己是天世命才的康有为，对自己难睹天颜、难迈进天庭的门槛十分在意。他向光绪帝发牢骚，说大清国的政治体制上下相隔，是"浮屠十级，级级难通"。他甚至指责光绪帝："九重深邃，廉远堂高，自外

---

① 康有为：《译纂〈俄彼得变政记〉成书折》，《杰士上书汇录》卷一。

之枢臣，内之奄寺，此外无得亲近，况能议论？小臣引见，仅望清光；大僚召见，乃问数语。天威俨穆于上，匍匐拳跪于下，屏气战栗，心颜震播，何能得人才而尽下情哉！"[1]

康有为希望光绪皇帝：力矫其弊，纡尊降贵，通下情，破壅塞，上下相亲，造成一个以他为首的士人集团，并能够得到重用，从而实行"治国平天下"的抱负。

如果换上别的皇帝，以这样狂傲语气出言不逊的康有为，可能早已经人头落地，最起码充军出塞为奴了。但光绪皇帝不一样，他面对自己亲政以来的种种苦衷，对康有为书生狂语，不仅没有生气，甚至处处显露出了赞许的神情。

或许，康有为的上书已经深深地得到了光绪皇帝的共鸣，激发了他奋力一战的热情。或许，康有为上的《俄彼得变政记》，深深地刺痛了光绪皇帝本已脆弱但却敏感的心灵神经。

到目前为止，尚没有材料明确证明康有为上的《俄彼得变政记》是有意挑拨慈禧与光绪二者本就脆弱而又敏感的母子关系。但从另一方面来看，也没有史实证明康有为当时就确实没有这种想法。可以肯定的是，在彼得一世幼年继位，权落妇人之手，而且冲突最终不可避免的这一点上，康有为确实让光绪看到了他与彼得大帝所处的相似的境遇，从而激发了他要挣脱慈禧太后控制的愿望。这一点，对后来十几年大清国政局不可逆转的江河日下起了十分重要的作用。

康有为向光绪皇帝推荐的另一位"洋老师"是东洋近邻日本的明治天皇。

如果说，康有为旨在要光绪皇帝师彼得之心法、行不测之威力、除守旧之势力的话，那么，他向光绪皇帝推荐这位东洋老师，则是要光绪帝去师法人家的"治谱"。所谓愿"皇上以俄国大彼得之心为心法，以日本明

---

[1] 康有为：《译纂〈俄彼得变政记〉成书折》，《杰士上书汇录》卷一。

治之政为治谱",是连在一起说的。

在康有为看来,师法彼得,重在得到一种人格精神;师法明治则重在利用日本维新的具体内容。

今日看来,康有为产生这种思想自然有其道理。俄虽与中国北邻,但历史上所受的相互影响并不太多。而日本则不同,它与中国的渊源更加紧密。远的有徐福东渡,近的有"同文同种",甚至所受的西方列强侵略的情形也大致相同,特别是1894—1895年的甲午战争已经标志着日本进入了世界列强的行列,而中国则继续沦为被列强任意宰割与瓜分的对象。中日对比学习,更能引起国人的共鸣与响应。

日本在近代的强盛是从明治维新开始的。在慈禧与奕䜣联合发动政变、建立垂帘听政制度的前后,日本不堪西方列强的欺凌发起了倒幕运动。因为,在此之前,日本皇室的实际权力,长期为德川幕府所霸占。德川家族的腐败统治,引起了日本人民的极大不满。为了改变现状,19世纪60年代,日本终于发生了倒幕运动,除掉了变法图强行动上的障碍,确立了明治天皇的绝对权威。此后,日本派人到英美等国学习考察,大力发展资本主义,富国强兵,短短20余年间,就摆脱了贫弱受欺凌的地位,迅速跨进了世界列强的行列,并且逐渐走上向外扩张的帝国主义的侵略之路。

昨日任人宰割的羔羊,今日一跃成为侵吞别人的恶狼。这种变化的迅速,让康有为为之痴迷与神往。他希望光绪皇帝能像明治天皇那样把权力完全收归己有,完全主宰变法,从而收"我皇上一反掌之间,而措天下于泰山之安"的效果。

康有为在《日本变政考·跋》中说:"我朝变法,但采鉴日本,一切已足。"从中可见,他是把《日本变政考》作为推荐给光绪皇帝实行维新变法的一个万全样板资料提供的。

读着康有为开出的两服"济世药方",这位时年28岁,从4岁起就拥有皇帝名号,这时已经有了24个年头的皇帝名义的青年天子,不禁热血沸腾，情绪几乎不能自控。

在这个时候，也许，他想起了幼时慈禧太后对自己的虐待——经常疾言厉色地呵斥，稍不如意即遭责打，罚令长跪更是家常便饭等事情。

在这个时候，也许，他想到了自己不幸的婚姻生活。为了遵从慈禧太后的懿旨，他不能娶到自己心仪的女人，即使自己喜欢的珍妃，也要因"皇爸爸"的干涉而时有天涯相隔之感。

在这个时候，也许，他想起了自己在三年前因对日主战带来的一切羞辱。

在这个时候，也许，他想起了眼下列强正在掀起对大清国的瓜分豆剖的狂潮，看到了亡国灭种的危机……

作为大清国的皇帝，他要上对列祖列宗，下对大清国的臣民，担负起他应承担的责任。可是，中法战争祸端未解，甲午战败的惨祸又起。1898年以来，各国列强转而要瓜分中国。内忧外患的现状，使他焦虑，使他忧愤。康有为说得有道理，不改革变政，因循守旧，只能是死路一条，相反，如果维新变政，或许还能救亡图强。想到这里，这位年轻气盛的天子心中，难免会升腾起一股决心变政图新的激情。

何况，康有为向他推荐的两位洋老师，他也打心眼儿里认可为楷模。就说那位彼得大帝吧，他通过战败索菲亚从而独掌国柄的事情，不能不使光绪联想到，他与彼得的遭遇甚为相似，他自己身边就有一个比索菲亚还索菲亚的人物。在此情况下，一向怯弱的他，也难免在心中升腾起一股要与现状抗争、做个名至实归的皇帝的念头。

终于，光绪皇帝忍不住了。他拍案而起，发出了"我不能为亡国之君，如不与我权，我宁逊位"①的呼声。他豁出去了。康有为七次上书的策动终于等来了结果。

———————————

① 康有为：《康南海自编年谱》，中国近代资料丛刊：《戊戌变法》第4册，第143页。

二

俗语说：冰冻三尺，非一日之寒。年轻的光绪皇帝对慈禧太后的不满也不是在一天之内就形成与迸发出来的。

下列三件事情中，可以窥见到其中一些微妙的端倪。

（一）母子二人的关系是建立在利害基础上的，缺乏通常人家应有的亲情

同治帝死后，慈禧为了能够名正言顺地继续执掌皇权，力排众议，在中南海西暖阁御前会议上，一语定乾坤，"文宗无次子，今遭此变，若承嗣年长者实不愿，须幼者乃可教育，现在一语即定，永无更移。我二人（指慈禧与慈安）同一心，汝等敬听"，"醇亲王奕譞之子着承继文宗显皇帝为子，入承大统，为嗣皇帝。"

这个醇亲王之子，就是现在年轻急想有所作为的光绪皇帝。

据《光绪朝东华录》记载，皇帝（同治帝载淳）龙驭上宾，未有储贰，不得已以醇亲王奕譞之子载湉承继文宗显皇帝（咸丰帝奕詝）为子，入承大统为嗣皇帝。俟皇帝生有皇子，即承继大行皇帝为嗣，特谕。

然而，慈禧清楚，现实生活中醇亲王奕譞夫妇，才是光绪帝的亲生父母。现实生活中，后母情结是人们心中难以割去的一块阴影。光绪帝虽然被自己强占为己有，但长大后是否孝顺自己，是一个很大的不确定的未知数。这种猜忌与不放心，像一块沉重的石头，时时压在慈禧太后的心头，成为她挥之不去的一个很大的心病。

也许，在慈禧的心底，她始终认为，要想让光绪帝心悦诚服地认自己为母亲，就必须强化她绝对权威的形象。为此，她确实也做了不少的努力。

首先，断亲情。

光绪帝被抱进宫以后，慈禧立刻中断了他与原来在醇王府那些照顾他的保姆、丫鬟之间的联系，甚至强行切断他与亲生父母之间的联系。

据《德宗实录》记载，载湉入宫18天，慈禧便以两宫皇太后的名义颁布懿旨，规定今后光绪帝"所有左右近侍，止宜老成质朴数人，凡年少轻佻者，概不准其服役"。

据德龄《瀛台泣血记》中说："当光绪初进宫的时候，太后就嘱咐那一班服侍他的人，像灌输什么军事知识一样的天天跟他说，使他明白了自己已经不是醇亲王福晋的儿子了，他应该永远承认太后是他的母亲，除了这个母亲以外，便没有旁的母亲了。"

德龄还说到，慈禧为了让光绪帝长大成人后仍然能够顺从她："特地再三教人去传翁同龢，要他格外侧重孝的教育。除把启蒙时所读的《二十四孝》不断地继续讲解之外，《孝经》那部书，也是最注意的。"

其次，立威严。

据《戊戌变法资料》记载："西太后待皇上无不疾声厉色，少年时每日呵斥之声不断，稍不如意，常加鞭挞，或罚令长跪；故积威既久，皇上见西太后如对狮虎，战战兢兢，因此胆为之破。至今每闻锣鼓之声，或闻呦喝之声，或闻雷辄变色云。皇上每日至西后前跪而请安，惟西后与皇上接洽甚少，不命之起，则不敢起。"

为了贯彻严格的教育方式，让光绪养成事事顺从的性格，慈禧甚至命令光绪对她称"亲爸爸"，而对慈安则称皇额娘。在她看来，载湉今天拥有的一切，都是她这位"老佛爷"格外施恩的结果。她要让光绪永远记住这一点，并且永远地必须对她感恩戴德。

可是，慈禧不明白一个简单的道理：孩子在成长过程中最需要的是母爱。只有在正常无私的母爱滋润下，才能使孩子感受到来自母亲的伟大与温暖，从而萌发他们的感恩心理，增强他们的感恩意识。

可是，光绪帝自进宫起，面对的就是慈禧冷若冰霜的面孔、咄咄逼人的目光、无尽的呵斥、严厉的管束。在这种状态下逐渐成长起来的光绪皇帝，对慈禧太后的感情厚薄是可想而知的。留下的，恐怕就是双方利害之间的关系了。

慈禧太后一反对亲儿子同治帝的放纵教育，而对光绪帝实施严厉教育的结果，不仅没能达到预期的效果，相反，母子二人之间的关系实际上更加疏远。很可能，当年幼的光绪帝在因为吃不饱而到太监房偷东西吃的时候，他就已经在稚嫩的心灵上布下了憎恨慈禧太后的种子。只不过，这粒"逆种"，在慈禧太后制造的严格寒冷的气候下没有爆发出土的机会罢了。

（二）慈禧太后嗜权如命，迟迟不给光绪亲政的机会

按照中国历代皇室的惯例，皇帝 14 岁就应该亲裁大政了。

清朝入关后，也延续了"中华帝国"的这一惯例。

顺治爷 6 岁登基，14 岁亲政。

康熙爷 8 岁登基，也在 14 岁亲掌朝政。

祖宗立下的，就是规矩，就是后代子孙们必须恪守的铁律。

但是，这一铁律，却在慈禧的手中被打破了。

为了将"垂帘听政"进行下去，慈禧以同治帝"学识俱劣""读折不能成句"为理由，将同治帝的亲政与大婚延至 18 岁。

祖制既然已经被打破，新的惯例也就自然而然地用在光绪的头上。

1884 年，光绪皇帝 14 岁了，应当独揽朝政了。可是，因为慈禧所创造的同治帝 18 岁亲政的先例，光绪的亲政问题，朝野上下无人敢于提及。慈禧不发话，谁敢撩虎须？于是，人们只好默默等待，把希望寄托在光绪16 岁、18 岁上面。

1886 年，光绪皇帝 16 岁，已经长成了一个翩翩少年。

16 岁的光绪，性情宽厚，沉毅静穆。幼年的坎坷与磨炼，已经使他变

得懂事起来。列祖列宗的光辉业绩，也使得他的使命感与责任心陡然而增。他渴求新知，手不释卷，决心"自欲振励，勿用人扶"。"学识德业"就连慈禧本人也挑不出太多的毛病了。看来，他正在满怀信心地憧憬着未来，正在为自己的亲政踏踏实实地做着准备工作。

时间在一天天无情地流逝，光绪的亲政与慈禧的归政却仍然不见任何动静。

养心殿里，光绪仍如泥菩萨似的端坐在那里。群臣的注意力只在垂帘的后面，军国大事、听政问政，仍然全由慈禧发号施令，一言而决。慈禧正以她对权力的极度贪婪，来挑战与煎熬着这位年轻皇帝迫切想要亲政的耐心。

1886年7月11日，终于等来了慈禧的一道懿旨：

> 前因皇帝冲龄践阼，一切用人行政，王大臣等不能无所秉承，因准廷臣之请，垂帘听政。并谕自皇帝典学有成，即行亲政。十余年来，皇帝孜孜念典，德业日新，近来批阅奏章，论断古今，剖决是非，权衡允当。本日召见醇亲王及军机大臣和礼亲王世铎等，谕以自本年冬至大祀圜丘为始，皇帝亲诣行礼。并着钦天监选择吉日，于明年举行亲政大典。

懿旨措辞诚恳，态度明朗，但这不是慈禧的真正心理，其目的是对奕譞及世铎等人真实心理的一次政治性的试探。

因为，光绪皇帝已经成年，这是慈禧无法回避的事实。第一，按照大清祖制，光绪早已过了亲政的年龄；第二，在翁同龢的精心教育下，光绪帝的学业已经初有成就，在处理政务方面也积累了一定的能力；第三，慈禧在第二次垂帘之初就明确地表示：俟皇帝典学有成，即刻归政。此时，如果她不做出归政姿态，于理于情都无法交代，弄不好还可能使自己陷入被动的状态，这不是慈禧的处世方式。

在近30年臣事慈禧的政治生涯中，奕譞及军机大臣礼亲王世铎等人早已深谙慈禧的权术，领教了慈禧的不测之威。他们深知，这是一次关系到他们个人前途命运的大抉择，是慈禧一次不动声色、不着痕迹的心理试探与较量，弄不好，国事不说，自己前途与身家性命都可能不保。

第二天，奕譞、世铎、翁同龢等人呈上了请慈禧收回成命的折子。

世铎等人的奏折说，愿太后再议政数年，"于明年皇上亲政后，仍每日召见臣工，披览章奏，俾皇上随时随事亲承指示"。

翁同龢等人的奏折则以"请训政不如请缓归政为得体"。

奕譞奏折更加过分："王大臣审时度势，合词吁恳皇太后训政。敬请体念时艰，俯允所请，俾皇帝有所禀承。日就月将，见闻密迩，俟及二旬，再议亲理庶务……臣愚以为归政以后，必须永照现在规制，一切事件，先请懿旨，再于皇帝前奏闻。"

三折一上，慈禧立即接受了奕譞的意见，马上下懿旨表示："念自皇帝冲龄嗣统，抚育训诲深衷，十余年如一日，即亲政后，亦必随时调护，遇事提撕，此责不容卸，此念亦不容释。即著照所请行。"

为了使训政制度化，慈禧又责成礼亲王世铎起草《训政细则》。经过一番筹划，这个细则终于在十月二十六日出笼。

根据这个细则，慈禧在制度上为自己确立了终身主宰大清政权的地位。

根据这个细则，亲政后的光绪皇帝仍然没有任何可以自行决断和独立施政的空间，他在制度上永远被置于慈禧的完全控制之下。

在晚清官方档案文献中，我们难以看到满朝臣工对此决定所做出的反应。不过，在翁同龢的日记中，却可以清楚地看到，对于这一决定，光绪皇帝的情绪波动表现得极为明显。

当慈禧宣布"归政"的话一出口，光绪竟无辞让的表示。紧接着，醇亲王奕譞向慈禧"跪求"，以及群臣们劝请训政的奏折纷纷上呈时，光绪帝还明显地流露出了失望之色。退朝后，光绪帝甚至终日不食、终日不语，表现出极度失望的情形。

光绪与慈禧一个正值青春年华，对国家大事跃跃欲试；一个是有着丰富的政治经验与对群臣游刃有余的驾驭能力，但却嗜权如命，如果母子二人同心同志，大清国的颓局或许会有好转。但是，实际情况却是二人都想独自揽权，用排除律的手法对待对方。这是光绪帝政治上不成熟的突出表现，更是光绪帝后来人生悲剧的根本源泉，只不过，年轻气盛又正欲有所作为的光绪皇帝当时没有认清自己的真正处境与地位罢了。

但不管怎样说，有了《训政细则》作为保障的慈禧，还是在 1887 年 2 月 7 日这一天主持了光绪亲政大典。虽然，光绪帝的亲政不过是一场慈禧用来掩人耳目的骗局，但这个仪式毕竟向国人昭示了光绪帝是一个真实的存在。这一点，对于以后戊戌维新中康有为等人想借皇上来变法求强提供了一条希望的道路。

随着时间的推移和政见上的分歧，围绕清廷中的这两个政治中心，便逐渐形成了日渐清晰的两个政治派别，即所谓的后党和帝党。这种政出多门的不同声音，对晚清政局的恶化产生了深远的影响。

（三）干涉光绪的婚姻，使光绪享受不到美满的爱情生活

1888 年，光绪皇帝已经 18 岁，按照大清例制，大婚已不能再行拖延。7 月 27 日，慈禧发布懿旨：

前因皇帝甫经亲政，决疑定策，不能不遇事提撕，勉允臣工之请训政数年。两年以来，皇帝几余典学，益致精进，于军国大小事务，均能随时剖决，措置合宜，深宫甚为欣慰。明年正月大婚礼成，应即亲裁大政，以慰天下臣民之望。

这个令人期待已久的懿旨一下，朝野上下颇为震动，反应最强烈、最直接的莫过于光绪帝本人。

此时的光绪皇帝，充满着蓬勃的朝气，时时刻刻准备着一显身手，皇帝大婚与亲政，当然在意味着"太后归政"和自己"乾纲独断"。此事一定，自己便可有了摆脱慈禧的控制与束缚的机会，日夜盼望独立亲裁政事的凤

愿，即可实现。他可能认为，从此自己就可以大展拳脚，像先祖英武神勇的康熙、乾隆等先帝那样去建立自己的文治武功、去弱振兴。

懿旨颁布的当天，光绪皇帝就按捺不住自己的喜悦之情与跃跃欲试的激动之心，顺水推舟、借坡下驴地发下了一道上谕：

> 兹奉懿旨于明年二月归政，朕仰体慈躬敬慎谦抑之本怀，并敬念三十年来，圣母为天下忧劳况瘁，几无暑刻可以稍资休息，抚衷循省，感悚交深。兹复特沛恩纶，重申前命，朕敢不祗遵慈训，于一切机务，兢兢业业，尽心经理，以冀仰酬我圣母抚育教诲有加无已之深恩……所有归政届期一切典礼事宜，著各该衙门敬谨酌议具奏。

这篇上谕，字里行间，言外之意，处处表达出了光绪希望慈禧可以休息，自己完全能够"尽心经理"朝政的心情。心机甚深的慈禧，难道看不出这篇谕旨的弦外之音？她肯定在冷笑：皇帝啊！皇帝，你想把我一脚踢开，你的毛还太嫩了点吧！

因此，给光绪皇帝择偶成亲，对于慈禧来说，就更具有格外重要的意义。皇帝的后、妃，尤其是皇后，与皇帝的关系最为密切，对皇帝的思想及其政务活动都有着特殊的影响力，而且在为同治帝选后问题上的失败对她的教训很大。慈禧与同治帝皇后阿鲁特氏的矛盾，甚至导致了母子的不和。

据《慈禧外纪》一书中认为："太后以己之侄女，选为皇后，亦具有深意。前此为同治帝选择有勇有德之阿鲁特皇后，其后常与太后反对，至其死而后已。太后惩于前事，故此次为光绪帝选后，其意重在为己之心腹，以监察皇帝之行为，而报告之。"

看来，慈禧为光绪选后、妃的前提，并不是考虑光绪的感情好恶，而是以她巩固自己的权力与地位为角度来入手进行的。这是导致母子关系不和的一个深层次根源。在帝国的宫廷中，家事就是国事；国事也就是家事。如此处理皇家大事，大清国的政治清明也就只能望洋兴叹了。

9月3日，又一道懿旨发布："皇帝大婚典礼，著于光绪十五年正月二十七日举行。"本年十一月初二日"纳采",十二月初四日"大征"。

尽管大婚的日子已定,可是皇后为谁,仍是一个众人都极欲知道的谜。

清朝入主中原后,皇帝选妃主要来自八旗秀女。规定每三年在旗内选一次秀女,选中者,"或备内廷主位,或为皇子、皇孙拴婚,或为亲、郡王及亲、郡王之子指婚"。在应选范围内的旗人女子 13 岁至 17 岁都要经过挑选,未经挑选者不准私相聘嫁。

对光绪皇帝的选妃,慈禧亲自把关。经过反复筛选,11 月 1 日,五人"入围":慈禧的内侄女、其弟桂祥之女;江西巡抚德馨的两个女儿;侍郎长叙的一对千金。

11 月 8 日,谜底终于揭开,两道懿旨同时颁下:

> 兹选得副都统桂祥之女叶赫那拉氏,端庄贤淑,着立为皇后。特谕。
>
> 原任侍郎长叙之十五岁女他他拉氏,著封为瑾嫔;原任侍郎长叙十三岁女他他拉氏,著封为珍嫔。

据文献记载和清宫留下的照片看,桂祥之女不仅相貌平庸,而且年龄已逾 20 岁,早已过了规定预选的年龄,按规定不能算在预选之列了。更为重要的是,立比光绪皇帝年长 3 岁的桂祥之女为皇后,不是发自光绪皇帝的内心、出自光绪皇帝的意愿。

据当时的宫中太监说:"西后为德宗(光绪皇帝)选后,在体和殿,召备选之各大臣小女进内,依次排立,与选者五人,首列那拉氏都统桂祥女,慈禧之侄女也,次为江西巡抚德馨之二女,末列为礼部左侍郎长叙之二女。当时太后上座,德宗侍立,荣寿固伦公主及福晋命妇立于座后。前设小长桌一个,上置镶玉如意一柄、红绣花荷包二对,为选定证物(清例,选后中者,以如意予之;选妃中者,以荷包予之)。西后手指诸女语德宗曰:'皇帝,谁堪中选,汝自裁之,合意者即授以如意可也。'言时,即将如意授与德宗。德宗对曰:'此大事,当由皇爸爸主之,子臣不能自主。'太后坚令其自选,德宗乃持如意趋德馨女前,主欲授之。太后大声曰:'皇帝!'

并以口暗示其首列者（即慈禧侄女），德宗愕然，既乃悟其意，不得已乃将如意授其侄女焉。太后以德宗意在德氏女，即选入妃嫔，亦必有夺宠之忧，遂不容续选，匆匆命公主各授荷包一对予末列二女，此珍妃姐妹之所以获选也。"

就这样，慈禧明知光绪皇帝本人不愿意，还是硬把自己亲弟弟桂祥的21岁的女儿指配给光绪帝为皇后；硬把光绪中意的德馨的两个女儿撵走。也许在慈禧看来，强行将侄女指派给光绪做皇后是为了在皇族中加强叶赫那拉氏的血缘。光绪皇帝虽然不是自己的亲儿子，却是自己亲妹妹之子；新选的皇后又是慈禧弟弟的女儿，可以说都与慈禧母家叶赫那拉氏关系密切。而按皇帝统序的安排，光绪皇帝是作为继承咸丰皇帝兼祧同治皇帝继承皇位的，将来光绪帝、后生有皇子，不仅有 2/3 以上的叶赫那拉氏家庭的血缘，而且还是当然的皇帝继承人，这样，可以弥补同治皇帝没有后代的遗憾。也许在慈禧看来，归政光绪帝是迟早的事情，为了能在归政以后的日子里继续操纵皇权，她只有选择自己的侄女去影响光绪皇帝。

然而，慈禧没有料到的是，隆裕皇后因其相貌平平或又有其他缘故，光绪帝颇不属意于她，只是因为惧怕慈禧的缘故，才"勉奉之"。婚后，这个可怜的皇后，从"未受光绪的恩宠"。不仅如此，其后"帝与后常不睦，此为著名之事，凡有争执，后每得胜，故皇帝宠爱珍妃、瑾妃"。

因夫妻反目，而母子不和。母子不和，最后演出了戊戌喋血、庚子事变。这个导致大清国一步一步走向死亡的惨局，是慈禧自己一手种瓜得豆的结果，一直到了 1908 年慈禧临终前，她才悟出了这一点。可惜，大清国的丧钟这时已经隐约地响起来了。

事实上，光绪皇帝不满的情绪，当时在自己的大婚期间就已经不可抑制地爆发了出来。按照清代帝王大婚的礼制规定，大婚后的三四天内，还有一系列拜祭和"朝见礼""庆贺礼""筵宴礼"等。然而，这一切对于光绪皇帝来说，已经变成了他不堪应付的沉重负担。本来，他并不想娶桂祥之女为皇后，对这场出于慈禧需要而一手包办的婚事，光绪帝不仅未领略到心中喜悦与欢愉之情，反而觉得自己仍是慈禧手中的一尊木偶，被人挥来拖去，心中怅然、失落、忧愤、痛苦五味俱全。坚持到婚后第四日，他这种不佳的心情终于像火山一样无可控制地爆发了。他借口有病，竟把原定在太和殿宴请"国丈"及整个皇后家族、在京满汉大员的筵宴礼撤销了。当光绪皇帝命人把宴桌分送给在京的王公大臣时，竟然未提隆裕的父亲及族人。这在当时京师的街头巷尾，一时成为人们传闻的话题，议论纷纷。年轻气盛的光绪皇帝想用这种方式发泄胸中的愤懑，可见他当时的糟糕透顶的心情。

三

鲁迅先生在《记念刘和珍君》一文中曾写道：沉默呵！沉默，不在沉默中爆发，就在沉默中灭亡。这话放到光绪皇帝与慈禧太后二人之间明争暗斗的关系上，同样适用。

1888 年，光绪皇帝亲政后，慈禧援引《训政细则》，仍不时干预朝廷的用人行政。光绪皇帝在名义上是亲政了，但事事仍然必须请命于慈禧太后，在重大问题的决策上仍然必须听命慈禧。据翁同龢记载："现在办事一切照旧。大约寻常事上决之，稍难事枢臣参酌之，疑难者请懿旨。"对于这种状况，光绪帝不再甘心他的傀儡地位。他不满慈禧对用人行政、军国要事的干预，非常希望摆脱慈禧太后的控制。朝内一些不满慈禧太后专断统治的官僚文人、名士也开始联系起来，以拥立光绪皇帝相标榜，在统治集团内部逐渐形成了一股倾向光绪皇帝的政治势力集团。他们主张归政皇帝，与忠于慈禧太后的政治势力相抗衡，这就是中国近代史上有名的"帝党"。

帝党只是一些拥护和倾向光绪帝的官僚、文人、名士等人的松散结合，并没有具体的组织形式，翁同龢是帝党集团的核心人物，其他主要人物是文廷式、志锐、汪鸣銮、长麟、张謇、珍妃等。他们多为词馆清显、台谏要角，在舆论上造成一股强大的声势，迫使慈禧太后为首的后党势力不能不有所顾忌。

以慈禧太后为中心，原本就有另一股政治势力。这股政治势力是在慈禧与奕䜣集团的斗争中逐渐形成的。慈禧给奕䜣的最后一击是甲申易枢，通过人事上的任免，慈禧太后逐步排除了政敌，建立了完全听命于自己的政府。这个政府无疑标志着后党已经形成，只是还没有冠以"后党"这个名词。与帝党相比，这股势力人数众多。在帝党形成以后，慈禧太后的这股政治势力就有了它的名称——后党。

后党是一个效忠慈禧太后并为慈禧太后所倚重的官僚集团。其核心人物主要有荣禄、奕谟、刚毅、世铎等人，其成员则为京内的王公大臣、文武百官和京外的督抚藩臬，实权在握，阵营整齐，势力强大。

一方面，后党势力支持慈禧太后继续控制与操纵朝廷大权；另一方面帝党也在积极行动，争取光绪皇帝朝纲独断。两个政治中心、两股政治力量的矛盾与斗争，必然要将晚清政局推向进一步恶化。

双方矛盾与冲突主要集中在如下几个方面：

（一）中日和与战问题

光绪皇帝亲政的第五年，中日两国在争夺朝鲜问题上发生了前所未有的冲突。日本故意挑起事端，力图通过战争，实现他们蓄谋已久的"大陆政策"。第一步，侵占朝鲜、中国的东三省及台湾；第二步，占领整个中国及东南亚各国；第三步，攻占澳洲及夺取亚洲及其他国家的领土，从而称霸世界。

在战与和问题上，以光绪皇帝为核心的帝党和以慈禧太后为核心的后党之间发生了第一次尖锐激烈的冲突。

慈禧主和，光绪主战，争论和冲突由此而起。慈禧主和，根据是李鸿章对中日双方实力的估计。目的是担心战败、受辱、丧师、割地、赔款。

光绪主战，根据是一帮清流士大夫的正气感，目的是想借此机会，在舆论的支持下，干出一番惊天动地的事业来。

在对日战与和问题上，光绪皇帝一反过去对慈禧的言听计从，在帝党的支持下简直就像换了一个人，其敢作敢为是前所未有的。

1894年7月25日，日本首先偷袭清军的运兵兵舰，中日战争在朝鲜领土上爆发。战事发生后，光绪皇帝每日召见群臣，大谈抗战。帝党推波助澜，纷纷上书言战。这样，造成了一个主战的强大舆论空气。最终，慈禧做出妥协，同意皇帝宣战。

8月1日，光绪皇帝正式发布了对日宣战的上谕。

战争爆发后，光绪皇帝出于对国家前途的忧虑，一面对败军之将严加惩处，对李鸿章"拔去三眼花翎，褫去黄马褂"；一面"请停颐和园工程以充军费"。而这些，都触及了慈禧的敏感神经。

尤其是，光绪帝接受翁同龢的"将不易，帅不易，何论其他"的建议，发动帝党造成"群议沸腾"的局面，然后于9月29日，任命已被慈禧罢黜、赋闲十年的恭亲王奕䜣代替李鸿章主持"管理总理各国事务衙门，并添派总理海军事务，会同办理事务"。

光绪之所以要起用奕䜣，主要是根据奕䜣主持军机处与总理各国事务衙门的政绩以及对慈禧的不妥协的斗争。同时，他希望通过起用奕䜣，借以剥夺后党奕劻和后党的支持者李鸿章所把持的洋务以及外交大权，具有向后党夺权的性质。

同时，光绪帝借此机会在人事上也做了一些调整。11月，他任命翁同龢及接近帝党的官僚李鸿藻两人为军机大臣。同时认命翁同龢主持同文馆，以求打破后党官僚独霸军机处的局面。

1895年6月，光绪帝又将甲午战争中与自己唱反调的后党人物孙毓汶、徐用仪赶出军机处和总理各国事务衙门。

该做的事情都做了，但前线战事却败报频传。1895年1月，日军渡过鸭绿江，攻占了牛庄、营口、田庄台。大清的祖脉此刻已经置于日军的铁蹄蹂躏之下。

此时的光绪皇帝，痛恨、悲哀、懊悔、绝望、无奈。他坐卧不宁，寝食俱废。在内外的双重压力下，不得已，他只好败下阵来，派出全权大臣李鸿章前往日本议和。

1895年4月17日，这一天，李鸿章代表清政府在日本签订了丧权辱国的《马关条约》。中国被迫同意割让辽东半岛、澎湖列岛、台湾给日本；同时还要承认朝鲜独立并付给日本白银二万万两。

这一天，整个世界都被震动了。

这一天，大清国臣民才终于用沉重的代价，促使自己醒悟了过来。在血的残酷事实面前，承认了自己的"下三烂"，知道了自己的"不如人"。

这一天，击破了光绪的"理想梦"，使他跌入了"出师未捷身先死"，以及随之而来的统治危机的深渊中。

这一天，慈禧对光绪的执政能力产生了怀疑；对光绪的急躁冒进、跃跃欲试的不沉稳性格丧失了信心。她不仅对甲午战争前后光绪侵犯她的权力愤怒、生气，也为她没有有力制止光绪的这种急于建功的行为深深后悔。

以这一天为界限，大清国上下臣民都对光绪皇帝的作为及执政能力产生了疑虑。光绪帝明显地处在进退两难的尴尬境地。

一方面，他对这次失败痛悔不已：认识到"台割则天下人心皆去，朕何以为天下主"，知道了失去人心的重要性；另一方面，他隐约地感到了自己已经失掉了慈禧的信任，皇位有可能不保的危机。

陷入深深绝望中的光绪，不甘心就这样窝囊下去，他还要为自己的人格，为不甘心做"亡国之君"，去做最后的一次拼搏。

（二）廷杖珍妃事件

光绪二十年（1894年）十月二十八日夜晚，北京上空乌云翻滚，寒风怒号。紫禁城中，慈禧太后的阴暗性格与发怒的脾气也正如这阴寒的天气一样，使人恐惧。

这些天里，光绪皇帝在和与战问题上一反常态的倔强，使得慈禧震怒不已。

在慈禧的眼中，光绪帝不过是自己20年恩威并施所塑造出来的傀儡，他对自己只有服从和依赖的份儿，任何有悖于自己的言论与行为，都为离经叛道。然而，亲政以来，尤其是中日甲午战争以来，光绪帝越来越强硬的态度，简直就是否定自己不可动摇的权威。

慈禧认为，这是光绪帝身边宵小挑拨离间的结果。而这些宵小之辈中，教唆光绪学坏的，首要的就是珍妃与翁同龢二人。

慈禧如此认为，也许不无一定的道理。

因为，光绪帝在亲政之前，与翁同龢之间的关系已经超越了一般的师生关系。光绪帝在亲政以后，对他的这位老师不仅言听计从，更是专信有加。这不，前方战争未卜，后方光绪帝已经将翁同龢擢升为了军机大臣。而珍妃，更是让慈禧想起这个儿媳妇就气不打一处来。大婚以来，光绪帝表面上没说什么，私下里却不听自己的劝告而远离新娶的皇后，去与能给他带来生活乐趣且能缓解他心理压力的珍妃，共食共饮、共玩共乐，而且对这位"小主儿"，光绪皇帝越来越表现出宠信有加的样子，将她视为自己的专房。

在这个节骨眼上，隆裕"趋慈禧前告（珍）妃欺压皇后"，正好给了慈禧出口恶气的机会。

据原载民国十九年1930年五月三日《故宫周刊》中的白头宫女回忆：

"慈禧六十万寿时，值福州将军出缺，隆裕后欲以此职畀予乃舅，因妃颇得德宗宠，倩请于德宗，而妃则以'谁说均是一样'之语谢。后误以妃恃宠而骄，乃趋慈禧前告妃欺压皇后，后本慈禧女侄，平日对后小不敬者，必严刑责罚，谓正宫中体制也。今闻忤后者，乃素不善之珍妃，其忿怒之状，较之平日十倍而不止。时慈禧居南海仪銮殿，德宗居瀛台，隆裕与珍、瑾两妃居同豫轩，慈禧乃传同豫轩侍妃之宫女、太监等至仪銮殿，而询妃平日起居状况，叱咤备至，凛不可犯。宫监等悚惶万状，乃言妃平日甚为恭谨，从无大舛。慈禧闻而怒，疑宫监秘不直陈，乃命掌刑太监杖击之，哀号蹐踊，皮肉皆绽，但宫监所言，仍如前说。时妃侍侧，慈禧盛怒之余，更令太监掌责之，令自陈，妃以皇帝所宠，今乃当众受辱，痛不欲生，终无结果。"

另据《宫中档薄》对珍妃甲午年病历的记载，慈禧对珍妃的惩罚，不是"掌责"而是杖责。御医的病案，并未敢涉及珍妃挨打事宜，然而由珍妃之症状，诸如"两肋串痛""牙关紧闭，人事不省，周身筋脉颤动""筋惕肉颤"等记载来看，珍妃当时挨打的不轻，慈禧对她是下了狠手的。

十月二十九日，慈禧又迫使光绪下旨。"朕钦奉慈禧皇太后懿旨：本朝家法严明，凡在宫闱，从不准干预朝政，瑾妃珍妃承侍掖庭，向称淑慎，足以优加恩眷，洊陟崇封，乃近来习尚浮华，屡有乞请之事。皇帝深虑渐不可长，据实面陈，若不量予儆戒，恐左右近侍，藉以为夤缘蒙蔽之阶，患有不可胜防者。瑾妃、珍妃均著降为贵人，以示薄惩而肃内政。"

十一月初一日，仍不解气的慈禧再下谕旨："皇后有统辖六宫之责，俟后妃嫔等如有不遵家法，在皇帝前干预国政，颠倒是非，著皇后严加访查，据实陈奏，从重惩办，决不宽贷，钦此。"

由以上史料可以看出，珍妃受到杖责，表面上是因皇后的告状、妻妾的反目，实际上内在的原因主要是慈禧痛恨珍妃"干涉国政"的缘故。慈禧表面上打的是珍妃，实际上痛责的是光绪。这是"醉翁之意不在酒，在乎山水之间也"的杀鸡给猴看的一种做法。慈禧所以下这样的狠手，是要让光绪警惧。一来长隆裕的志气，让她真正能负起"统辖六宫"，担当起帮自己监督光绪之责；二来也借此剪除光绪枕边的羽翼，打消光绪皇帝"奋起主战"、不顾一切的气焰，使他在中日战争中采取同自己一致的立场。

（三）醇亲王陵园白果树事件

光绪在甲午战争中的表现，使慈禧对他心中抱着的一点希望也破灭了。

从此，慈禧对待光绪开始少了从前的母子情分的考虑。她对光绪帝由过去的暗中牵制开始到公开的打击。

光绪二十二年，即1896年，慈禧伐光绪之父奕谭墓上的树木事件，成为二人争斗公开化的标志。

据王照在《方家园杂咏二十首并纪事》一文中所说：

甲午前，隆裕因珍、瑾二妃之宠，遂不尽礼于景皇（光绪帝）。故朝永寿宫时，帝后辄望影互避，以太后袒隆裕故也。及黜二妃后，景皇失爱于太后，更甚于前。内务府大臣有英年者，兼步军总兵，素讲堪舆，尝为太后择定普陀峪万年吉地，急谋升官，乘间献媚于太后，曰：醇贤王园寝有古白果树一株，高十余丈，荫数亩，形如翠盖，罩墓上，按地理非帝陵不能当。况白果白字，加于王字之上，明是皇字，于大家不利。应请旨速伐此树。太后曰：我即此命尔等伐之，不必告他。他即上（光绪帝）也。内务府诸臣虽领懿旨，未敢轻动，同往奏闻于上。上不允，并严敕，曰：尔等谁敢伐此树者，请先砍我头。诸臣又求太后，太后坚执愈烈。相持月余。一日上退朝，闻内侍言，太后于黎明带内务府人往贤王园寝矣。上亟命驾出城，奔至红山口，于舆内嚎啕大哭。因往时到此即遥见亭亭如盖之白果树，今已无之也。连哭二十里，至园。太后已去。树身倒卧，数百人方斫其根。周环十余丈挖成大池，以千余袋石灰沃水灌其根，虑其复生芽蘖也。诸臣奏云：太后亲执斧先斫三下，始命诸人伐之，故不敢违也。上无语，步行绕墓三匝，顿足拭泪而归。伐树诸人，皆先期雇订山下村人，且运送石灰千包以及伐树应用之支架杉杆等物，皆非先日筹备不能集事。宫府内外伙通一气，使上不得预闻。此光绪二十二年事也。[1]

白果树，即银杏树。醇贤王墓上的这棵银杏树，盖万年之物，能成高十余丈，七人合抱不交，是多么不容易的一件事。想当年，光绪帝为了寻

——————

① 王小航：《方家园杂咏二十首并纪事》，《近代稗海》第一辑，第1—2页。

找这棵树不知花了多少心血。移栽在醇亲王墓上的这棵万年之树，仅仅因为它的主人是光绪帝的父亲，就被砍斫。从这件事可以看出，慈禧此时已经产生了欲废除光绪而找人代替之的念头。二人过去融融谐谐的母子关系，至此已经不复存在了。

（四）瓦解帝党事件

通过甲午和战一事，慈禧已经明显地感到了表面上依然对自己恭敬有加的光绪皇帝，骨子里却产生了越来越强大的离心力。为此，她无法容忍在光绪皇帝的身边有反对自己力量的存在。

甲午战后，一些帝党官僚已经明确劝说光绪从慈禧那里收回权力。这在以前是从未有过的事。吏部侍郎汪鸣銮，户部侍郎长麟都曾经劝说光绪皇帝，太后虽然是穆宗（同治帝）的生母，但实际上只不过是文宗（咸丰帝）的一个妃子。皇上是承嗣文宗皇帝的，没有以文宗的妃子为母亲的道理。所以，慈安皇太后才是皇上的嫡母。至于慈禧皇太后，在穆宗朝可以称太后，在本朝只不过是先皇帝的遗妃，与陛下本来就不存在什么母子的名分，请陛下不要事事让什么"母子名分"来捆住手脚。光绪帝听后默默无语，没有表示反对。另外，文廷式也曾明确地劝光绪皇帝收回大权。

帝党官僚的这些言行，不可能不被慈禧所知道。得报后，其愤怒程度可想而知。于是，慈禧采取一系列措施回击帝党，也就成为不难理解的事情。

1. 逼光绪下旨罢斥长麟、汪鸣銮。诏书说，汪、长在召见时，多次挑拨离间两宫之间的关系。着立即革职，永不叙用。

2. 1895 年，将文廷式革职，逐回原籍，不许在京逗留。

3. 撤销上书房，将翁同龢赶出毓庆宫，阻止翁同龢同光绪帝的秘密接触，阻止翁同龢给光绪帝出谋划策。

4. 将安维峻罢官充军张家口；将志锐贬谪乌里雅苏台。

再加上慈禧在 1894 年已经将珍妃廷杖并降为贵人一事，所谓的帝党至此已经非常虚弱了。

慈禧秋风扫落叶般瓦解帝党的事实表明，光绪不是慈禧的对手。光绪身边的帝党官僚们鼓动政治实力很弱的光绪向政治实力强大的慈禧夺权是一件很不明智的事情。因为这样做的结果，不是光绪能最终赢出，而是促使慈禧对继续扶植光绪的执政产生了动摇。这对年轻无知的光绪皇帝来说，等待他的不是福音，而是慈禧变本加厉的报复。

维新派与帝党的合流，促使光绪帝向前迈出了关键性的一步，从而触及了慈禧设下的"雷区"，慈禧及后党不堪忍受，于是，他们决定结束这场权力之争的游戏。

维新派与帝党合流，有着一定的历史渊源与政治基础。

首先，甲午前后，帝党主张整顿内政，康有为主张变法。二者有相通的地方。在战前，翁同龢即已对康有为十分赏识，并开始加以关注。

其次，在甲午战争中，双方都求主战。其间，维新党人梁启超托帝党人物张謇，又后经夏曾佑托帝党领袖翁同龢，要他们督促淮军统帅李鸿章对日作战。

再次，维新党人主张彻底变法，面对内外危机严重，帝党也开始倾向于变法。《马关条约》签订后，身居要职的翁同龢，不顾自己的帝师身份，亲自屈尊到南海会馆向一个无身份地位的布衣书生康有为寻策求计，就是二者开始结合的一个有力证明。

但是，推行新政的主角却是光绪帝，如果光绪帝顽固守旧，不思振兴，或者经验丰富、治国能力极强，一介书生们如康有为辈焉能在大清政治舞台上掀起如此巨大的狂浪暴风？

事实上，光绪亲政后面对列强入侵频频不断、国事日危的现状，他颇思振作，勤奋好学，思想开明。

亲政的第一年，年轻朝气的光绪皇帝就向翁同龢索要冯桂芬的《校邠庐抗议》一书。于此期间，他还阅读了陈炽的《庸书》和汤震的《危言》。这些人在当时不仅鼓吹学习西洋的科学技术，而且提出了西洋制度优于中国政治制度的新鲜思想，对光绪帝产生了很大的影响，否则，难以解释为什么戊戌年间光绪帝与康有为会一拍即合。

除了中国先进士大夫的书籍外，光绪还命奕劻带同文馆的教习为他讲习外语，据翁同龢在光绪十七年的日记中记载，光绪于西文极用意。在光绪的书房里，也确实收藏着一批外文书籍，现在这批书籍一部分藏在故宫博物院图书馆，一部分藏在国家图书馆。在故宫博物院图书馆所藏光绪读过的书中就有法国卢梭的著作、伦教 1900 年版的《逻辑学基础教程——演绎法和归纳法》，甚至还有基督教的新旧约《圣经》。

据史载，甲午战后的一日，光绪退朝回宫，对着御案上的一堆古书发起呆来。多少年来，他孜孜不倦地攻读这些古书，希望从古代圣贤的身上找到一条出路，现在，他终于认识到了这些古董的全然无用，结果，一气之下，命令太监把这些古代典籍付之一炬。其实，烧书实在没有必要，但这说明他的思想确实发生了根本性的转变。

因此，年轻气盛的光绪皇帝在读到康有为向他呈进的《俄彼得变政记》《日本变政考》两部书时，出现激动万分的样子，是可以想象到的。梁启超在写给夏曾佑的信中曾经谈到这种事情。"大约南海先生所进《俄彼得变政记》《日本变政考》两书，日日浏览，因摩出电力，遂有前月二十日间，有催总署议复先生条陈制度局之议……遂有前月二十三日之上谕……维新之诏，联翩而下。"①

梁启超所描述的这个情景，使人想起了《资治通鉴》中所描述的三国赤壁之战前夕孙吴决策是否抗曹的问题时孙权激动的样子。清末的光绪皇帝，在康有为的鼓动下，热血沸腾，一跃而起，他不像孙权挥剑斫其桌案，最后定其抗战决心。而是对身边的后党人物奕劻一声怒吼：去告诉太后，我绝不做亡国之君，如不让我行权做事，我宁可不做这个皇帝了。

---

① 梁启超：《戊戌政变记》，鸽子：《隐藏的宫廷档案》，民族出版社 2000 年版，第 55 页。

看来，光绪皇帝豁出去了。

颐和园里，万寿山下，慈禧正在悠然地欣赏着眼前的湖光山色。听完奕劻的报告后，她不仅没有生气，想反，禁不住地笑了出来：好小子，你终于敢站起身来与老娘叫板了。你不想做皇帝，我还早就不想让你在这个位子上再坐下去了呢！你也不想想，亲政以来，你都对大清国做了什么样的事！甲午一战，要不是你坚决主张对日作战，国家臣民能像今天这样一有风吹草动就疑为草木皆兵吗？我还没有与你算总账，你倒找上门来了。不过，既然想富国强兵，不也是一件好事情嘛！只要你能在我的权力约束下，按我的要求，变法图强，又有何不可呢？孙悟空七十二变，不也是没有逃过如来佛的手心吗？

想到这里，她要奕劻转告光绪："皇上欲办事，太后不阻也。"

事实上，这个已进耳顺之年的妇人太后，对变法图强一事并不绝对反对。

据费行简《慈禧传信录》载，早在变法之初，慈禧即对光绪帝说过："变法乃素志，同治初即纳曾国藩议，派子弟出洋留学造船制械，凡以国富强也。""苟可致富强者，儿自为之，吾不内制也。"只不过，说这话时，后面又加了一个限定："若师日人之更衣冠，易正朔，则是得罪祖宗，断不可行。"

实际上，面对内忧外患，她也正在想办法改变现状。作为大清国的实际掌权人，难道她不知道国家富强对自己的统治会带来的好处吗？30多年来，她一直在尝试着改革，办工厂、设电报、建海军、修铁路、造轮船、派人出国留学，哪一样不是大改革、大手笔？喧闹一时的洋务运动离开了她的支持，能发展起来吗？当年有人欢呼，洋务一兴，中国必自强于世界，然而结果呢？偌大的中国竟败于小国日本的手中，花了30年心血、钱财进行的洋务革新还不是化为泡影？

此情此景，作为当朝太后，她难道不知道着急吗？让她忧虑的是，这帮不知天高地厚、不知办事艰难的文人秀才，能真的化腐朽为神奇吗？他们该不是借变法之名，利用这个年轻气盛但少历练经验的皇帝来行攘权之实吧。

带着忧虑与担心，当光绪皇帝执意要求变法时，慈禧点了头。当变法诏令频出时，她也没有说话。只是，由于满朝文武官员的冷淡观望，使血气方刚的光绪皇帝失去了冷静、越过了慈禧给他划定的界限时，慈禧终于无法容忍，开始进行干涉了。

1898 年的夏天，注定是一个不平静的季节。在这个季节，光绪皇帝在维新派的支持下，大刀阔斧，连续采取了下面几项强烈的措施：

第一步，七月十四日（8 月 30 日），光绪发下一道重要谕旨，其主要内容：一是裁撤詹事府、通政司、光禄寺、太仆寺、鸿胪寺、大理寺六个闲散衙门，分别归并内阁及礼部、刑部办理；二是裁撤督抚同城之湖北、广东、云南三省巡抚及东河总督；三是裁撤各省不办运务之粮道及向无盐场之盐道等。这个谕旨显示了光绪皇帝对帝国官制存在的弊端进行改革的决心。但这一举措极大地触动了帝国官场的利益集团，造成了极大的社会震动与朝局的动荡不安。

第二步，七月十九日（9 月 4 日），光绪帝下诏罢免阻挠他变法的礼部堂官。礼部堂官属于大清国的二品大员，而变法伊始慈禧已将二品以上官员的任免权收归己有。光绪此举显然触及"雷区"，明显带有向慈禧挑战的味道。

第三步，七月二十日（9 月 5 日），光绪帝又下谕旨，任命维新党人谭嗣同、刘光第、林旭、杨锐四人在军机章京上行走。军机章京素有"小军机"之称，地位十分重要。光绪此举，已隐含撇开慈禧安置的军机大臣，暗将中央政府行政大权操于己手之嫌。

第四步，七月二十二日（9 月 7 日），光绪帝下令罢免后党人物李鸿章、敬信二人总理衙门大臣的职务，再一次向慈禧权威发起了挑战。

第五步，9 月上旬，变法正进入最紧要的关头，光绪帝又决定破除祖制限制，开设议院，但为康有为谏阻。于是，光绪又决定开懋勤殿以议制度，并决定延聘外国人与康有为、梁启超二人做政治顾问，指导变法事宜。按光绪皇帝的设想，通过设懋勤殿顾问方式，可以把康有为等新派人士组织在一起，成立一个最高级别的筹划、指导维新变法的核心，这将是一个新权力中心。在商议开设懋勤殿的过程中，光绪干脆撇开了清廷正常的权力机构与程序，将原有的王公大臣全部排除局外。可以说，这是光绪帝又为自己另立的一个只听自己命令的"中央政府"。

第六步，七月二十六日（9月11日）根据康有为的建议，诏谕手握新建陆军兵权的袁世凯进京，升官许愿，冀以染指军队，得到臂助。

第七步，采纳康有为的建议，联合英美日等国，以制后党。

面对光绪皇帝及维新党人的步步行动，慈禧太后及其后党已经到了忍耐的极限。

于是，慈禧太后在后党官僚的痛哭求助下，开始采取了几项足以置帝党于死命的措施。

第一，将帝党领袖翁同龢开缺回籍，撵出北京、赶回老家。

第二，任命后党重要人物荣禄为直隶总督兼北洋大臣，统率、节制驻扎直隶境内的董福祥的甘军、聂士成的武毅军、袁世凯的新建陆军等帝国主要军队。随后，慈禧又任命刑部尚书崇礼署步兵统领，任命怀塔布管理圆明园附近之八旗、包衣、三旗及鸟炮营事务，任命刚毅管理健锐营事务。此外，更换一批不放心的八旗都统，这样，后党就牢牢控制了京畿地区的所有兵权。

第三，慈禧下令，以后凡是任命二品以上的官员，必须得到她的批准。

第四，具体策划了废除光绪帝的方案，即九月"请"光绪到天津阅兵，届时，由军队出面强迫光绪退位，然后另立新君。

据史记载，是下面两件事最终促使慈禧下了解决光绪的决心。

一件是康有为策动的"围园捕后"计划。

据当事人毕永年的《诡谋直纪》透露，康有为、梁启超曾先后策动聂士成、袁世凯效法唐朝张柬之废武则天之义举，起兵诛杀荣禄，然后围园捕杀慈禧太后。后来事泄，给了慈禧废除光绪以口实。

慈禧还宫后，大骂光绪：你本是旁支，我力排众议，让你坐上了皇帝的龙座；抚养了你20多年，自你4岁入宫，我就调护教诲你，耗尽心血，这样你才能成婚亲政。试问，我哪一点有负于你，你却听信小人之言，要来谋害我，把我囚在颐和园。我的傻儿子，今天没有我，明天还有你吗？你真是禽兽不如。

另一件是慈禧担心光绪及维新派"勾外人谋我"。

变法后期，伊藤博文应光绪皇帝邀请来到北京。这件事，引起了惧怕洋人们的慈禧及后党们的极大警惕。直隶总督荣禄干脆给慈禧上折，建议慈禧在这个准备参与帝国政事的日本人见到皇帝之前就采取果断的行动。

这样，1898年9月19日，在谭嗣同胁迫袁世凯围园捕后的第二天，光绪帝召见伊藤博文的前一天，慈禧太后突然回到紫禁城，收回了光绪帝亲政的大权。此后，慈禧还要废掉这个只不过已经是名义上的皇帝，只是因为洋人与地方督抚的反对，才没有那么做。从此，光绪的地位一落千丈，在物质和精神的双重折磨下度过了最后悲惨的十年。慈禧再次听政，牢牢抓住清帝国的最高权力直到去世。

纵观上述史实，我们可以得出下列的结论：

慈禧与光绪，晚清30余年国家最高之执政者。光绪取其名，慈禧取其实。也许，在当时一般老百姓的心目中，光绪坐在金銮殿里，是名副其实真正的大清国的臣民主宰者。布衣康有为等人起初不也是这样认为？只是在他们有机会接近光绪帝、进入最高权力运作中心时，才知道自己的这一认识是多么的肤浅、荒唐与可笑。在那个时代，真正匍匐于权力角逐场中的知情者，心里都明白实际的权力中心究竟来自何方。

慈禧与光绪，既是皇家母子关系，又是一对权力的克星。

能够从一个什么都不是的入选秀女，一步步发展到操一国实政的太后，慈禧虽然有着运气的成分，但主要还是靠她的心机与才能。忽略了这一基本的事实，便不能真切地认识晚清最高政权何以能在近50年间，一直牢牢地抓在这个寡妇之手。权欲者，官场中人人有之，但只有真正有权谋、干才的权欲者才能最终享用权力的甜蜜硕果。

慈禧与光绪，可以称得上是这个世界上最奇特的母子关系。光绪本来应是一个无忧无虑的王家子弟，要不是慈禧亲儿子同治帝青年早死，这个叫做载湉的孩子无论如何也不可能当上皇帝。只不过，慈禧费尽心机立他承位的目的，并不是真心替这个可怜的孩子打算，而是为了名正言顺地保住自己的手中权力。

于是，光绪命中就注定了只能做傀儡皇帝的份儿。

皇位，在古代的中国，要说该算是最具有吸引力的东西。为了得到它，历史上发生过多少次血流成河的战争。为了得到它，父子残杀，兄弟阋墙的事情屡见不鲜。

也许，当年幼的光绪皇帝被强行抱到龙座上时，他那童稚的心目中对这一切还难以理解。当他被领着、哄着、强按着做这做那，那么多大人们在他面前趴下一片、口叫万岁时，他可能还只是觉着好玩儿。可不管怎么说，他毕竟当上了名正言顺的皇帝。随着年龄的增长、学识的开阔、大家的恭维与尊敬而带来的虚荣心的加强，在其位就要操其权、谋其政的念头不可能不潜滋暗长，只要还有半点血气，谁能心甘情愿做一个别人手中的玩偶呢？更何况，光绪皇帝不像其堂兄同治皇帝那样顽劣厌学。他好学深思，兼通中西，面对国家时局的艰难特别想有所作为。因此，亲政以后的光绪与慈禧产生矛盾也就成了一种必然会出现的现象。

在这个时候，如果光绪能够真正明白形势，就像嘉庆亲政后对待其父太上皇乾隆一样，甘心做一个傀儡，对慈禧毕恭毕敬，不去急于求权做事，耐心地等待慈禧老死或衰老不堪，再自然而然地收回皇权，重振乾坤。那样，光绪皇帝的命运也许该是另一种样子。

不幸的是，年轻的光绪一无经验、二无耐心，加上身边一帮并不真正懂得政治斗争艺术的书生们的鼓动，血气方刚地与党羽遍布朝野、朝中实权在握的慈禧叫起板来，其惨败的命运与结局就只能不可避免地上演了。

不过，年轻气盛的光绪皇帝的索权行为倒也有着似乎充分的理由。

光绪自五岁起，无人亲爱。虽醇邸福晋，亦不许见面。每日必至西后前请安，不命起，不敢起。少不如意，罚令长跪。一见即疾言厉色。积威既久，皇上胆为之破，如对狮虎，战战兢兢。日三膳，馔虽十余簋，然离御座远者半臭腐，近御座之馔，即不臭腐，亦久熟干冷，不堪下箸。以故皇上每食恒不饱。有时欲令膳房易一适口品，管膳者必面奏西后，动辄以俭德为责……①

要不是深宫太监的披露，无论如何也无法相信这就是帝国皇帝过的日子。

光绪成人后，更令他感到难过的是慈禧对他的婚姻的干涉。在选择皇后的时候，光绪连自己喜欢什么样的女人都决定不了，其婚后生活之无趣可想而知。光绪对慈禧给他指定的皇后，根本没有建立正常夫妻感情的可能，皇后便到慈禧那里去哭诉皇帝对他的冷落。于是愤怒的慈禧把怨气全部发泄到瑾妃和珍妃的身上，这种发泄又反过来导致了光绪对慈禧感情上更大的逆反。后人把慈禧干涉光绪的婚姻大事所造成的母子不和，说成是大清国晚期一切不幸的根源，虽然偏颇，却也有一定的道理。皇族奕谟说过："因夫妻反目而母子不和，因母子不和而载漪谋篡。"形象地概括了戊戌变法前后直到庚子事变时帝国灾难的最隐秘的根源，可谓简明扼要。

亲政以后，按照《训政细则》的制度规定，慈禧依旧是大清国的权力中心。光绪这个一切不能自专、不能自行做出决断的皇帝还叫什么皇帝？

作为一个正常人，尤其是血气正盛的年轻皇帝，与母亲争吵、要权，似乎也是在情理之中的事情。

但是，别忘了，光绪不是慈禧的亲生儿子。后母、后子心理上本身就

---

① 《清朝野史大观》卷一，第93—94页。

隔着一堵墙。母子二人能够和平相处已属不易，更何况还出现了许许多多的、令二人均不满的是是非非？

不管怎样说，光绪与慈禧的母子不和、权力之争，帝党与后党两个政治中心的出现与角逐，确实严重地影响到了后来的清末政局。不从这个角度去看问题，就很难说清 1899 年的废立之举、1900 年慈禧利用义和团的灭洋之举，以及随之而来的八国联军侵华之祸；也就很难说清 1901 年以后清政府从经济、政治、军事、文化等领域推行的导致清朝统治彻底陷入混乱进而为辛亥革命提供了条件的新政改革。从这个意义上说，大清国灭亡的真正原因，不是孙中山发动的辛亥革命，倒是 1895 年以后清朝最高统治集团内部出现的这场权力内讧。光绪与慈禧才是大清王朝真正的掘墓人。

如果说，1898 年戊戌政变后，被囚在瀛台失去自由的光绪皇帝，对这个苦果的根源还不能理解，每天大骂出卖他的袁世凯，以发泄心中怒气的话，那么，经过了己亥立储、庚子西狩、珍妃惨死等重大事件后的光绪帝，在 1901 年以后倒真的成熟了起来。

这位已经完全丧失了政治生命，只起一个摆设作用的皇帝，恭亲王奕䜣临终前对他的谆谆劝告，很可能会经常地回响在他的耳边，每当此时，他的心中就会隐隐作痛。

老成持重，积毕生之心血、经验、教训的皇叔恭亲王，在病逝前老泪纵横，勉力撑起重病之身，一字一顿地对前来问计的光绪帝交代说，在此国势维艰的时代，有两个人皇上可以考虑重用，一个是李鸿章，一个是张之洞。有此二人，大清的国势，或者不可能那么快地江河日下。但是，光绪帝那时还太年轻，哪里听得进去？

光绪又想起了他当时颇不甘心的问话："恭王以为翁同龢如何呢？"恭亲王的回答使他永生不能忘记："是所谓聚九州铁不能铸此错者！"那意思就是说：皇上你重用了翁同龢，就是把九大州的铁都收集在一起，也铸不成这样一个大的错误呀！

不但如此，这位皇叔当时还不顾忌他这位皇帝的不满神色，坚决说出他对翁同龢的评价"居心叵测，怙势弄权"。现在看来，这位皇叔是对的。翁同龢利用光绪对他的倚重与信用，促使光绪在甲午中日战与和问题上坚决主战，而他却"于敌势军情暮焉不识"，结果，"割地偿款，为从古所未有"。① "这是一件光绪皇帝后来极为后悔的事情。等到翁同龢死了，有人为之'请恤'，光绪皇帝大怒，历数翁同龢的误国之罪，头一条就说他'甲午主战'的事情。"②

这时，光绪又很自然地想到了康有为。这也是翁极力向他推荐的结果。皇叔恭亲王的临终叮嘱又响在了他的耳边："闻有广东举人主张变法，请皇上慎思，不可轻信小人。"③

现在，冷静下来，仔细想想，自己当时为什么就那样邪性地一味相信康有为呢？别的不说，当时康有为设想的"开巴西以存吾种"，提出的"中国人满久矣，美及澳洲皆禁吾民往，又乱离迫至，遍考大地，可以殖吾民者，惟巴西经纬度与吾近，地域数千里，亚马逊河贯之，肥饶衍沃，人民八百万，若吾迁民往，可以为新中国"④ 的异想天开的主张为什么就那么鼓舞人心呢？要知道，这种一厢情愿，不问人家巴西是否愿意的想法现在看来是多么的幼稚可笑。

光绪皇帝又想起康有为、宋伯鲁等人向自己提的最后一个建议："联合中国、日本、美国及英国为合邦，共选通达时务，晓畅各国掌故者百人，专理四国兵政税则，及一切外交等事，别练兵若干营，以资御侮。凡有外事，四国共之，则俄人不敢出，则德、法无所附，势必解散。吾既合日，彼英

---

① 孔祥吉著《晚清佚闻丛考》，巴蜀书社 1998 年版，第 159 页。

② 中国近代史资料丛刊《戊戌变法》第四册，第 361 页。

③ 转引自汤黎等著：《恭亲王奕訢政海沉浮录》，湖北人民出版社 2006 年版，第 212 页。

④ 康有为：《康南海自编年谱》，《中国近代资料丛刊·戊戌变法》第四册，第 137 页。

与日素善，不患不就我范围。"① 康有为他们也不想想，日本、美国、英国是否愿意与中国合邦，能否真正实现"合邦"，倒劝朝廷，"勿嫌合邦之名不美，诚天下苍生之福矣"。

想到这里，光绪帝不再怨恨别人，悔肠百结：自己真的是被一腔富国强兵的变法热血冲昏了头，变法时机还不成熟啊！

恭亲王奕䜣的临终遗折又历历涌上了光绪的心头："伏愿我皇上敬天法祖，保泰持盈，首重尊养慈闱……至于用人行政，伏望恪遵成宪，维系人心，与二三大臣，维怀永图。"

多么恳切的教诲，多么切合实际情势的行政之方呀！可惜的是，自己当时竟将它当成了耳旁风，甚至反感厌恶它。

想到这里，光绪无力地合上了失神的眼睛：自己就是这个命了，可是，祖宗之业在这个江河日下的内外形势下怎么办呢？

两行热泪，滚落到枕边。

---

① 《戊戌变法档案史料》，第 170 页。

秋风宝剑孤臣泪

——李鸿章洋务运动失败之谜

对于"言路纷庞，风波迭起"，李鸿章感到颇为"寒心"。清廷和慈禧太后不但不能充分支持洋务派，而且不时掣肘。关于这一点，就是当时的守旧官员们也看得清清楚楚。翰林院编修丁立钧在上慈禧太后的一份奏折中就写道："自同治初年蓄此邪议（指兴办洋务），浸淫酝酿以至于今，垂三十年而不得一逞者，皆以我皇太后主持坚定，抑而不行。"因此，洋务派不仅对顽固派、清流派不满，对慈禧太后也充满了怨愤。李鸿章在给郭嵩焘的一封信中就指出："都中群议，无能谋及远大，但以内轻外重为患，欲收将帅疆吏之权。"翻开李鸿章的《朋僚函稿》，此类不满之辞真是屡见不鲜。对此，李鸿章曾一度寄希望于光绪皇帝亲政："但冀因循敷衍数十年，以待嗣皇亲政，未知能否支持，不生他变。焦悚莫名。"

一

1898 年北京的冬天，一片苦肃。落日的余晖倾洒在东安门外冰盏胡同的贤良寺院内。院门紧闭，看得出，已经多日无人来访。

此刻，一位长躯疏髯、饱经沧桑的老人正静静地坐在窗前，闭目想着心事。

他就是甲午战争以来被千人骂、万人唾，"国人皆曰可杀"的"汉奸"李鸿章。

甲午战争使他从权力的顶峰上滚落下来。

4 年来，他被剥夺直隶总督与北洋大臣的职务，奉旨入阁办事。所谓入阁办事，就是仅仅保留文华殿大学士的头衔，以全勋臣脸面而已。

当时，伦敦的《特报》就此事评论道："和议既定，入阁办事，非尊之也；问之疾视中堂者，声势正复赫奕，借此以夺其柄，所谓飞鸟尽而良弓藏也。"[1]

李鸿章在京城没有房产，只得借住在贤良寺。

可能是天意的凑巧。他下榻的地方，正好就是他的老师曾国藩当年因天津教案，受到各方攻击，心情抑郁时的僦居之地。

政敌攻击、国民的唾骂，从"坐镇北洋，遥执朝政"，一变而被赋闲京师，做了一个伴食宰相，犹如从云端跌落地表，他的心情怎么能够平静呢？

权去势移，门生故吏也纷纷叛离。

他感受到了世态的炎凉，真正尝到了"门前冷落鞍马稀"的滋味。

几年来，他很少外出拜亲访友，也不喜欢接待有数的几位来访的客人。

他的晚景过得很忧郁，忧谗畏讥，苦闷无聊。

---

[1] 蔡尔康、林乐知：《李鸿章历聘欧美记》，第 19 页。

但他不甘心，也没有绝望。

他时时体会着老师曾国藩传授给他的秘传心法——十八条挺经。

人们常说，政治如战场。政治舞台上的秋风苦雨已经使这位年逾七旬的老人练就了一副金刚不坏之身。只不过，刚刚发生过的政坛地震又使他心悸不已，愁肠百结。

6月，大清帝国的洋务总管——恭亲王奕䜣去世，使得李鸿章有痛失知己之感，使他一下子悟通了俞伯牙在闻知钟子期离世就碎琴绝音的道理。环顾四周，早年胸怀壮志，一起致力"求强""求富"，发起洋务运动的老伙伴们都一个个先后故去了。

李鸿章，真正感到了孤独。

6—9月，青年皇帝不听恭亲王的临终劝告，纠集了几个没有任何行政历练与治国经验的热血青年，发起了史无前例的维新变法运动。仿佛凭借一副热肠、几道诏谕就可以带领晚清帝国的这艘破船绕过重重暗礁，渡过万水千山，追求到同光以来朝野上下孜孜救亡的光明。但是，这个脱离了帝国实际的"大跃进"运动，给帝国带来的结果却是官场混乱、民心不稳、朝野震动的后遗病症。

变法志士们的一揽子工程没有实现，换来的却是菜市口六君子的喋血、光绪皇帝的被囚。慈禧与光绪二人母子失和的结果是清政府国际威信的急剧下降、朝政的更加保守以及随之而来的使人感到更加不妙的前途。

想到这里，李鸿章的脸上浮上了更加忧心忡忡的神色。

说实在的，对于维新运动，对于变法图强，他并不反对，相反充满了同情和期望。他从戊戌变法的运动中，依稀找到了自己当年在洋务运动中的矫健身影。所不同的是，他凭借自己70年的阅历与经验，对于康梁这一帮"新进青年"，试图用"快变、大变、全变"的一揽子解决国事的方案，持着极大怀疑与保留的态度。因为他知道，对于一个已经气息奄奄的病人，用一剂猛药促其振醒，无疑只能是加快其死亡及其回光返照前更加痛苦的做法。

甲午战败，对李鸿章来讲，何尝不是一个深刻反省的过程。日本的维新成功与中国致力30年的洋务运动的失败，对他不能不说是一个很大的刺激。《马关条约》的订立，他从日本回到天津的当天，就向处于悲愤激动中的光绪皇帝上了一份奏折。

在奏折中，李鸿章愧愤交集，他说道："敌焰方张，得我巨款及沿海富庶之区，如虎缚翼，后患将不可知。臣昏聩，实无能力。深盼皇上振励于上，内外臣工齐心协力，及早变法求才，自强克敌，天下幸甚。"

可见，甲午战败的刺激，也使李鸿章认识到了改图易辙的必要。他并没有反对维新，反而早就劝皇帝"及早变法求才，自强克敌"。

更为出格的是，1895年英国传教士李提摩太把他新翻译的《泰西新史揽要》一书寄给李鸿章并请他作序时，李鸿章以信代序，信里写道：

我邦自炎农唐虞以前，以天下为公；赢秦而降，以天下为私。以天下为公则民主之，以天下为私则君主之。夏后传子，汤武征诛，则由公而私始矣。而通道四海亦肇端于此时，天欲与中国以大一统之势浸淫二千余年。至我大清，海禁大开，而中外之气始畅行而无隔阂，此剖判未有之奇，圣贤莫测之理，郁冯勃然而大发，非常于今日，殆将复中国为公天下之局。

此信足以证明，李鸿章此时对西方社会的民主共和制度和进化论已经有了相当的了解。他甚至希望中国会很快走向"公天下之局"，也就是类似西方的民主社会。而李鸿章这个思想的变化，距离马关签约才仅仅两个多月。

1895年9月17日，李鸿章在贤良寺接待了前往看望他的李提摩太。李鸿章十分感慨地说，现在满朝文武没有几个真正懂得世界大势的，他自己已经没有什么影响力了。同时，他介绍李提摩太去见执政的恭亲王以及孙家鼐和翁同龢这两位光绪皇帝的老师。

孙家鼐是李鸿章的同年好友。光绪皇帝能够迅速读到李提摩太翻译的

《泰西新史揽要》，不能排除是李鸿章通过孙家鼐把书送到皇帝手中的。

对于恭亲王和翁同龢，李鸿章形象地打趣道，他们两人，前者像顽石，后者像橡胶。尤其是翁同龢，最难缠，但皇帝也最听他的话。

为了让皇上能够推行新政，李鸿章甚至帮助李提摩太改订了与翁同龢见面时说话的内容，并向他提供了说服翁同龢进行改革的方法。

尤其值得一提的是，1895 年，康有为在北京组织强学会。李鸿章对此不仅没有反对，反而大加赞赏，甚至自愿捐献白银三千两以求入会。这样的行动，能说明他是保守、顽固、守旧的人物吗？

据载，戊戌政变后，慈禧拿着弹章对李鸿章说："有人谗尔为康党。"李鸿章镇静地回答："臣实是康党。废立之事，臣不与闻。六部诚可废，若旧法能富强，中国之强久矣，何待今日？主张变法者即指为康党，臣无可逃，实是康党。"明确地表达了他支持变法的态度。[1]

回顾 4 年来，朝廷对他的处罚，他领受了；国人对他的责骂，他也领受了。70 多岁的人了，已经过了"从心所欲，不逾矩"的年龄，他只能抱着"功计于预定而上不行，过出于难言而人不谅，此中苦况，将向何处宣说"的苦闷，抱着对时局的担心与关切，在默默中消耗着有限的岁月。

或许，在李鸿章看来，京师之地不就是一个岳阳楼吗？此时此刻，他也许想起了范仲淹，想起了那篇千古流传的《岳阳楼记》：

嗟夫！予尝求古仁人之心，或异二者之为。何哉？不以物喜，不以己悲。居庙堂之高，则忧其民；处江湖之远，则忧其君。是进亦忧，退亦忧。然则何时而乐耶？其必曰：'先天下之忧而忧，后天下之乐而乐'欤！噫！微斯人，吾谁与归？

士大夫与官僚们昧于世界大势，国人们又不知"其中三昧"而不加原谅自己。自己"少年科第，壮年戎马，中年封疆，晚年洋务，一路扶摇，

---

① 《梁任公年谱长编》上册，第 100—101 页。

遭遇不为不幸，自问亦未有何等隕越；乃无端发生中日交涉，至一生事业，扫地无余，如欧阳公所言'半生名节，被后生辈描画都尽'，环境所迫，无可如何。"[①] 这一切，还不都是因为自己 30 年来努力推行的洋务运动的缘故吗？

想到洋务运动，李鸿章的心不由得抽搐了一下。力不从心的一幕幕又不由自主地浮现在了他的眼前，使他心痛，使他感到沉重而喘不过气来。

二

在近代的中国，洋务运动可谓是一个新生事物。在当时，洋务，又称夷务，泛指包括通商、传教、外商等在内的与西方资本主义国家有关的一切事物。

洋务运动则不同。它是指清政府为了挽救统治危机、自上而下推行的一场以引进西方的军事装备、机器生产和科技教育为主要内容，以富国强兵为目的的自救运动，体现了一批睁眼看世界的先进官僚士大夫们应付历史变局的一种抉择。

想当年，雄才辈出，一时蔚然风气。在中央，恭亲王奕䜣向朝廷献上了洋务运动的总纲。在地方，湘军大帅曾国藩、左宗棠，淮军领袖李鸿章等人积极进取，先后创办了中国最早的一批新式军事工业与民用企业，创建了新式的海陆军。一时间，同治中兴，大清国出现了起衰振兴的气象。但曾几何时，日本通过明治维新迅速崛起，甲午一战，湘淮同悲，北洋水师全军覆没，命耶？数耶？抑或人事耶？晚年的李鸿章，在寂寥中经常地反思这一问题。

---

① 吴永：《庚子西狩丛谈》，岳麓书社 1985 年版，第 107 页。

三

对于洋务运动的破产缘由，晚年的李鸿章曾道出如下的苦水：

我办了一辈子的事，练兵也，海军也，都是纸糊的老虎，何尝能实在放手办理？不过勉强涂饰，虚有其表，不揭破犹可敷衍一时。如一间破屋，由裱糊匠东补西贴，居然成一净室，虽明知为纸片糊裱，然究竟决不定里面是何等材料，即有小小风雨，打成几个窟窿，随时补葺，亦可支吾应付。乃必欲爽手扯破，又未预备何种修葺材料，何种改造方式，自然真相破露，不可收拾，但裱糊匠又何术能负其责？①

李鸿章的这种解释，似乎也有其一定的道理。

鸦片战争以来，虽然欧风美雨不断向大清帝国袭来，但真正能引起这数千年古国觉醒的，不过寥寥数人。广大士大夫官僚仍然沉迷在孔孟之道的科举取士之中，对于倡导洋务之人，一律斥之为"洋鬼子"，而痛加排斥。

早在同治元年（1862年），李鸿章就突破林则徐、魏源提出的"师夷长技以制夷"的范围，向总理各国事务衙门提出了以引进"制器之器"和培育"制器之人"，作为谋求自强的"下手功夫"的明确主张。

他写道：

中国欲自强，则莫如学习外国利器；欲学习外国利器，则莫如觅制器之器，师其法而不必尽用其人；欲觅制器之器与制器之人，则或专设一科取士，士终身悬以富贵功名之鹄，则业可成，艺可精，而才亦可集。②

---

① 《庚子西狩丛谈》，岳麓书社 1985 年版，第 107 页。
② 《筹办夷务始末（同治朝）》卷二十五，第 10 页。

基于以上的考虑，他建议清政府开办时务学堂，培养时用人才。这种主张，对于 19 世纪中叶的中国来说，无疑是足以引起朝野观念大地震的一次大举动。

很可能，从着手举办洋务之始初，李鸿章等人心中就明白，他们从事的是一种大大冒犯朝野正统舆论的事业，是突破自囿自固的陈见积习，推行一种新型开放的经济政策、国防政策和文化政策的创举。这种前无古人的事业，只能是顶着风知难而进，逆水行舟。

1869 年 4 月，李鸿章给总理衙门写信，开门见山，不加顾虑。他以气愤的笔调写道：

> 中国士大夫沉浸于章句小楷之积习，武夫悍卒又多粗蠢而不加细心，以致所用非所学，所学非所用。无事则嗤外国之利器为奇技淫巧，以为不必学；有事则惊外国之利器为变怪神奇，以为不能学。不知洋人视火器为身心性命之学者，已数百年，一旦豁然贯通，参阴阳而配造化，实有指挥如意，从心所欲之快。[1]

事实上，当着洋务运动兴起之际，首先觉察到中西文化的冲突的，不是洋务派，而是守旧派。这股代表传统价值观，囿于世界之变的势力派别，人数众多，反对力量极强。洋务派虽然口口声声大讲变通，但是他们既然把学习西方看做顺理成章的事，其见识又没有成熟到对中国文化进行批判性反思的程度，他们自然意识不到引进西方近代文明的科技成果，会引起何等深刻的观念上的冲突和文化的震荡。倒是拘囿于祖宗成法、恪守圣贤道统、严持"夷夏之防"的正统守旧势力，感受迥然不同，他们在无比的惊诧惶恐中观察人心世道的新变化，他们把新出现在神州大地上的洋务运动看成祸不可测的洪水猛兽。把中西文化视为水火不容，是他们立论的基本依据；把洋务派的自强之举看做是用夷变夏，是他们发起挑战、阻碍洋

---

[1] 《筹办夷务始末（同治朝）》卷二十五，第 9 页。

务运动发展的动力。

守旧势力反对和干扰洋务事业，使洋务派们不能放开手脚大干一场。双方的矛盾和斗争，与洋务运动相始终，历时 30 余年。洋务派每次倡议学习西方国家的先进经验，在中华大地上兴办一项崭新的事业，都要受到守旧势力的一番激烈反对、一番激烈的掣肘。小的反对忽略不计，但就大的论战在晚清就发生过三次：

第一次，1866—1867 年，关于同文馆应否以"正途人员"学习"西洋天文算学"的争论。

1866 年 12 月 11 日，主持中央政府工作的恭亲王奕䜣，在"与曾国藩、李鸿章、左宗棠、英桂、郭嵩焘、蒋益澧等往返函商"[①] 后，正式奏请在京师同文馆添设天文算学馆。理由是"洋人制造机器火器等件，以及行船行军，无一不自天文算学中来"。为了迅速造就这方面的专才，恭亲王拟请从满汉举人及恩拔岁副优贡和该各项正途出身五品以下满汉京外各官中招取学生，招聘西人进行教习，"务期天文算学，均能洞彻根源"[②]。

1867 年 1 月 28 日，恭亲王等再次上疏，进一步充分陈述添设天文算学馆的理由。

恭亲王指出，"论者不察，必有以臣等此举为不急之务者，必有以舍中法而从西人为非者，甚且有以中国之人师法西人为深可耻者；此皆不识时务也。夫中国之宜谋自强，至今日而已亟矣，识时务者莫不以采西学、制洋器为自强之道"。

有鉴于此，洋务派们建议将招考范围进一步扩大到翰林院编修、检讨、庶吉士及进士出身之五品以下京外各官。

实际上，奕䜣等设立天文算学馆的动议，并不是空穴来风，而是接受了地方实力派洋务领袖李鸿章的建议。更进一步地说，这是李鸿章采纳了

① 《筹办夷务始末（同治朝）》卷四十八，第 2 页。

② 《筹办夷务始末（同治朝）》卷四十六，第 3—4 页。

洋务思想的先行者冯桂芬等人的主张，而积极推动总理各国事务衙门实施的一次文化革新的措施。

可是，这个举动却如同投入死气沉沉湖水中的一块大石头，顿时引起了晚清政坛上的一次轩然大波。

反对派的力量正集结。

1867年3月5日，掌山东道监察御史张盛藻终于忍不住地跳了出来。他上折反对洋务派设立天文算学馆的建议，揭开了一场大论争的序幕。

张盛藻认为，"若令正途科甲人员习为技巧之事，又藉升途、银两以诱之，是重名利而轻气节"，如此行动就会把"读孔孟之书，学尧舜之道"的正途人员引上一条错误的道路。

但张盛藻毕竟人微言轻，不足以影响到掀动朝局的走向。

在张氏的意见被压制后，德高望重的大学士倭仁亲自出场，随即卷入论战之中。

3月20日、4月12日、4月25日，大学士倭仁连续上奏，坚决反对"师事夷人"，主张"立罢此议"。

倭仁叫嚷，"立国之道，尚礼义不尚权谋；根本之图，在人心不在技艺"、学天文算学，就是追求"一艺之末"，教得再好，学得再好，也只能造就一些"术数之士"。可是"古今来未闻有恃术数而能起衰振弱者也"。[①]

倭仁的加入，一时间成为朝野舆论的焦点。面对守旧势力的汹汹攻击，洋务派的中央代表奕䜣不得不站出来据理力争，指出学习西学的必要性与重要性。

但是，守旧派势力紧紧抓住"中西之别"这个敏感点，猛烈攻击洋务派的同文馆之议是"师事夷人"。这确实给洋务派造成了很大的压力。要知道，对于在长期闭关锁国形成政治定式和思维定式的大清臣民来说，这

---

① 《筹办夷务始末（同治朝）》卷四十七，第24页。

可是一项不得了的政治罪名，这几乎就等同于扣上了一个"卖国求荣""里通外国"的汉奸罪名。可以想见，在举国上下正处在对于列强的强盗行径群情激愤的氛围中，守旧势力抓住对待外国态度来做文章，显然更易动员舆论，更易激起人们反对与厌恶洋务派的开创之举。在这种状态中，洋务派举步维艰，其被动局面可想而知。

经过这场论争，洋务派与守旧派可以说是两败俱伤。一方面，由于慈禧此时需要借重奕䜣与曾、李等地方实力派，因而用行政手段压制和打击了守旧势力的反对意见；另一方面，由于倭仁等人的反对，造成了强大的社会压力，同文馆招考正途人员学习天文算学的计划严重受挫。

"天文算学招考正途人员，数月于兹，众论纷争，日甚一日，或一省中并无一二人愿投考者，或一省中仅有一二人愿投考者，一有其人，遂为同乡、同列之所不齿。"①

恭亲王奕䜣在事后无可奈何地说："当御史张盛藻条奏此事，明奉谕旨之后，臣衙门投考者尚不乏人。自倭仁倡议以来，京师各省士大夫，聚党和议，约法阻拦，甚至以无稽谣言，煽惑人心，臣衙门遂无复有投考者。"②

至此，经过守旧势力的喧嚣，洋务派精心力创的天文算学馆已是名存实亡。强大保守的土壤是守旧势力滋生的硕大温床。洋务派的筚路蓝缕、前途艰难由此可以窥斑见豹。

不过，值得注意的是，这次借天文算学馆之争发难的"中学西学之争"，对洋务派也产生了重大的影响。一方面，更加促使他们对西学做进一步深入的研究，以为采西学提供更充分的理由；另一方面，也使他们重视起对待中学的论述，开始把中学教学作为实施西学的必要条件，借以防堵守旧势力的"用夷变夏"之类的指责。这样，洋务派的"中学为体，西学为用"的文化口号，已经是呼之欲出了。

---

① 《中国近代史资料丛刊·洋务运动》（二），第39页。
② 《筹办夷务始末（同治朝）》卷四十八，第14页。

第二次，1874—1875 年间以"海防之议"为导线的守旧派与洋务派的论争。

李鸿章没有想到，守旧势力是那么的根深蒂固，那么起劲儿地反对洋务事业。

十余年过去了，守旧势力的脑袋并没有随着时代的步伐而有所进步。他们紧紧盯住洋务派的缺点与不足的地方，继续放着冷箭，起着绊脚石的作用。

19 世纪 70 年代以后，日本成为侵略我国台湾的最主要的敌人。

日本自 1868 年明治维新后开始走上了军国主义的道路，表现出了极其强烈的向外扩张的野心。

1874 年，日军侵台，中国不敌，屈辱签约，赔款媾和。喊了十几年的自强，竟然不能抗击"蕞尔小国"日本的挑衅，这使清政府感到沮丧，也给了守旧势力再一次反扑洋务派的机会。

1875 年，聚集在京师且颇具实力的守旧势力，以海防之议为起点发动起对洋务派主张的正面抨击。

通政使于凌辰、大理寺少卿王家璧，于光绪元年（1815 年）二月二十七日，分别递上奏折，反对洋务派关于海防的筹议，尤其激烈抨击洋务派提倡的学习西学的主张。

于凌辰在奏折中写道：

> 惟李鸿章、丁日昌胪列洋人造船、简器最详，而又推及言之，挟以必行之势。李鸿章复请各督抚设立洋学局，并议论另立洋务进取格，至谓舍变法用人断无下手之处。是古圣先贤所谓用夏变夷者，李鸿章、丁日昌直欲不用夷变夏不止！臣惟海防乃大局攸关，始基一误，万事瓦裂。人才是今日做事根本，如李鸿章、丁日昌讲求洋学，实愈加败坏，尚何人才之可言？夫制洋器、造洋船，即不能不学洋学，学洋学，即不能不以洋学之精否为人才之用舍。在创为是议者，原为藉以制夷之具，固非欲举所谓礼义廉耻大本大原令人一切捐弃。然师事洋人，可耻孰甚！导之以甚可耻之事，

而约尔之礼义廉耻其守而勿失，此必不能之势也。[①]

王家璧在奏折中写道：

> 李鸿章以我朝取士，惟以章句弓马所学非所用，无以御敌，遂议变科目以洋学……人若不明大义，虽机警多智，可以富国强兵，或恐不利社稷。操用人之柄者，苟舍德而专尚才，从古乱臣贼子，何一非当世能臣哉？今欲弃经史章句之学，而尽趋向洋学，试问电学、算学、化学、技艺学，果足以御敌乎？曾国藩、左宗棠、李鸿章皆从科目进身，并未读洋书、习洋艺，而其克成大功，洋之枪炮轮船皆足供其用者，正贵深明大义，能为洋人而不为洋人所用也。今之设馆教幼童以洋学者，不过欲备他日船主、通事及匠作之用，非谓体国经野之才皆在此中，此外更无人也。洋人在中国者，尚请中国文士教习经史，是能用夏变夷，李鸿章何乃欲胥中国士大夫之趋向，尽属洋学乎？[②]

于凌辰、王家璧的逻辑，是最令人明白不过的。他们认为，按照洋务运动的方法，非但不能富国强兵，而且会亡国灭种。因此，清政府应该立即制止"汉奸"们的西化误国行动。

守旧势力不断向朝廷上疏，致力于散布对洋学洋器在强国道路上所能发挥效用的怀疑，极力散布依赖于洋学洋器不足以制夷的论调。

于凌辰在奏折中，就拿当下的日台事件说事。

他质问李鸿章、丁日昌："自庚申变后，讲求洋器已有年矣，日本东洋一小国耳，一旦有事，委屈求和，其效安在？"[③]

这种质问，在当时代表了众多闭塞之听的士大夫官僚的心声，因而具有很大的市场，对本来就对洋务事业不积极的清廷，无形中也产生了很大

---

① 《中国近代史资料丛刊·洋务运动》（一），第 121 页。
② 《中国近代史资料丛刊·洋务运动》（一），第 129—130 页。
③ 《中国近代史资料丛刊·洋务运动》（一），第 121 页。

的影响。

在这种情况下，洋务派的代表性机构——总理各国事务衙门，不得不站出来做一辩解：

> 溯自庚申之衅，创巨痛深，当时姑事羁縻，在我可亟图振作。人人有自强之心，亦人人为自强之言，而迄今仍并无自强之实，从前情事几于日久相忘。臣等承办各国事务，于练兵、裕饷、习机器、制轮船等议，屡经奏陈筹办，而歧于意见，致多阻格者有之；绌于经费，未能扩充者有之；初基已立，而无以继起久持者有之。同心少，异议多，局中之委屈，局外未能周知；切要之经营，移时视为恒情，以致敌警猝乘，仓皇无备。有鉴于此，不得不思患于后。①

第三次，1880—1885 年应否筑建铁路之争。

很难相信，在近代中国，在代表国家利益与行为的士大夫官僚阶层，还有一些人"一闻修造铁路电报，痛心疾首，群起阻挠，至有以洋人机器为公愤者"。②在他们的眼中，电线、铁路，变华为夷，鄙见迂疏，期期以为不可。这批官僚守旧势力，对于铁路、电报、机器、轮船等近代化新事物疾恶如仇，对于洋务派的每一举动，都极力地反对，真是达到了我们今天的人们难以想象的程度。

1872 年，大学士宋晋要求福州船政局停办，李鸿章、沈葆桢、左宗棠不得不上奏力争。

1874 年，沈葆桢奏请架设电线，工科给事中陈彝则以电线只适宜外国，奏请清廷不可将之"用于中国"。

1874 年，李鸿章提议修筑铁路，立即遭到京官守旧力量的激烈反对。

李鸿章提议修筑铁路的奏折一上，反对派立即群起而攻之。"文相目

---

① 《中国近代史资料丛刊·洋务运动》（一），第 26 页。
② 《皇朝经世文续编》，卷 1020。

笑存之……王孝凤、于莲舫独痛诋之……两宫亦不能定此大计。从此，遂绝口不谈矣。"

转眼间，10年过去。李鸿章的铁路计划没有丝毫起色。

1888年，开平矿务局因运煤需要，屡次祈请修筑铁路。李鸿章授意刘铭传上奏清廷："铁路之利于漕务、账务、商务、厘捐、行旅者不可殚述，而于用兵之道，尤为不可缓之图。"①

翰林院侍读学士张家骧马上上奏皇帝，建议对"刘铭传请开铁路一节，置之不议，以防流弊而杜莠言"。

在此情况下，李鸿章不得不亲自出马，上折从用兵、收厘、捍卫京师等9个方面，陈述铁路对于维护帝国统治的重要性，并逐条反驳了反对派的反对意见。

接着，事情发展的情况是，守旧派群起鼓噪。双方唇枪舌剑，争论不休，洋务派的雄心与计划，在这场内耗中，还没有出手就已经受挫伤志了。

为了达到修路的目的，李鸿章不得不求助于光绪皇帝的生父、当时主持中央政府实际工作的奕譞，指出："凡事皆利弊相因，贵在随时调剂，若因噎废食，便一事不可为矣。"

事情的结果是，1887年，清政府才批准修建津沽铁路，1888年，才准予修筑长仅11公里的唐山—胥各庄铁路。中国的近代铁路事业，在守旧势力的激烈反对下，经过十余年的磨难才开始渐渐提上了日程。

这个时候，环视世界，日新月异，各国都在极力竞争，发展自己。大清国似一个步履蹒跚的老人，在迟缓行动中，已经不知落后了西方几许，不知被世界潮流甩下了多远。

这些顽固守旧的官僚士大夫们，在浩浩荡荡的世界潮流面前，依然无视外部世界的存在，依然为了钻营与维护自己的切身利益，过着"山中无甲子，寒尽不知年"的优哉日子，可是，国家呢？大清国怎么办？

----

① 宓汝成编：《中国近代交通铁路史资料》第一册，第86页。

每念及此，李鸿章能不生气，能不气馁吗？

对于一般官僚保守势力的反对，作为洋务运动的领袖，李鸿章还相信自己的眼光，自信自己的胸怀，觉得没有必要与之扯皮。但是，对于中央决策层的保守力量，李鸿章等洋务派们就只有望洋兴叹，徒唤奈何的份了。

别人不说，就拿隐执政府之柄的醇亲王奕譞来说，其本人就是一个缺乏世界眼光、拒绝历史潮流的人物。

同治八年，奕譞拟定了六条"驱逐洋人之法"。六条之中，四条空言外，居然想出了两个灭除洋人乱华的"高明"计谋。奕譞建议朝廷，谕令各督抚设法"激励民众"、发动民众，"焚其教堂，掳其洋货，杀其洋商，沉其货船"。他自谓高明地认为，这样做的结果，就会使民众"与该夷成不可解之深仇"，从而激发他们的天良，为"各保身家"而"永绝异类"。

奕譞还建议朝廷，"摈斥异物，以示天下"。他荒唐地认为，洋货中仅有自鸣钟、洋表、洋枪有用，且中国已能自造，故而洋货可以一概不用。他认为这样做的好处是："无损于国计民生，有裨于人心世道。"真如行之，必会引出惊人的效果："则唯利是图之夷人，将不待驱逐而自遁矣。"[1]

用这样的无知文化排外主义来反对列强的侵略，纵使其爱国热情可嘉，但这种盲目排外、与世隔绝、保护落后的办法，就能够打倒列强、能够真正实现"拒外"的愿望吗？答案只能是否定的。实施了只能是事与愿违。悲哀的是，奕譞的这种思想与言论，却恰恰代表与适合了当时一般人的社会心理和对外认识的水平。在晚清几十年的时间里，这种绝对盲目排外主义却能以"爱国""保护大清"等形式活跃于世，鼓动与紧紧抓住大部分民众的心理；这种"逞意气于孤注之掷""视国事为儿戏"的思想与行为却能得到上自中央政府、下自乡间民众的认可与支持。

历史的真相，往往就是如此的荒唐。

---

[1] 《筹办夷务始末〈同治朝〉》卷六十四，第1—8页。

无怪乎李鸿章哀叹："当今各国一变再变，惟中国守旧不动，天意耶！人意耶！"

在传统保守的强大力量面前，李鸿章显得无奈而又有几分悲愤。

他感叹自己，"涉历洋务已十余年"，却常常换来的是曲高和寡，"苦有唱无和"。

他发泄心中的不平怨气："至谓鄙人喜闻谈洋务之言，以致冒险负谤。今日喜谈洋务，乃圣之时，人人怕谈厌谈，事至，非张皇即卤莽，鲜不误国。公等可不喜谈，鄙人亦如不谈，天下赖何术支持耶？"①

事实是，不管李鸿章辈如何呼吁、宣传、带头，国人仍然一片死气沉沉，直到 19 世纪 80 年代，洋务派的言论与举动仍然在舆论上处于非常不利的地位。

洋务派理论家郑观应目睹现实，不无沉痛地道出心中不平之气："今之自命正人者，动以不谈洋务为高见，有讲求西学者，则斥之曰名教罪人，士林败类。"②

维新派领袖梁启超也曾在追述 19 世纪 80 年代的情形时，记述当时的客观情势是："朝士皆耻言西学，有谈者，诋为汉奸，不齿人类。"③

人类，不能脱离于自己所处的时代而随心所欲。李鸿章也不能脱离现实而作为。尤其是作为一个政治家的李鸿章，他的眼光可以超前，他的蓝图可以与世界潮流相应和，但他的洋务实际步伐，却一刻也不能超越现实。否则，他也就不是一个合格的政治家了。在强大的保守势力面前，在人心未开化、人们眼光没有开放的时代，李鸿章只能服从现实，只能在旧的体制下，在符合大多数人们心理与愿望的情况下去推行他的富国强兵的计划，去缓慢地实现他的洋务振兴的理想。

---

① 《李文忠公全集·朋僚函稿》卷十一。
② 《中国近代史资料丛刊·戊戌变法》第一册，第 47 页。
③ 《中国近代史资料丛刊·戊戌变法》第二册，第 18 页。

这是时代使然，是时代的命运安排，李鸿章又岂能抗命而为超前之举。我们不能用今天的眼光、理想的视野去要求这位曾为中国近代化做出过努力的人物。

四

李鸿章在北京赋闲期间，每每念及失败的洋务事业，无不对清政府设立的言官制度深恶痛绝。

在李鸿章看来，他的洋务事业的失败，与言官们喋喋不休的攻击与掣肘有着很大的关系。

他曾对曾国藩的孙女婿吴永说过：

言官制度，最足坏事。故前明之亡，即亡于言官。此辈皆少年新进，毫不更事，亦不考究事实得失、国家利害，但随便寻个题目，信口开河，畅发一篇议论，藉此以出露头角；而国家大事，已为之阻挠不少。当此等艰难盘错之际，动辄得咎，当事者本不敢轻言建树；但责任所在，势不能安坐待毙。苦心孤诣，始寻得一条线路，稍有几分希望，千盘百折，甫将集事，言者乃认为得间，则群起而讧之。朝廷以言路所在，又不能不示加容纳。往往半途中梗，势必至于一事不办而后已。大臣皆安位取容，苟求无事，国家前途，宁复有进步之可冀？

说到这里，李鸿章的情绪明显地激动了起来。停了好一会儿，他才接着往下说道：

天下事，为之而后难，行之而后知。从前有许多言官，遇事弹纠，放言高论，盛名鼎鼎；后来放了外任，负到实在事责，从前芒角，立时收敛，一言不敢妄发；迨至升任封疆，则痛恨言官，更甚于人。尝有极力讦我之人，而俯首下心，向我请教者。顾台院现在，后来者依然踵其故步，盖非此不足以自见。制度如此，实亦无可如何之事也！①

讲到这里，李鸿章不由得以足顿地，大放悲声。

谁能知道，昔日在洋务运动中，别人眼中倜傥无比、独领风骚的李鸿章，心中却装着如此大的委屈呢？

原来，活跃于晚清政治舞台的言官清流派，背后的后台老板竟是清朝的最高实际统治者。

19世纪七八十年代，帝国的洋务运动进入鼎盛时期。江南制造总局、天津机器局、轮船招商局、开平矿务局、漠河金矿、天津武备学堂等新生事物，如雨后春笋，遍地生机。这些开放在地方之花，却引起了慈禧太后的淡淡忧愁。自太平天国以来，地方势力就已尾大不掉，左右和影响着中央政府的决策及每一个重大的政治举动。现在，地方实力派又在举办洋务过程中获得了更大的实际利益，这就不能不使富于机诈的慈禧感到忧虑。

一方面，迫于世界潮流与国家积贫积弱的落后状况，慈禧不能不委托奕䜣、李鸿章等人兴办洋务，以增强大清国的军事、经济实力；另一方面，她又担心"内轻外重"，掌控不了局势。在这种情况下，聪明的慈禧便玩弄起"以清议维持大局"的做法。她要利用朝中大学士、言官和地方御史中痛恨洋务派不正之风的"清流"们作为公众的舆论，牵制炙手可热的洋务派。这是19世纪七八十年代前后清流派产生与活跃于朝野上下的秘密。

清流派有着以下特点：

第一，其成员多为一些负有一定声望，但不掌握实权的京官。第二，他们以道德、文章自诩，反对贪官污吏。第三，他们或少年新进，或官场久不得志，欲借朝廷抑制地方洋务派而出露头角、一伸志向的言官、词臣、翰林、御史们。第四，他们可以没有顾虑地抨击时政弊端，弹劾权贵，风

---

① 吴永：《庚子西狩丛谈》，岳麓书社1985年版，第107—108页。

闻奏事，不会因言得罪。

在晚清，言官们奏章起着很大的作用。他们所奏无论对否，朝廷采纳与否，如果一旦经由内阁发抄，便会由报房商印行的《京报》，风闻全国，形成一股巨大的舆论力量，即所谓"清议"。任何官员，不论以前地位高低、业绩大小，所指责的事情是否属实，一旦受到舆论的指责，便会在政治上陷于被动，轻者降调，重者丢官，最低也会影响到自己的前程。在这种情况下，天下官吏谁不害怕受到"清议"的贬损？谁不害怕受到言官们的弹劾？为官多年，深知官场"三昧真火"的曾国藩，早在同治元年就发出过"悠悠毁誉，竟足杀人"①的感叹。

在攻下天京后到对天津教案的处理一事上，曾国藩就几乎日日处在言官清流们的交相弹劾中，深深领教着"清议"的厉害招数。

1864年天京城破。火光硝烟未尽，朝中便出现了一片弹劾曾国藩之弟曾国荃的声音。久经世故的曾国藩立刻明白这是醉翁之意不在酒，是朝廷用打狗给主人看的做法迫使湘军集团向中央表示"忠诚"之态。曾国藩虽然生着暗气，但只能抱着"打落牙齿和血吞"的姿态，赶紧一面解散湘军，自剪羽翼，一面令九弟曾国荃暂时解甲归田，规避风声。

同治五年（1866年）由于曾国荃参劾清廷安插在两湖的钉子湖广总督官文，清政府与曾国藩集团之间关系又一时紧张起来。京中御史、言官们不顾前线剿捻战场上的战事激烈，立刻纷纷上疏参劾曾国藩"督师日久无功""办理剿捻事宜不善"，甚至有的"疏中竟有'罪不容诛'等语"。②面对铺天盖地雪片似的弹章，曾国藩有的只能是心怀忧惧，忍气吞声，噤若寒蝉，自请处分，灰溜溜地退出剿捻战场。

更使曾国藩难堪的，是他在1870年对天津教案处理后引起的清议讥弹。在替清政府最高当局背了黑锅之后，慈禧太后竟落井下石，指责曾国藩"文

---

① 《曾文正公手书日记》，同治元年八月初三日。
② 《曾文正公书札》第二十四卷，第44页。

武全才，惜不能办教案"，^①并于同年八月三日下令将他调回两江总督之任，派李鸿章接任直隶总督，复查天津教案。这无疑等于公开向世人宣布，天津教案完全是曾国藩个人办坏的，由于他的软弱无能，才使清政府不得不中途换人。

天津教案办结以后，言官们操纵的社会舆论一时大作，"诟詈之声大作，卖国贼之徽号竟加于国藩"。^②"物论沸腾，至使人不忍闻。""谤讯纷纷，举国欲杀。"^③"'汉奸''卖国贼'之声复洋洋盈耳。""积年清望几乎扫地以尽矣。"^④言官们的攻击，终于击垮了这位中兴的能臣，一年后，他即在痛苦与懊丧、悒郁中去世。这正应验了古人的"千夫所指，无病而死"的预言。

清政府对这次天津教案事件的处理，与上次剿捻时对待曾国藩的态度如出一辙。这种"狡兔尽，走狗烹"的做法不能不在努力做点实事的洋务派们的心上留下阴冷的暗影，使他们在处理洋务上畏首畏尾，不敢越雷池一步，而动辄得咎自讨苦吃。

因循粉饰，做表面上的文章，从此成了在残酷事实面前不得不顾虑自身后果的洋务派们的头号选择。

事实上，对于清政府这种以清流抑洋务的做法，洋务派早就显露出了极大的不满。

郭嵩焘在给曾国荃的信中就说，"历观言路得失""敢直断言曰：'自宋以来，乱天下者言官也。废言官，而后可以言治'"。"唐宋之言官虽嚣，尚不敢及兵政。南渡以后，张复仇之议，推陈兵事，自诸大儒倡之。有明至今承其风，持兵事之短长尤急。末流之世，无知道之君子正其议而息其

---

① 徐凌霄、徐一士《曾胡谈荟》，《国闻周报》第六卷，第38期。

② 徐凌霄、徐一士《曾胡谈荟》，《国闻周报》第六卷，第38期。

③ 萧一山：《曾国藩传》，第4页。

④ 徐凌霄、徐一士《曾胡谈荟》，《国闻周报》第八卷，第50期。

辩，覆辙相寻，终以不悟。"他进一步就现实情况发牢骚道："文宗初基，东南糜烂，天下岌岌。朝廷怀恐惧之意而出之以端简，百官慑于大难之骤兴，瞻顾却立，而抑不敢肆其嚣嚣。金陵之功甫成，士大夫谓自是可以长亭无事，而议论嚣然。言路之气日张，时事亦愈棘矣。"①怨忿之气跃然纸上。

曾国藩在私下更有痛斥清流，以言误国之说："自南宋以来，天下为士夫劫持。凡一事兴作，不论轻重，不揣本末，先起力争。孱暗之君，为其所夺，遂至五色无主。宋、明之亡皆以此。"②

然而，面对言官大放厥论，曾国藩却不敢抗辩，也不能抗辩。因为，他深深地知道，敢于向事臣们发起汹汹进攻的清流后面，有一个强有力的手在为他们支撑着腰，不辩还罢，愈辩受祸越大。他只能感叹自己："鄙人本无子路好强之资，又恐运气不济，每讼辄输，用是敛退。"③他写信告诫李鸿章："末世气象，丑正恶直，波澜撞激，仍有寻隙报复之虑。苟非极有关系，如粪桶捐四千万之类，断不能不动气相争，此外少有违言，即可置之不问。"他劝李鸿章对不平之事少辩为好，总之"德门兄弟荣戟，功业煊赫，高明之家，鬼神亦忌，总宜处处多留余地，以延无穷之祜"。④

1870 年 9 月 30 日，李鸿章代替曾国藩就任直隶总督兼北洋大臣。一时间，他"坐镇北洋，遥执朝政，凡内政外交，枢府常倚为主，在汉臣中，权势为最巨"。⑤

但是，李鸿章深知，"备位近畿"，必得"要路之助"，才能立足。然而，他环顾左右，触绪增悲。他师事近 30 年，"患难相依最久，难艰时局赖其支持"的曾国藩，不幸在言官攻击下心力交瘁，突然去世，这使他"忧

---

① 郭嵩焘：《养知书屋文集》第十卷，光绪十八年刊，第 29、30 页。
② 赵烈文：《能静居日记》，同治六年六月十八日。
③ 《曾文正公书札》第 24 卷，第 44 页。
④ 《曾文正公书札》第 24 卷，第 43 页。
⑤ 刘体智：《异辞录》卷二，中华书局 1988 年版，第 84 页。

悸欲绝", "夜阑依斗, 辄用愀然"。此时此刻, 他已成为洋务运动的柱石, 对于失去恩师的余荫, 他心中的苍凉之感, 可想而知。在朝中支持他的恭亲王奕䜣, 也在慈禧的排挤下, "晃荡不能立足"。

在朝廷内部, 慈禧对奕䜣采取了两面政策。一方面, 借重他的才干, 让他主持"权而要"的军机处和总理衙门; 另一方面, 又用守旧势力奕谔、李鸿藻来牵制他。

奕谔是道光第七子, 奕䜣同父异母弟, 慈禧的妹夫。奕谔"疾其兄之专权, 久有眈眈之意"。慈禧将他拉过来, 使之成为奕䜣的反对者。

李鸿藻咸丰进士, 曾被慈禧指定为其子载淳的师傅, 1864 年擢内阁学士, 署户部尚书。1865 年, 慈禧将之派入军机处, 使之同奕䜣唱反调。

奕䜣"当国, 阴行肃顺政策, 亲用汉臣", 李鸿章"尤其倚赖"。[①] 然而, 奕谔、李鸿藻却秉承慈禧意旨, 抑制奕䜣及其所依赖的李鸿章。

1875 年 1 月, 同治帝载淳病死, 慈禧为了继续垂帘听政, 独揽大权, 强立奕谔之子、年仅 4 岁的载湉为帝, 改元光绪。

奕谔"挟太上之尊, 树用私人, 结党相倾, 恭王之势渐孤"。[②] 李鸿藻也依仗军机大臣的职权和门生故吏众多的条件, "引荐端士", 把大批新进的御史、翰林聚结在自己的周围, 议论风发, 专事搏击, 矛头直指洋务大员李鸿章等辈。

当时的清流派, 活跃无比, 有"四谏""十朋"之名称。其中, 张之洞、张佩纶尤为李鸿藻所激赏器重。时人有云: "二张一李, 内外唱和, 张则挟李以为重, 李则饵张以为用, 窥探朝旨, 广结党援。"[③] 他们"排斥异己", 主张整饬朝纲。因而在同光之际, 针对奕䜣、李鸿章的政潮迭起。

1872 年, 御史李宏谟奏请直隶添设巡抚, 意在分李鸿章之权力。

① 刘体智:《异辞录》卷二, 中华书局 1988 年版, 第 82 页。
② 李慈铭:《越缦堂日记》下, 第 32 页。
③ 李慈铭:《越缦堂日记》下, 第 32 页。

11月28日，邸钞刊登上谕说："御史李宏谟奏直隶政务日烦，请添设巡抚一折，着军机大臣会同该部议奏。"①

按清制，早在乾隆二十八年就裁撤了直隶巡抚，巡抚事务由总督兼任。李鸿章就任直隶总督兼北洋大臣刚刚两年，李宏谟就奏请直隶添设巡抚，显然是清廷有意削弱李的权势，让人一眼就能看穿个中奥秘。

李鸿章致函友人，大发牢骚：

直省添设巡抚，言者三条，细按均未著实。吏治须藩臬帮助，巡抚只多一办例稿之人，即多一意见掣肘之人。军务本总督专责，巡抚无兵亦不知兵，从何策应？河工虽钦差大臣防护，亦不能不溃决。京官不识外事，偏又喜谈外事，言之娓娓动听，丝毫不关要害。若为复设三口游说，更为诡诈难测，官民皆穷，万万供养不起。曾文正于归并通商时，曾力持不可添巡抚之议。不料旧话重提，新样大翻。②

幸而，军机大臣文祥与吏部意见相左。他坚决反对在直隶复设巡抚，廷议才最后同意维持现状。

1873年7月底，李鸿章在写给沈葆桢的信中透露："添设保定巡抚之议，闻系旁人觊觎添缺，遂不顾事理之当否。吏部尚欲准行，经枢垣文相力持不可，似专为迁就敝人者。其实有两京兆分管二十四州县，热河都统分管承德府，直省何曾仅止一督？郭筠仙谓督抚同城，为我朝弊政，与尊论同，非久为历练者无此卓识也。"③

直隶添设巡抚一事刚刚结束，光绪初年，在政坛上又发生了"扬左抑李""暗倾恭邸"的事件。

1880年，清流要角、御史邓承修上呈《时局艰危请饬调辅臣入赞枢密

---

① 李慈铭著、吴语亭编注：《越缦堂国事日记》，第973—974页。

② 李鸿章：《李文忠公全书》朋僚函稿，卷十二，第33页。

③ 李鸿章：《李文忠公全书》朋僚函稿，卷十三，第12—13页。

折》，严厉指责以奕䜣为首的军机大臣泄沓失职，并且建议饬调远在新疆、"志虑忠纯"的左宗棠进京，"委以军国之大柄，使之内修政事，外揽兵权"。他声称，"当今要务，莫逾于此"。醇亲王奕譞也"认为左胜于李"，主张让左宗棠"入赞纶扉"。①奕譞对军机大臣说："湘淮素不相能，朝廷驾驭人才正要如此。似宜留双峰插云之势，庶收二难竞爽之功。否则偏重之迹一著，居奇之弊丛生。"这种主张，活生生地表达出了以慈禧为首的中央政府对地方洋务派的牵制策略与主张。

在奕譞和清流派看来，左宗棠作为一个湘军领袖，同淮系首领李鸿章积嫌甚深，加之手握重兵，名动公卿，对外"锋颖凛凛向敌"，召之进京，既有利于应付因伊犁交涉而激化了的中俄矛盾，又能借助之以牵制或代替李鸿章和奕䜣。所以有人说："至持清议诸臣以外交事素不惬鸿章所为，知宗棠持议与鸿章左，益扬左以抑李。"②

左宗棠入京后，"明代沈相（沈桂芬），暗倾恭邸，其势其焰，几于桓温"。③走马上任的左宗棠意气风发，立意说服清廷"从新鼓铸，一振积弱之势"，决心大干一场。他提出了"河道必当修，洋药必当断，洋务必当振作"的施政纲领，并力图付诸实施。然而，他也遇到同李鸿章一样的问题，"成例具在，丝毫难于展布""有所建白，亦为同僚所尼，多中辍"。④

责之专而掣其肘的，恰好也是一帮清流人物。张佩纶、张之洞抓住左宗棠的弱点，大肆攻击，上折攻击其"行径粗率，任性自便"，做事浮夸。本来对左寄予希望的奕譞，见其衰惫，也不免爽然。左宗棠很快发现自己陷入了困境，他致函友人曾说："前之集矢合肥（李鸿章）者，今又以弟

---

① 刘体智：《异辞录》卷二，中华书局 1988 年版，第 80 页。
② 秦翰才：《左宗棠逸事汇编》，第 78 页。
③ 秦翰才：《左宗棠逸事汇编》，第 75 页。
④ 《左文襄公全集》书牍，卷二十五，第 38 页。

为众射之的矣。"①

1881 年 10 月 28 日，清廷按奕谟之意，外放左宗棠为两江总督兼南洋大臣。左宗棠在政坛角逐中也如清廷的一枚棋子，无用即弃，归于失败。

1884 年 4 月，慈禧利用"清议"，借机果断黜退奕䜣，全部改组政府，以绝对听从她命令的礼亲王世铎为军机大臣，庆郡王奕劻主持总理衙门，"遇有重要事会同醇亲王商榷行之"。"甲申易枢"犹如"晴天霹雳，不及掩耳"，弄得人心惶惶。

是年 5 月，翰林院编修梁鼎芬上疏，弹劾李鸿章有可杀之罪。虽然慈禧、奕谟没有因此惩问李鸿章，也没有像对待奕䜣那样收其权力，但这件事足以使李鸿章心有余悸。

对于"言路纷庞，风波迭起"，李鸿章感到颇为"寒心"。

清廷和慈禧太后不但不能充分支持洋务派，而且不时掣肘，关于这一点，就是当时的守旧官员们也看得清清楚楚。翰林院编修丁立钧在上慈禧太后的一份奏折中就写道："自同治初年蓄此邪议（指兴办洋务），浸淫酝酿以至于今，垂三十年而不得一逞者，皆以我皇太后主持坚定，抑而不行。"②

因此，洋务派不仅对顽固派、清流派不满，对慈禧太后也充满了怨愤。

李鸿章在给郭嵩焘的一封信中就指出："都中群议，无能谋及远大，但以内轻外重为患，欲收将帅疆吏之权。"翻开李鸿章的《朋僚函稿》，此类不满之辞真是屡见不鲜。对此，李鸿章曾一度寄希望于光绪亲政："但冀因循敷衍数十年，以待嗣皇亲政，未知能否支持，不生他变。焦悚莫名。"③

面对奕䜣倒台、奕谟"阴握朝纲"的现实，李鸿章不得不决定趋承慈禧、

---

① 《左文襄公全集》书牍，卷二十五，第 38 页。
② 《中国近代史资料丛刊·洋务运动》第一册，第 256 页。
③ 李鸿章：《李文忠公全书》朋僚函稿，卷十五，第 10 页。

逢迎奕譞。把洋务事业放在其次，固宠求容就成为他后十余年的主要功课。这样一来，中国的洋务运动，实际上从"甲申易枢"开始就已经停滞了下来，走上了它的末路。反观洋务运动的主要业绩，主要倒是前20年时洋务派意气风发、尽心竭力的结果。此后，洋务派也在清政府的抑制政策下变得暮气因循。

凡事不进则退，洋务运动很快走上了它的破产之路。

五

洋务运动晚期的举动，似乎只有创办北洋海军一件大事值得一提了。

北洋海军的兴建，成为李鸿章洋务事业回光返照的一个耀眼之点。

中法战争结束后，在水师惨败的血的教训中，清政府认识到了海防实力的重要，下决心成立海军衙门，决定"大治水师"。①

1885年9月26日，李鸿章奉诏进京，专门就海军衙门一事进行召对。

历史的机遇似乎再一次对李鸿章格外垂青。环顾政坛，由于恭亲王奕䜣的倒台和左宗棠的去世，权力的天平发生了很大变化，当时与淮系并列的中枢和湘系这两大洋务集团中，已经没有能和李鸿章抗衡的人物了。所以，海军衙门的实权，必然落在李鸿章的手里。

李鸿章对此充满了希望。他在给曾国荃的信中说：我这次在北京逗留两旬，受到五次召见，就当前事务陈述己见。可惜我太过愚笨，没能琢磨透上面高深莫测的想法。依我看来，慈圣和醇邸已决心改革政治，皆因中法战争的失败，真乃塞翁失马，焉知祸福矣！

但是，李鸿章高兴得太早了。

1885年10月，清政府正式设立海军衙门，任命醇亲王奕譞为总理海

---

① 《中国近代史资料丛刊·洋务运动》第2册，第560页。

军事务大臣，庆郡王奕劻任督办、李鸿章为会办，善庆与曾纪泽为帮办，意在统一各支海军的指挥权。在海军衙门中，李鸿章仅仅取得了个会办大臣的职位，海军衙门的大权，掌握在以醇亲王奕谭为代表的满族皇室的手中。

据当时人记载，奕谭"当国十余年，所设施者有三大政：增加旗饷，以固本也；兴办园工，以希宠也；大练海军，以强国也"。[①] 在三大政中，增加旗饷没能做出成绩，不过是打出面旗帜以安抚旗人而已；大练海军更是一件吹牛皮的事情；倒是挪用海军经费大修颐和园以献媚老佛爷——慈禧太后以求固宠倒是做得有声有色，很是到位。

据研究甲午战争史的著名专家戚其章先生统计，到 1894 年甲午中日战争爆发为止，清政府用于颐和园工程的库平银约 1100 多万两，其中挪用的海军经费约 860 万两。此外在皇城内修复三海（即北海、中海和南海）工程上，又挪用了海军经费 436.5 万余两。因此，当时的朝野舆论，纷纷把海军衙门干脆叫做"颐和园工程处"。按当时通用货币计算，英德制造一艘最上乘的战舰大约需要花费 50 万两白银，这样看来，为满足慈禧个人享乐欲望花费的白银，是足以让清帝国拥有 20 多艘当时世界上最先进的战舰了。

天灾耶？人祸耶？

洋务运动末期，李鸿章发展海军的计划，不仅被奕谭挪用军费大兴园工而受到磨难，而且申请经费还多次受到户部的刁难。这样海军成军后，就基本上处于停滞的状态。

由于海军经费被奕谭大量挪用，结果从 1888 年到 1894 年甲午战争爆发，北洋海军竟然没有再添购一艘新式战舰，甚至也没有能力在现有的战舰上再更换一门新式快炮。正是在这短短的关键几年中，日本的海军实力却迅速赶上并超过了中国的北洋海军。

---

① 刘体智：《异辞录》卷三，中华书局 1988 年版，第 178—179 页。

据史载，当时任户部尚书的翁同龢，也因与李鸿章前有嫌怨，在发展北洋海军一事上对李鸿章大加裁抑，高唱对台戏。

例如，1891 年 6 月，北洋海军成军未久，李鸿章奏请在胶州、烟台添筑炮台，刚获上谕批准，户部上书翁同龢就以户部的名义，奏准暂停南北洋购买外洋枪炮、船只、机器两年。

对于这样的掣肘举动，李鸿章极为愤懑，但也只能在给友人的信中发发牢骚而已："看到户部新发下来的'裁勇及停购船械之议'，这正好与朝廷诏书整顿海军的意思相违反。宋人有言：'枢密方议增兵，三司已云节饷。'军国大事，岂能如此各行其是而不相谋。"

台湾巡抚刘铭传闻此也顿足叹道："人方忌我，我乃自决其藩，亡无日矣！"

据当事人王伯恭回忆，中日冲突方起之时，他曾向翁同龢指出中日军力相差甚远，中国不宜开战。

不料，翁同龢却回答道：

"合肥治军数十年，屡平大憝，今北洋海陆两军，如火如荼，岂不堪一战耶？"

他不可遏制地道出了自己的真正心声："吾正欲试其良楛，以为整顿地也。"

如此，翁同龢一面极力在经费上裁抑李鸿章，一面极力鼓动光绪皇帝对日宣战，不能不让人怀疑他的真实目的不是从大清国的真正利益出发，而是要逼李鸿章与日一战，看其笑话，找其缺失，以做修理他的准备工作呀！这种以国家大事开玩笑，以正当名义干其个人阴谋的勾当，不能不令人感到惊诧与难解。

据胡思敬在《国闻备乘》的"名流误国"一书所记：

甲午之战由翁同龢一人主之。同龢旧傅德宗，德宗亲政后，以军机大臣兼毓庆宫行走，尝蒙独对，不同值诸大臣不尽闻其谋。通州张謇、瑞安黄绍箕、萍乡文廷式等皆名士，梯缘出其门下，日夜磨砺以须，思以功名自见。及东事发，咸起言兵。是时鸿章为北洋大臣，海陆兵权尽在其手，自以海军弱、器械单，不敢开边衅，孝钦以旧勋倚之。骞等仅恃同龢之力，不能敌也。于是廷式等结志锐密通宫闱，使珍妃进言于上，且献夺嫡之谋。妃日夜恧恧，上为所动，兵祸遂开。既而屡战不胜，敌逼榆关，孝钦大恐，召同龢切责，令即日驰赴天津诣鸿章问策。同龢见鸿章，即询北洋兵舰。鸿章怒目相视，半晌无一语，徐掉头曰："师傅总理度支，平时请款辄驳诘，临事而问兵舰，兵舰果可恃乎？"同龢曰："计臣以撙节为尽职，事诚急，何不复请？"鸿章曰："政府疑我跋扈，台谏参我贪婪，我再哓哓不已，今日尚有李鸿章乎？"同龢语塞，归乃不敢言战。后卒派鸿章东渡，以二百兆议和。自是党祸渐兴，杖珍妃、谪志锐、罢长麟，汪鸣銮、同龢亦得罪去，骞及廷式皆弃官而逃，不敢混迹辇下。德宗势日孤而气日激，康、梁乘之，而戊戌之难作矣。①

李鸿章的幕僚周馥曾如此描绘双方的斗争：

部臣惜费，局外造谣，余益知时事难为矣。一日余密告相国（指李鸿章）曰："北洋用海军费已千余万，军实不能再添。照外国海军例，不成一队也。倘一旦有事，安能与之敌？朝官皆书生出身，少见多怪，若请扩充海军，必谓劳费无功。迨至势穷力绌，必归过北洋，彼时有口难诉。不如趁此闲时，痛陈海军宜扩充，经费不可省，时事不可料，各国交谊不可恃。请饬部枢统筹速办。言之而行，此乃国家大计幸事也。万一不行，我亦可站地步。否则人反谓我误国事矣。"相国曰："此大政，须朝廷决行，我力止此。今奏上，必交部议，仍不能行，奈何？"……后中日事起，我军屡败，兵舰尽毁，人皆谓北洋所误。逾数年……太后问及前败军之故，余将户部掯费、言者掣肘各事和盘托出，并将前密告李相国之言亦奏及。且谓李鸿章

---

① 胡思敬：《国闻备乘》卷一，四川人民出版社 1985 年版，第 230—231 页。

明知北洋一隅，不敌日本一国之力，且一切皆未预备，何能出师？第彼时非北洋所能主持。李鸿章若言不能战，则众唾交集矣。任事之难如此。太后、皇上长叹曰："不料某（指翁同龢）在户部竟如此！"

翁同龢的这种作为，是在为国家争是非，还是为个人斗心机呢？看罢此史料，真真令人有愤愤不已之感。

六

冬日的余晖下，李鸿章饱经沧桑的、清瘦的面庞显得更加忧郁。

其实，对于甲午战争的失败，他的心中一定比谁都更加苦涩。他的朋友吴汝纶回忆说："平壤之败，李相痛哭流涕，彻夜不寐……及旅顺失守，愤不欲生。"

也许，在贤良寺赋闲的岁月里，李鸿章曾想起他在日本马关与伊藤博文私下谈话的情景。

当时，伊藤博文不无调侃地对他说道，当年中堂大人是何等的威风，谈不成就要打，如今真的打了，后果又怎么样呢？我临行前曾经给过大人一句忠告，希望贵国迅速改革内政，否则我国必定后来居上。如今十年过去，我的话灵验了吧。

李鸿章想起了他苦涩的回答：改革内政，我也不是不想做，但我们国家太大，君臣朝野人心不齐，不像贵国上下一心，同志有为。如果我们两人换个位置，都设身处地地为对方想一想，结果会怎么样呢？

李鸿章记起了伊藤博文很认真地回答：中堂的才能世人都佩服，如果你是我，在日本一定干得比我强；如果我是你，在中国不一定会干得比

---

① 姜鸣：《天公不语对枯棋》，三联书店2006年版，第28页。

你好。

李鸿章想到这里，已经是不自觉地泪流满面。

李鸿章可能又想起了他在甲午战败后读到的日本海军司令给北洋水师提督丁汝昌的一封信。信中写道：

大日本海军总司令官中将伊东祐亨，致书与大清国北洋水师提督丁军门汝昌麾下：时局之变，仆与阁下从事于疆场，抑何不幸之甚耶？然今日之事，国事也，非私仇也；则仆与阁下友谊之温，今犹如昨，仆之此书岂徒为劝降清国提督而作哉？大凡天下事，当局者迷，旁观者审……清国海陆二军，连战连败之因，苟能虚心平气以察之，不难立睹其致败之由。以阁下之英明，固已知之审矣。至清国而有今日之败者，固非君相一己之罪，盖其墨守常经不谙通变之所由致也。夫取士必由考试，考试必由文艺，于是乎执政之大臣，当道之达宪，比由文艺以相升擢；文艺乃为显荣之阶梯耳，岂足济夫实效？当今之时，犹如古昔，虽亦非不美，然使清国果能独立孤往，无能行于今日乎？前三十载，我日本之国事，遭若何之辛酸，厥能免于垂危者，度阁下之所深悉也。当此之时，我国实以急去旧治，因时制宜，更张新政，以为国可存立之一大要图。今贵国亦不可以不去旧谋为当务之急，亟从更张。苟其遵之，则国可相安；不然，岂能免于败亡之数乎？与我日本相战，其必至于败之局，殆不待龟卜而已定之久矣……①

在当时读到此信件时，李鸿章一时还无法弄明白这位日本军人为什么会在这样的时刻与自己的战争对手谈论主题如此重大的国家政治问题。

现在，他终于明白了。

大清国的病症出在政治制度上。如果不改革国家的现行政治制度，再举办几次以富国强兵为目的洋务自强运动，其结局还是逃脱不了一个失败

① 王芸生编：《六十年来中国与日本》第二册，民国二十年，大公报出版，第197—198页。

破产的命运。

李鸿章不是一个揣着明白却会装糊涂的人。

他辛辛苦苦，孜孜矻矻努力了 30 余年，原来却是一场春梦。醒来后才发现自己用错了药方。

曹孟德的"老骥伏枥，志在千里，烈士暮年，壮心不已"的豪言壮语，已经不能再打动这颗久经风雨的、疲惫的心灵了。

孔圣人说："七十从心所欲不逾矩。"但李鸿章认为他做不到。

上一年光绪皇帝发起维新变法运动的结果还历历在目。保守势力占据着大清国这艘快要覆沉的"泰坦尼克号"上的绝大多数地方，真正醒来的人只是少数。如果醒来的有数几个人，高喊危险，让人们弃船逃命，那些守旧力量会立刻起来将之置于死地。菜市口戊戌六君子的血迹不是还鲜红地留在那里吗？

李鸿章终于垮了下来。

对于国事，他第一次表现出了绝望的情绪。

1899 年底，李鸿章外放两广总督，离开了贤良寺。

次年，义和团开进北京，遍地设坛，滥杀洋人。朝廷中的保守势力怂恿慈禧利用团民来对付列强的压力，以达到废黜光绪皇帝的政治目的。一时间，京师大乱。俄、英、德、法、美、日、意、奥组成八国联军，借口保卫使馆与侨民，向北京进发。慈禧、光绪两宫仓皇辞庙西逃。大清国这艘危船终于驶进了斯库拉和卡律布狄斯大海峡，随时都有被大漩涡或巨海怪吞没的危险。

1901 年，在清廷的再三催逼下，李鸿章又回到了让他赋闲五年有余的地方——京师贤良寺。在这里，他用尽了全部余力，与列强签订了几乎灭亡中国的《辛丑条约》，换得了保全清政府继续统治神州这块大地的保证牌。

这一次，他真的完全垮了，不仅是心理上，而且还表现在身体上。

他流着眼泪，哀鸣不已。"我能活几年，当一天和尚撞一天钟，钟不鸣了，和尚亦死了。"对国家前途表现出极端绝望的情绪。

签约之后，李鸿章彻底病倒了。他在给朝廷的奏折中写道：

臣等伏查近数十年内，每有一次构衅，必多一次吃亏。上年事变之来尤为仓促，创深痛巨，薄海惊心。今议和未成，大局少定，仍望朝廷坚持定见，外修和好，内图富强，或可渐有转机。譬诸多病之人，擅自调医，犹恐或伤元气，若再好勇斗狠，必有性命之忧矣。

这是他对清政府的最后忠告。

不久，李鸿章就带着幽怨遗恨离开了人世。

传说，他死不瞑目。

是带着对大清国前途的忧思气绝？还是对他洋务事业未竟的遗恨故去？

历史，给人们留下了尽可去想象的空间。

李鸿章临终前，曾经留诗一首：

> 劳劳车马未离鞍，临死方知一死难。
>
> 三百年来伤国乱，八千里外吊民残。
>
> 秋风宝剑孤臣泪，落日旌旗大将坛。
>
> 海外尘氛犹未息，诸君莫作等闲看。

7年后，光绪、慈禧几乎同时去世，少壮亲贵当权，清王朝气数已尽。

又3年，武昌起义敲响了大清帝国的丧钟。

洋务运动的破产与清帝国命运之间的关系终于揭秘，徒留给后人无限的惆怅。

有术无识非国器

——荣禄辅弼得失考

　　古今中外大量历史事实表明，和平时期，武装力量没有显现出有多么大的重要性，然而在激烈的政治斗争中，离开了武装力量，却是万万不能成事的。戊戌变法期间，荣禄出任直隶总督兼北洋大臣，控制着京畿地区主要军事力量，手握兵权，坚定地站在慈禧太后的一方，成为后党取胜的决定性力量，这是他一生仕途腾达的主要秘诀。

一

　　继奕䜣、奕譞之后，清朝高层统治集团中又产生了一位足智多谋、官运亨通的重要人物，他就是满洲正白旗人荣禄。

荣禄，字仲华，别号略园，1836年出生于居满洲八大姓之首的瓜尔佳氏这个官宦世家之中。开国元勋费英东被公认为荣禄的先祖，他在追随清太祖努尔哈赤征战的过程中，出生入死、冲锋陷阵，战功赫赫，成为努尔哈赤的辅政五大臣中的重要一员。荣禄的祖父塔斯哈阵亡于平定噶尔丹分裂国家的平叛中，父亲长寿则战死在太平天国战乱中。

满门忠烈，正是铺就荣禄日后仕途飞黄腾达的基石。

咸丰二年（1852年），因为祖父辈们功绩的荫护，年仅16岁的荣禄便"由荫生以主事用"，供职于工部。靠着先人们的荫护，荣禄从此踏上了晚清的仕途。

二

少年得志的荣禄，可谓是春风得意。

但是，对于一个才刚刚16岁的青少年而言，轻而易举得来的官职又有什么意义呢？孩子时代纯真的天性过早地被社会异化泯灭，而代之的是晚清浑浊无比、腐败不堪的官场习气以及官场上尔虞我诈、朋比为奸的人际关系。

另一方面，自幼踏入官场的经历，确也为荣禄积累了大量的经验和教训，这是他能够有足够时间消磨揣摩，也有时间从容疗伤和从低谷中走出。

刚刚踏入仕途、在工部任职的荣禄还没有品尝到世间人情的叵测和政治斗争的凶险，可谓是一帆风顺，平步青云。命运似乎格外垂青这位涉事未深的少年。在工部任主事5年后，管理用于接待外使以及国家庆典时所用的银两、绸缎以及颜料的三库员外郎出缺（也即户部银库员外郎），按照惯例，应由各部堂官推举合格的人员，于是各部官员一致荐举了荣禄。

史书上没有具体记载为什么这些官员们特别看重荣禄的原因，对于一个刚刚年仅20出头的翩翩少年，能够得到这一职位确实让人匪夷所思，但机遇的女神就是这样眷顾他。无法不令人艳羡。

更重要的是，由于这次升迁，咸丰皇帝开始认识了他。每次上朝时，高居朝堂之上的咸丰皇帝看到堂下的荣禄，必定要向身边的中枢大臣询问："那边站立的是荣禄吗？"可见咸丰皇帝对这名少年的关切之心。

一天，咸丰皇帝将荣禄传到军机处。皇上亲自接见，自然使少年荣禄受宠若惊，当他怀着激动而又惶惶不安的心情去觐见咸丰皇帝时，紧张得几乎说不出话来。好在咸丰皇帝当时只是问了他一些关于日常生活以及处理公务的事情。随后，咸丰帝便问起其祖父之死的事情，想起先祖，荣禄禁不住声泪俱下，咸丰皇帝也想起荣禄父祖曾为清王朝所立下的汗马之功，不禁为之动容。

三

一帆风顺的日子转眼过去了。荣禄再也没有了从前那种时间上的从容与心态上的悠游。

官职越大，便意味着风险性愈高，越容易卷入政治斗争的漩涡而自拔不能。

自从出任户部银库员外郎后，荣禄便开始彻底失去了从前那种悠闲自得的生活。看来，做任何事情都是有得就有失，世间并无两全其美之法。官场的复杂、险恶，让年轻的荣禄开始学会了思索与变化，开始学着应付官场中各种复杂的人际关系，因而逐渐开始变得狡黠与圆融起来。

咸丰皇帝的最后数年间，太平天国运动与第二次鸦片战争的打击，彻底消耗尽了这位年轻君主的治国安邦的耐心和雄心。咸丰皇帝开始逃避于声色。许多以前由皇帝和军机大臣共同处理的军国大事此时均由几位御前大臣来处理，主要是载垣和端华来处理。但由于此二人生性优柔寡断，遇事常向肃顺请教，因此朝政重权实际掌握于肃顺手中。

前面书中肃顺一章中已经提到，肃顺为宗室官吏，隶镶蓝旗，郑亲王济尔哈朗的后裔。其父乌尔恭阿是济尔哈朗第十二代王爵继承人，乌尔恭阿死后，其爵位由三子端华袭封。肃顺是乌尔恭阿第六子，端华的六弟，他借着与端华的关系，得以接近咸丰皇帝，再加上他生性刚毅果断，所以很快就掌握了朝中大权。

荣禄调任户部时，他的顶头上司便是当时权倾一时的肃顺。连年的战争使国家的财政陷于匮乏。1859年2月，肃顺任户部尚书。不久，他即试图改革财政状况以增加国库收入。其中一项改革措施即是革除弊端，严厉打击贪污受贿、疏于公务的不法官员。1859年11月，肃顺逮捕了几个有贪污行为的管钱局的主管官员，并下令监禁与这些官员有勾搭的户部人员。一个月后，恭亲王奕䜣的一名家人因与某官钱局有关被拘捕。1859年年底，户部衙门失火，几乎焚毁殆尽，肃顺认为，这是由几个铤而走险的户部官员所为，以便销毁罪证。于是，他坚持将这些官员处以极刑。荣禄便是其中之一。面对飞来的横祸，荣禄赶忙找到祖、父的老关系，设法疏通，总算躲过了这场杀身之祸。这场灾祸极大地教训了荣禄，使他进一步认识到官场的险恶与无情。荣禄于此意识到，要想在宦海安渡而不至沉没，就必须谨慎、谨慎、再谨慎。此案告一段落后，荣禄便以捐输军饷的名义花钱买了一个直隶候补道的头衔，闭门闲居以避祸。初入政坛的喜悦随着官场的浮沉而一去不返。

四

在政治斗争中，有人失势，就有人得势。对于荣禄来讲，便是慈禧与肃顺集团斗争的受益者。

肃顺被杀后，闲居避祸的荣禄顿时感到轻松，开始跃跃欲试。经过先前的政治大难，荣禄已经变得成熟多了。他在等待时机，以便图谋再起。

苍天不负有心人。

恰巧，1861 年年底，掌权者慈禧太后认识到西洋武器装备先进之威力，命令奕䜣、奕譞组建神机营作为御林军。荣禄最佳复出机会降临。

神机营是清王朝第一支运用现代火器装备、仿照西洋方式训练的皇家军队。荣禄不失时机地将先祖遗传下来的阵图献给奕譞，得到奕譞赞赏，立即把他派到神机营当差，赏五品京堂，不久充翼长，兼专操大臣。这样，蛰居了两年的荣禄又再度复出，并且还幸运地攀上了日渐走红的亲贵醇亲王奕譞，找到了一个可以为他暂时遮风挡雨的后台大树。

荣禄不仅寻到了后台，而且开始握有跻身政治的资本——军队。虽然，此时他还不能全权领导这支皇家军队，但他掌握着实际的管理权。编练新式军队成为荣禄此后仕途不断飞黄腾达的一个重要法宝。荣禄深知这支军队对他的重要性，费心竭力地经营着这支队伍。所谓养兵千日，用兵一时，仅仅凭借着这一支军队还不足以帮助他达到仕途蹿升的目的，荣禄明白必须依靠这支军队来建立功业。

1865 年，直隶周边地区不断遭到土匪的骚扰，百姓怨声载道。荣禄亲自领兵，连续追逐匪军两个昼夜，最后将土匪尽数剿灭。从此，荣禄在京城中开始稍有名气。随后，在与捻军战斗过程中，荣禄受命在直隶参与镇压张宗禹部，并在剿捻中立下了重要功劳。次年，捻军被镇压。荣禄因屡立战功而受到大学士文祥的疏荐："荣禄系忠节之后，爱惜声名，如果授予他文职，必定胜任 。"[1]

也许是人各有命，荣禄是因世袭制度而起家，但在他第一次经受打击后，以军功而复出，可见，如同他的父祖，战争与军队在荣禄的仕途发展中起着关键的作用。因为军功，同治七年（1868 年），荣禄授京东巡防处都统；同治九年（1870 年），荣禄受命总管神机营事务，他任此职长达 9 年之久，同时他还兼任工部侍郎（1871—1873 年）；1873 年，又被调补户部，

---

[1] 杨剑利、张克勤、张长珍：《荣禄》，民族出版社 2003 年版，第 25 页。

任户部右侍郎兼管三库事务；第二年8月，荣禄被授总管内务府大臣，此后，他还兼任工部尚书（1878—1879年）及京师步军统领（1877—1879年）。在当时的清廷诸臣中，总管内务府大臣，其权位与御前大臣、军机大臣呈三足鼎立状。在预闻机密、参预决策中，甚至超过御前大臣和军机大臣。当时流传着这样的一句话："御前大臣班列最前，但尊而不要，军机则权而要，内务府则亲而要。"荣禄未满40周岁便位列显臣之尊，可谓是踌躇满志，前途似乎是一片光明。

五

在晚清官场上已经滚打摸爬了十余年的荣禄深知，要想仕途通达，就必须赢得大权独揽的慈禧太后的万般青睐。晚清高层社会中，这是每个官员向上爬的阶梯和敲门砖。经过多年的磨炼，荣禄早已不再青涩，善观风色，长于逢迎的做官本领已经较为熟练。

同治十三年（1874年）十二月，19岁的同治皇帝病逝，光绪皇帝即位，慈禧太后为确保自己继续垂帘听政，执掌清王朝最高政权，让光绪皇帝承续咸丰皇帝而不是同治皇帝之统，这样慈禧仍然是皇太后，仍可继续垂帘，否则就要成为太皇太后，不得再垂帘听政，这是一方面。另一方面，此举也就等于将同治皇帝作为断统绝后的处理，慈禧心中也不好受。善于揣度心思的荣禄及时察觉到慈禧太后内心深处的这种想法，于是，他在上朝的时候不失时机地"吁请今上生有皇子，即承穆宗"。这一请求让处于紧张状态的慈禧太后流下了感动的眼泪，慈禧太后委婉地应允了荣禄的建议，授意他去办理此事。

荣禄的又一个重大机遇迅速降临。

当时，朝廷的政治斗争非常激烈。

咸丰皇帝死后，慈禧太后联合恭亲王奕䜣发动政变夺取政权时，势单力薄，不得不依靠奕䜣帮助她渡过难关，因此委他以重任。但是，以慈禧太后的为人，绝不会允许奕䜣集团长期存在以威胁到自己的权力。她一方面不断寻找借口，刁难打击奕䜣；另一方面启用醇亲王奕譞和同治帝的师父、内阁大学士李鸿藻等人，以牵制和削弱奕䜣的势力。表面上和睦的慈禧与奕䜣叔嫂之间实际上隐藏着水火不容的矛盾。尽管慈禧太后总揽大权，但重大的事情还是需要与奕䜣商讨，需要经过奕䜣之手，像新皇帝即位之事。慈禧知道要想达到目的，就必须要奕䜣出面。这样，她只能暗中授意荣禄去办理。荣禄秉慈禧之意请恭亲王奕䜣出面，奏请慈禧太后颁发诏书：俟嗣皇帝有子，承继同治皇帝。奕䜣虽不情愿，但在国家大事面前，谁敢怠慢？只好照办。光绪元年（1875 年）一月二十二日夜，慈禧决定过继他的外甥载湉入承大统时，即派荣禄率军将幼主从奕譞家中护送至宫中。于此可见慈禧当时对荣禄的信任。荣禄在同治皇帝死后，清统治集团争夺皇位继承权的斗争中，为慈禧太后的再度垂帘听政大效其力，从此，荣禄成了慈禧的宠信，在光绪朝获得更快的升迁。

六

　　光绪四年（1878 年），荣禄被派充紫禁城值年大臣。不久，迁都察院左都御史，旋擢工部尚书。正当荣禄在光绪朝飞黄腾达之际，厄运女神再度降临，仕途再遭错折。他不得不以养病为名，请旨回家休养，光绪五年（1879 年），辞去一切职务。

　　关于荣禄的这次归隐，翁同龢说是因为荣禄的腿有毛病，西洋的外科医生曾经为他做过手术，所以他的腿一直不太利落。按照常情推理，一个人做官久了，找个机会休息休息，这也属于正常之举。然而，根据正史的记载以及其他材料的辅证，荣禄这次再遭厄运，是因为他不小心直接得罪了慈禧太后。

　　事情起因是：慈禧太后曾经想自己挑选宫监，荣禄上奏说这种做法不符合祖制，反对慈禧自选太监，引起慈禧太后不满。此时，恰好侍读学士宝廷上奏说满汉大臣兼差多，不利于朝廷管理，慈禧遂借机罢免了荣禄的工部尚书，还革去其内务府总管大臣的差使。但是慈禧太后仍觉难消心头之怨，便又授意了御史弹劾荣禄收受贿赂。御史是晚清官场斗争胜负的晴雨表，当最高统治者要整倒自己的政敌时，便会利用御史笔伐口诛，往往效果出奇得好。荣禄因此又受到降二级处分，由提督降为副将。这意味着他一旦再度被起用时，官职也低于离职之前。

经过了沉浮、荣辱、复杂的政治倾轧，荣禄再度回到了淡漠平静的生活中。在北京城中，他暂时过起了闲适的生活，时而同心腹幕僚扶仗漫步，下棋谈天；时而同几个文人骚客吟咏风花雪月，诗酒唱和；时而听莺垂钓，扁舟水塘；时而设宴园中，与妻妾子女共享天伦之乐；时而接待拜访宾客；时而欣赏京戏等，就是绝口不提政事，以表明自己的淡泊之志，不再过问政治。然而，随着生活的变迁，或许人的性格与个性可以改变，但人的天性却不会被磨灭。世外桃源的生活并不能减弱荣禄内心深处对权力的渴望和对政治越来越浓厚的兴趣。他在平静中等待着复出的机会。

七

光绪十年（1884年），中法战争的爆发，清政府需要添置武器，但迫于财政窘困，朝廷下令王公大臣出资赞助，荣禄随即向朝廷报效了一笔可观的银两，才蒙加恩开复处分。光绪十三年（1887年），荣禄再度被朝廷起用，清廷任命他为都统，一年后，充领侍卫内大臣、专操大臣等职务。或许是因慈禧对荣禄仍心怀芥蒂，或许是政敌对他的裁抑，虽历经数年，荣禄始终没能恢复以前的级别和地位。不仅如此，光绪十七年（1891年），荣禄还被遣离了清廷的权力中心北京，出任西安将军。在西安将军任上，荣禄组建了一支由500人组成的来福枪营，并且结识了后来的武卫军之一的甘军领导人董福祥。当时，董福祥正在甘肃提督任上，他曾跟随左宗棠收复阿古柏侵占的领地，挫败沙俄南下的阴谋，是晚清著名的军事将领。两人一见如故，并且结为兄弟。董福祥出身贫寒，为一介武夫，没有读过什么书，一切均视荣禄马首是瞻。

　　光绪二十年（1894年），慈禧太后举行六十大寿庆典。荣禄准备了一份十分丰厚的礼物，借为慈禧太后祝寿的机会，再次入京运动。此时甲午战争爆发，成为荣禄再握重权的契机。甲午战争爆发后，清军节节败退，山海关防军失利，京师震动，熟悉军事的荣禄疏陈"急固根本之策"，他说"驭夷不外和战二策，然必先以守战为本，而后能以和葳事……用兵不外战守二事，然必先以守为根本，而后能以战施功"，建议"特设巡防局，领以亲王，专决军务，简大臣督理五城团防，以安辇毂；选强将，统重兵驻京畿以备缓急"。①他提出的几项措施，皆为清廷一一付诸实施。荣禄亦因此机缘垂青，再授京师步军统领，受命拱卫京师。已经在宦海沉浮中完全成熟了的荣禄，这次终于抓住了他一生中最重要的一次机遇。近20年官场升沉的经历，磨去了荣禄的锋芒棱角，也使他懂得了一个再浅显不过的道理：在宦海险滩，要想保住已得的利益并获得更高的权位，那就必须紧紧地依靠慈禧太后。为了获得慈禧太后的眷顾，他在慈禧宠监李莲英跟前花了大笔的银票。有了李莲英做宫中奥援，终于渐渐地改变了慈禧太后对荣禄的不良印象，荣禄迅速成为慈禧太后的亲信大臣。在新成立的督办军务处中，朝廷先是令其会同商办军务，不久又命他在总理各国事务衙门大臣上行走。光绪二十一年（1895年），荣禄获迁兵部尚书。甲午战后，他曾疏荐袁世凯用西法在天津小站编练新军，即"新建陆军"。担任兵部尚书、协办大学士后，荣禄又疏请增练新兵，调甘肃提督董福祥入卫京师等。至此，荣禄总算如愿以偿，不仅恢复了原来的政治地位，又回到了清廷的权力中心，最重要的是得到了慈禧太后的完全信任，从此成为世纪之交晚

---

　　① 杨剑利、张克勤、张长珍：《荣禄》，民族出版社2003年版，第30页。

清政坛上最具实力者。

八

甲午战争中，"湘淮同悲"，李鸿章、刘坤一苦心经营20余年的湘淮军，在与日军的决战中，陆路溃败、丧师失地，一溃千里；海军则全军覆灭。这个事件，给中国近代社会带来了划时代的影响，也给晚清权力格局的重新调整创造了新的机会。

甲午战争后期，编练新军之议蜂起，清廷决心编练自己的军事力量，企图恢复太平天国前的政治局面。

对于"以武功定天下"的清王朝来说，还有什么比军备废弛更大的危机和悲剧呢？于是，朝廷下练兵自强诏："嗣后我君臣上下，惟期坚苦一心，痛除积弊，于练兵筹饷两大端实力研求，亟筹兴革，勿生懈志，勿骛虚名，勿忽远图，勿沿积习，务期事事核实，以收自强之效"。[1] 为此，清政府成立了以荣禄为中心的"督办军务处"，试图编练中央控制下的新军以取代地方的勇营，重建中央集权的军事支柱。督办军务处中，以恭亲王奕䜣为督办，庆亲王奕劻为帮办，户部尚书翁同龢、礼部尚书李鸿藻、步兵统领荣禄、右翼总兵礼部左侍郎长麟会同商办，而袁世凯亦调在督办军务处差委。其中奕䜣、奕劻是皇族，素不知兵；翁同龢、李鸿藻是文人，本无军事知识和经验，长麟亦无什么表现。惟荣禄自以为将门之子，雄心勃勃，且深得慈禧太后的信任，所以督办军务处的实权，实在荣禄之手。"这次要旨，是想培植一个像汉人军阀一样的能控制整个大局的满洲亲贵。结果

---

① 朱寿朋编：《光绪朝东华录》（四），中华书局1984年版，总第3595页。

承继李鸿章军阀的，不是满洲亲贵而是袁世凯。"①

在这场军事变革潮流中，荣禄应运而起。凭着自己灵敏的政治嗅觉与对军权的认识，荣禄感到在越来越动荡的未来时日中，掌握一支强有力的军队是他今后政治生涯中的坚强资本。为此，荣禄举荐袁世凯在直隶主持训练新军，这是袁氏军事势力的发端。除袁氏"新建陆军"之外，在荣禄的主持下，另扩建三支军队，即宋庆的毅军、董福祥的甘军、聂士成的武毅军。这就意味着荣禄掌握了清末最具实力的军队，成为决定晚清时局走向的风云人物。为了便于统率，1899 年，荣禄将军队改变为武卫军，分为五部：第一部称武卫前军，由聂士成统领，驻天津东北的芦台，防守天津及沿海。第二部称武卫后军，由董福祥统领，驻北京东北。第三部称武卫左军，由宋庆统领，驻山海关。第四部称武卫右军，由袁世凯统领，驻天津东南的小站。第五部称武卫中军，系荣禄自建，并亲自统领，驻北京南部皇家游猎之地——南苑。至此，凭借军事起家的荣禄达到了他人生权力与梦想的巅峰。

九

戊戌变法期间，荣禄出任直隶总督兼北洋大臣，控制着京畿主要的军事力量，手握兵权，坚定地站在慈禧太后的一方，成为后党取胜的决定性力量。

历史事实表明，和平时候，表面上，武装力量没有显现出有多么大的重要性，然而在激烈的政治斗争中，离开了武装力量，却是万万不能成事的。

戊戌变法刚刚开始，翁同龢即被罢官免职，朝廷中发生重要的人事变

---

① 张国淦：《北洋军阀的起源》，引自杜春和、林斌生、丘权政编：《北洋军阀史料选辑》（上），中国社会科学出版社 1981 年版，第 14 页。

动，暗示着这场变法的艰巨及其未卜的命运，同时这更表明无论什么时候，慈禧永远是位高明的权术家。翁同龢被罢后，慈禧随即召荣禄进宫。慈禧有意让荣禄接替翁同龢之职，但荣禄竭力辞谢，他的理由是罢免了一名汉员，宜再补一名汉员，于是王文韶调入枢廷。此时的荣禄非常清醒地知道北洋三军对他的重要性，他对慈禧太后表示愿意接替王文韶的直隶总督兼北洋大臣职位，这样他便可以完全统驭直隶境内的北洋三军，并以北洋陆军来震慑京师。他对慈禧讲："皇上现在任用匪党，难保日后不发生变乱，京津近在咫尺，如变乱，可速调北洋陆军以资节制。"[1] 这就等于向慈禧太后表明了心迹。慈禧听后，略作思忖，便点头认可。这样，1898 年，荣禄受命接替王文韶直隶总督之位，允其全权节制北洋海陆军。这样，荣禄"身兼将相，权倾举朝"，成为清末最具实力的大臣之一。 此后，随着帝党、后党因为变法而不断升级的矛盾冲突，在荣禄等人的严密策划下，慈禧太后顺利地发动了政变，再次将国家政权牢牢地控制在自己的手中。荣禄为慈禧太后再次以训政名义重新控制政权效尽犬马之劳，也为他的政治生涯捞取了一笔最为丰厚的政治资本。戊戌政变后，荣禄更是身价倍增，慈禧对他信任之深、眷顾之隆，一时无比。

光绪二十四年（1898 年）的夏天，在外国传教士聚集较多的山东省，民间以反洋教为主要内容的义和团运动迅速兴起。义和团运动兴起的主要原因是因为列强企图瓜分中国对北方民众的刺激、传教士对当地百姓的欺

---

① 杨剑利、张克勤、张长珍：《荣禄》，民族出版社 2003 年版，第 35 页。

凌、自然灾害的影响，以及政府"采取姑息放纵的态度"①。从义和团运动兴起到1903年这短短数年时间里，是荣禄主持大清国政务的最后一段重要时期。

义和团运动兴起后，逐渐向直隶地区发展。1900年5月初，义和团在保定以北的京畿地区迅速蔓延，任丘、新城、定兴、涞水、易州、容城、固安一带义和拳聚集涿州，焚毁高碑店以北到丰台路轨，引起侵略者的极大震惊。清政府派刑部尚书兼顺天府尹赵舒翘与军机大臣刚毅等先后到涿州，以便对义和团相机开导解散。此时，清廷各派斗争逐渐尖锐化，刚毅等人把持的军机处主张对拳会"不可操切从事""毋得轻伤民命"；但地方权臣刘坤一、袁世凯等却坚定主"剿"。作为最高统治者的慈禧太后，当义和团的势力迅速发展至京畿时，感到左右踟蹰、剿抚两难。在这种纷纭复杂的矛盾中，荣禄对义和团的态度是镇压。他认为，清廷对义和团剿抚不定的犹豫态度会酿成引狼入室的大祸，因而对刚毅等主抚派十分反感。虽如此，但长袖善舞的荣禄并不急于表明自己的立场，他密切地观察着慈禧太后的态度变化，从不直接对武卫军发出命令，每遇难缠之事时，"屡请皇太后睿识独断"，当他看到朝廷主和的决议逐步明朗，便马上扭转方向，表明了自己"附和同声"的态度。他致电聂士成"始谕剿匪，后谕抚匪"，使得聂士成"进退维谷，不知所从"。但作为一个政治家，荣禄不愿意做违心事情，他仍想寻找机会说服慈禧太后"剿拳"。随着事态进一步发展，荣禄深感难以改变慈禧太后"信团"的主张，特别是清政府曾告诫荣禄"不得孟浪从事，率行派队剿办，激成事端"②后，荣禄看到如让义和团力量继续发展，将来会难于收场，就借口"患手足病请假"，暂时跳出朝廷内部矛盾的漩涡，以为自己留出余地。

---

① 中国社会科学院近代史研究所《近代史资料》编辑组编：《义和团史料》（下），中国社会科学出版社1982年版，第539页。

② 杨剑利、张克勤、张长珍：《荣禄》，民族出版社2003年版，第45—46页。

荣禄虽然"在家养病",但他"心在斗室,而心在直庐",四方消息仍源源不断地传送到他的府中。病假中他曾经七次上书,委婉地表达出他主张朝廷镇压义和团的意图,而私底下,他也一直没有停止过指挥部下剿杀拳民的行动。他曾电告直隶总督裕禄,派兵镇压定兴拳民,并专为此事致函北京北堂法国总主教樊国梁,对义和团在定兴杀教民之事,表明自己愤慨的立场,说他虽然患病在家,不能出门,但已将函交于总署,知照直隶总督,迅速派兵镇压,务必斩尽杀绝。荣禄此举等于向列强表明了自己心迹。

对最高统治者慈禧太后来说,义和团如何发展、怎样发展对她来说并不重要,她关心的是义和团运动对自己的统治权力有没有构成威胁。义和团"扶清灭洋"的口号,至少令慈禧太后觉得欢欣,这也是她一开始没有决定剿杀义和团的主要原因之一。另外,让慈禧太后一直耿耿于怀的是列强对光绪皇帝与维新派的支持,这让慈禧感到愤怒,于是她决定利用义和团赶走洋人。

因为上述种种原因,荣禄虽然对义和团持剿灭态度,但他始终并未公开表现出自己的主张。但荣禄深知,拳民的力量是靠不住的,与列强抵抗亦是徒劳无益。但他察言观色,不敢反对慈禧太后的主张,在慈禧太后和顽固、守旧的载漪集团的支持下,义和团轰轰烈烈的"扶清灭洋"运动在京津地区迅速开展。

当初,义和团与洋人交战,荣禄力主先剿义和团。然而,当董福祥率部与西摩尔接战之后,荣禄又改变主意,揣摩慈禧太后的心理,竟下令董福祥的甘军及武卫军同时攻打各国使馆所在地的东交民巷。开始,荣禄虽然命令董军围攻外国使馆,却指使董福祥向天空放枪,能听见枪声即可。他或许已经预见到这种做法是不明智的,但如果他发表反对意见,就有触犯慈禧太后逆鳞之忧。于是他沉默不语,遵照慈禧太后的谕令行事,但却暗中对洋人预留后路。随着事态的发展,慈禧太后的态度逐渐发生变化。荣禄心领慈禧太后的意图,他"不给董军大炮地雷……密嘱除董福祥外,诸将不可力攻东交民巷……恐伤和好之意"。还暗中为使馆馈送粟米瓜果，极力保护各国使馆。在荣禄的暗中策划下，使馆久攻不下，而宫中屡次催促，并归咎为董福祥攻打不力。董福祥十分生气，就找荣禄求借大炮，荣禄不但没有借炮，反而将他奚落了一通："炮固然在，不断吾头不可得。"董福祥愤怒至极，马上入宫面见慈禧太后，本想指望慈禧能出头让荣禄拨给他大炮，不料竟遭到慈禧一顿辱骂。当董福祥攻打使馆十余日不能下时，朝廷降旨召武卫军开花炮队入京相助，天津总兵张怀芝率炮队进京之后，等炮位安置就绪，炮弹上膛之际，张怀芝忽然灵机一动，令部下暂时不要发炮，自己则急忙到荣禄官邸请示："城垣距使馆仅咫尺之地，炮一发，使馆立成齑粉矣。不虑攻之不克，虑克之后别其交涉，怀芝为祸首矣！请中堂速发一手谕，俾怀芝得据以行事。"张怀芝数次相求，荣禄不得已才说："横竖炮声一出，里面总是听得见的。"言外之意，让张随便发出几声炮响即可，只要不对准使馆。因而，使馆安然无恙。不久，董福祥军调扎正阳门、东安门一带，以保护内廷，荣禄再三告诫董福祥不可与洋人再起冲突。7月9日，八国联军进攻天津，天津陷落。8月14日，联军攻到北京外城。慈禧、光绪匆匆西逃。荣禄与一小部董福祥甘军逃往保定。不久，荣禄受命节制保定驻军，后又受命协助庆亲王奕劻和李鸿章与外国使节进行议和谈判。不久，在袁世凯等东南督抚的运动及荣禄要求下，慈禧太后谕令荣禄奔西安行在主持政府工作。庚子议和后，支持义和拳的官员皆受到了惩处：载漪及其弟弟载澜发配新疆伊犁，英年、赵舒翘、载勋奉旨自尽。1900年杀戮了许多传教士和基督教徒的山西巡抚毓贤被处死。启秀及徐桐之子徐承煜也被处死。甚至那些已故之人，如徐桐、刚毅、李秉衡亦被追遣。董福祥被革去一切职衔。荣禄没有受到任何惩处，反因约束董福祥军攻打使馆而受到赞誉。在西安，荣禄继续总揽中枢大权。

为此，董福祥曾写信谴责荣禄背信弃义："命攻使馆，祥犹以杀使臣为疑。公言，举力攘外，祸福同之，祥本武夫，恃公在上，故敢效奔走。今公执政而祥被罪，祥死不足恤，如军士愤懑何？"荣禄与董福祥本是结拜兄弟，两人交情颇厚，而董福祥一直把荣禄视作可信任的上司、兄弟，不料荣禄却貌合神离，明里指使董福祥攻打使馆，以讨得慈禧的欢喜，暗中却竭力保护使馆，为自己留出后路，为战后扩张其政治权力建立资本。就这点而言，在叹息董福祥的悲剧色彩的同时，又不得不佩服荣禄政治嗅觉的敏感，他能及时察得慈禧太后的意图，知道在对待洋人问题上，慈禧并不是真心要对付洋人，只要洋人不干涉她的统治权力。慈禧后来确也说过："本来是执定不同洋人撕破脸的，中间一段时间，因洋人欺负得太狠了，也不免有些动气。但虽是没拦阻他们，始终没有叫他们十分尽意地胡闹。火气一过，也是回转头来，处处都留有余地。"[①] 慈禧之言可谓是概括了荣禄为官之道的奥秘，这就是处处为自己留有余地。庚子之变，王公大臣纷纷落难，荣禄却成为这次事变的最大赢家。1902年初，朝廷返京时，荣禄升任内阁大学士。然而，此时重病在身的荣禄已不能继续有所作为。光绪二十九年（1903年），荣禄病逝，慈禧太后以各项殊荣、恩典加诸其身，恩赐陀罗经被，命王公亲贵前往致祭，谥荣禄以"文忠"，追赠太傅，入祀贤良祠；又破例将未立战功又非皇室宗支的荣禄之子赏以优等世袭之职。当光绪皇帝去世时，慈禧又将荣禄的外孙爱新觉罗·溥仪指为皇位继承人，以为荣禄一生忠诚之报。

---

① 杨剑利、张克勤、张长珍：《荣禄》，民族出版社2003年版，第51—52页。

钓翁眼底小王侯

——袁世凯崛起之秘诀

　　面对南北对峙局面，由谁来从头收拾呢？是将革命向前推进，迅速结束清王朝的统治，还是尽快地将南方的革命烈火扑灭，继续旧日的气象呢？清政府、南方革命政权中的重要人物都多少做了尝试，但都很难成功。环顾宇内，似乎只有袁世凯才是收拾时局的最佳人选。此时的袁世凯虽然赋闲在家，但依然重兵在握。他所一手培植和始终暗中控制的北洋军队是无人可以匹敌的，而南方政权的军队又大多是临时组织而未加训练的新兵，战斗力相对不强。可以这样说，当时只有袁世凯具有"翻手为云，覆手为雨"的力量。他也因此成为南北双方争相利用的"抢手货"。南方许其以临时大总统职位，促其早日"反正"，结束清王朝的专制统治；清廷则不得不屡次为其加官晋爵，以致使自己的命运完全捏在袁世凯的手中。这个千载难逢，或者说是古今中外历史上绝无仅有的"机遇"出现在袁世凯的面前，何去何从任其自便。

一

1911 年，注定是大清国多灾多难的一年。

这一年的 10 月 10 日，新军起义在武昌爆发。

其后，湖南、陕西、江西、云南、上海、浙江、江苏、贵州、广西、安徽、福建、广东、山东、四川等省市相继响应，多米诺骨牌的效应使清王朝的统治很快处于土崩瓦解的状态。

为了镇压起义，清政府"以惊人的速度做了一次徒然的努力"。[①]

陆军大臣荫昌亲自率领第一军迅速南下；

军咨使冯国璋率第二军策应；

海军统制萨镇冰督率巡洋、长江两舰队急调武汉。

清政府竭尽全力，企图"定乱"于俄顷之际。

但是，革命如燎原之势迅速蔓延到其他省份，清军大有顾此失彼、力不从心之感。

尤为严峻的是，清廷苦心孤诣编练的新军一镇接着一镇地倒向革命。

在已编练成军的 14 个镇、18 个混成协和另有未成协的 4 个标中，竟有 7 个镇、10 个混成协和 3 个标相继反正和解散、败溃。[②]

在这千钧一发的时刻，清政府手中仅存的北洋六镇也因为袁世凯的关系，不能真正控制住。

荫昌为此大发牢骚："我一个人马也没有，让我到湖北去督师，我倒

---

① ［美］拉尔夫·尔·鲍威尔著，陈泽宪、陈霞飞译：《1895—1912 年中国军事力量的兴起》，中华书局 1978 年版，第 185 页。

② 章开沅、林增平：《辛亥革命史》（下），人民出版社 1981 年版，第 217 页。

是用拳去打呀，还是用脚踢呀？"[1]

堂堂的帝国陆军大臣竟然抱怨自己手中一个人马也没有，岂非咄咄怪事哉？

原来，北洋六镇的将领们多是袁世凯的心腹，袁世凯虽然去职，但其影响仍在，别人指挥不动。

在万般无奈的情况下，年轻的摄政王载沣被迫重新起用待价而沽的军界铁腕袁世凯。

这时，清王朝虽然大势已去，但形势发展方向仍很难预料。

当时社会的混乱局面是有目共睹的，帝国主义列强也在虎视眈眈。

面对南北对峙局面，由谁来从头收拾呢？是将革命向前推进，迅速结束清王朝的统治，还是尽快地将南方的革命烈火扑灭，继续旧日的气象呢？

清政府、南方革命政权中的重要人物都多少做了一点尝试，但都很难成功。

环顾宇内，似乎只有袁世凯才是收拾时局的最佳人选。

此时的袁世凯虽然赋闲在家，但依然重兵在握。

他所一手培植和始终暗中控制的北洋军队是无人可以匹敌的，而南方政权的军队又大多是临时组织而未训练的新兵，战斗力相对不强。

可以这样说，当时只有袁世凯具有"翻手为云，覆手为雨"的力量。他也因此成为南北双方争相利用的抢手货。

南方许其以临时大总统职位，促其早日"反正"，结束清王朝的专制统治；清廷则不得不屡次为其加官晋爵，以致使自己的命运完全捏在袁世凯的手中。

这个千载难逢，或者说是古今中外历史上绝无仅有的"机遇"出现在袁世凯的面前，何去何从任由自便。

---

① 冯耿光：《荫昌督师南下与南北议和》，《辛亥革命回忆录》第六册，文史资料出版社 1963 年版，第 351 页。

但是，拥兵自重，并不等于处理任何事情时都能游刃有余。能使自己成为南北双方争相拉拢的人物也不是从一开始就确定了的。

袁世凯能够从地方走向中央，自有他的奥秘与能力。

二

秘诀之一：顺应潮流，适者生存。

吴虬在《北洋派之起源及其崩溃》一文中说：袁世凯集团"惟自创生以迄溃败，亘延二十余年，决非偶然事实……但物竞天择，惟适者存，北洋派之兴，必有适于生存之环境，北洋派之败，必有不适于生存之环境。"[①]

袁世凯集团何以能强有力地崛起？其原因纷繁复杂，但其中有一点可以肯定，就是它的崛起绝不是偶然的。

大致说来，决定这一集团产生与发展的原因有六：

1. 西方列强的侵略和太平天国的打击，导致清王朝的经制之师——八旗兵和绿营兵的没落。

2. 在安内攘外的过程中，曾国藩、李鸿章和汉人地方集团迅速崛起，改变了大清王朝两百余年的基本政治结构，中央与地方的平衡被打破，军事政治权力下移到地方；"千古变局"出现，皇权危机陡增。

3. 在甲午战争中，淮军瓦解，中国需要一支新的武装力量来维护清王朝的统治。

4. 甲午战后，淮军失势，李鸿章病逝，淮系集团支撑清王朝大厦的时代结束。清朝政坛出现了一个相对的真空，需要新的政治势力来填充。

---

① 吴虬：《北洋派之起源及其崩溃》，张伯锋、荣孟源主编：《近代稗海》（六），四川人民出版社1987年版，第282页。

5. 清末官场腐败，掌权人物腐化，给北洋系发展私人势力提供了契机。

6. 在淮系崩溃以后，以袁世凯为领袖的北洋集团崛起，而不是以其他什么人为领袖的什么集团崛起，这与袁世凯自身的才干相关。

中国人民大学清史所教授戴逸说过："袁世凯不同于其他封建官僚，他注视着历史潮流的趋势，善于利用刚刚在中国生长的新的军事、经济因素，来加强自己的实力，提高自己的威望，因而他在同侪中胜人一头，能够攀登到权力的顶峰。"

读袁世凯的奏疏、信札和有关袁世凯的传记，给人这样一个强烈的感觉，即袁世凯的抱负确实很大。

对袁世凯十分了解的荣禄就曾指出："此人有大志，吾在，尚可驾驭之，然异日终当出人头地。"①

正因为袁世凯有这样的抱负和雄心，他才能在以后的几十年中，攻坚挫锐，克服困难，逐渐到达权力的顶峰。

可以说，在清末十年中，袁的头脑、"办事精力和机变手腕"②确实是其他大官僚所罕能与匹。在这场权力角逐的斗争中，袁世凯早就掌握了一支新的具有战斗力的"新建陆军"；他有编练新军的经验；他有善于结交权贵和寻找靠山的能力；他得到了中外势力的支持。所有这一切都助长了北洋集团的迅速滋长与壮大，并最终利用辛亥革命之机夺取了全国政权，从而实现了从一隅走向全国、从地方走向中央的雄心与目标。

---

① 郭则沄：《南屋述闻》卷二，《落日残照紫禁城》，四川人民出版社 1999 年版，第 39 页。

② ［美］拉尔夫·尔·鲍威尔著，陈泽宪、陈霞飞译：《1895—1912 年中国军事力量的兴起》，《中华民国史资料丛稿》译稿，第一辑，中华书局 1978 年版，第 152 页。

三

秘诀之二：拉帮结派，形成了以袁世凯为首的军事官僚的私人集团。

甲午战争以后，清廷"鉴淮军不足恃，改练新军"[1]，任命原广西按察使胡燏棻在天津小站编练新式武装，取名"定武军"。

这时的袁世凯，不过只是一个没有实权实职的浙江温处道。

但是，善于窥测时机的袁世凯立即抓住了清政府急于"整军经武"的迫切心情，组织幕友，撰译兵书，主张仿效西方军制，编练新军，遍送当朝权贵，一时博得了"知兵"之名。

经一些王公大臣们的推荐，袁世凯于1895年底接替胡燏棻，主持天津小站的练兵事宜，将"定武军"由原来的4750人扩充至7000多人的"新建陆军"。

袁世凯训练新军，一方面主张"全盘西化"，参照德国陆军范式；另一方面则继承了曾国藩、李鸿章的衣钵，以封建宗法关系部勒属下，将新建陆军训练成一支"兵为将有"，绝对服从自己命令的自属部队。

所以，袁世凯一到小站，第一件事就是网罗一批私党，抓紧建立自己的骨干班底。

袁氏筹建自己最初的班底，还是颇费了一番心思的。

这个班底组成的条件，大致不外乎这样几项：

1. 袁氏自己长期阅历中所认识交结的一批志同道合者，如徐世昌、唐绍仪等。

2. 袁氏前辈与之有直接间接关系者，如姜桂题、任永清等。

---

① 陈夔龙：《梦蕉亭杂记》卷二，张伯锋、荣孟源主编：《近代稗海》（一），四川人民出版社1985年版，第373页。

3. 长期追随袁氏已表现出其忠诚与才干者，如吴长纯、吴凤岭、刘永庆等。

4. 上级或有地位影响的人推荐而来者，如王士珍、段祺瑞、冯国璋等人。

这些人都由袁世凯个人招募而来，官禄的予夺实际上全由袁的喜怒而定。这样，随着时间的推移，他们对朝廷的忠心就很自然地转移到袁世凯的身上，一切以他的意志为转移，形成"半私人性质"的军队。他们和袁世凯之间的关系不能简单地理解成为一般公务上的，而是带有严重的人身依附性质。并且随着时间的推移，这种依附关系大都越来越深。以后，在袁世凯权力膨胀的过程中，他们大都青云直上，取得了高官厚禄。

在袁世凯的小站班底中，最早和袁世凯结下深厚情谊的有徐世昌、唐绍仪、阮忠枢三人，他们在小站集团组合之前，就和袁世凯私交甚笃，过从甚密。

徐世昌，长袁四岁，是袁世凯的童年发小，袁世凯呼他为大哥。他是袁世凯集团中学历最高的人，中过进士，做过编修。袁到小站练兵后，需要一个军师兼管家人，便说服徐世昌与他一道从小站创业。

袁世凯曾对人由衷地说过："菊人，妙才也！"[1]

袁世凯和徐世昌结识并加深友谊的同时，还与唐绍仪定下了金兰之交。

唐绍仪，字少川，广东香山人。其父唐巨川是一个长期从事茶叶出口的商人，其族叔唐廷枢当过英商怡和洋行的买办，后来随李鸿章办洋务，经营和创办了著名的上海轮船招商局、开平矿务局，深为李鸿章所器重。

唐绍仪不仅从小受家庭的熏陶，更重要的是他 12 岁就远涉重洋，到当时资本主义发展最快的美国留学，进入著名的耶鲁大学学习西方先进的自然科学知识和社会科学知识。1881 年被召回国后又进入天津水师附设的洋务学堂读书。

1882 年，他作为帮办朝鲜海关事务前驻天津德国领事穆麟德的秘书被

---

① 陈灏一：《新语林》卷一，第 2 页。

派往朝鲜。在甲申政变中因其突出的表现为袁赏识。

"袁世凯和唐绍仪相识后，相互爱慕，两人感情极为融洽，结为盟友，彼此帮助，共求上进。"[①] 甲申事变后，袁世凯被任命为驻朝鲜总理交涉通商大臣，赴任之时，他首先选择了唐绍仪做自己的西文翻译兼洋务委员，实际上是作为袁世凯这一时期在朝鲜的副手。其所以如此，是袁认为唐绍仪能够"优有识略，明敏谙练"[②]。

袁世凯在唐绍仪的协助下，声名鹊起，深得清政府与李鸿章的赏识和信赖。从而在朝鲜连任十年，即使母死丁忧也要夺情。唐绍仪以袁的主要助手的身份，获得了与袁同步升官的机遇。袁世凯由知府、候补道、而实任道员、二品顶戴；而唐氏则由候补县令而直隶州州牧，再到候补知府，三品顶戴，其升迁速度之快异乎寻常。二人的关系也在合作共事中不断得到升温和发展。

1891 年，袁世凯的嗣母牛氏病重，需要请假回籍。

在代理人问题上，袁世凯认为唐绍仪，优智略，明机宜，确有应变才而荐唐代职。他说"唐绍仪忠直明敏，胆识兼优，熟悉韩情，请委令代理"[③]。

1894 年，中日甲午战争爆发前夕，袁世凯无法在朝鲜继续执行使命，要求内渡，并再次请唐自代。唐绍仪临危受命，毫无怨言，并积极电告国内，助袁成行，使袁死里逃生，安全回到大陆。袁、唐在朝鲜患难与共，结下了深厚情谊。

唐绍仪这种临危不惧的行为，无论是公义还是私情，都毫无疑问地使袁世凯非常感激。唐的忠诚与才干在袁氏心中留下了很重要的地位。

---

① 张联棻：《小站练兵与北洋六镇》，《八十三天皇帝梦》，文史资料出版社 1985 年版，第 184 页。

② 台北近代史研究所编：《清季中日韩关系史料》，1972 年版，第 2660—2661 页。

③ 沈祖宪、吴闿生编纂：《容庵弟子记》卷一，来新夏编：《北洋军阀》（五），上海人民出版社 1993 年版，第 26 页。

1895 年末，袁世凯正式接任在小站编练新军。他没有忘记唐绍仪这个患难之交，恳请他来军，协助徐世昌负责营务处，继续发挥他在外语方面与外交方面的特长。

在袁世凯的早期生涯中，结交的还有另外一位重要人物，此人就是阮忠枢，后来成为北洋集团的"一支笔"，袁氏幕府的总文案。

阮忠枢，字斗瞻，安徽合肥人，出生在一个淮军将领的家庭，1889 年中举，受到李鸿章的器重，先后派他做过北洋水师学堂的汉文教习和北洋军械局总文案。

袁、阮二人由相识到相交，中间有一段比较复杂的插曲，带着很大程度上的偶然性。

原来，早在袁世凯由上海前往山东投奔庆军统领吴长庆的路上，无意间在旅途中遇见阮忠枢。由于他们同行同宿了几天，因此互相结识。通过交谈，袁世凯知道阮忠枢将进京会试。他将自己的家世和现在的情况详细地告诉了阮忠枢，阮也帮助了他一些川资，然后才依依作别。[①]二人从此相识相交，颇有相见恨晚的情势。

甲午战争结束后，袁世凯到北京打关节，走门路，又恰恰遇上了阮忠枢，并且是阮忠枢帮了他的大忙。

因为这时候，袁世凯正在努力争取训练新军的事。他在京办这个差事的时候，深深地知道：当时官场中的惯例，仅有朝中大员对他推荐是不够的，更重要的是走内线。

恰巧，他从前在旅途中结识的阮忠枢，这时正在李莲英的弟弟家里"处馆"，也就是做家庭教师。这个李莲英弟弟的家，实际上也就是李莲英的家。袁世凯也就是通过这个关系和李莲英拉上了交情。不但如此，袁又通过李莲英，结交上了当时的权臣荣禄。这样，等到醇王、庆王会同军机大臣保

---

① 袁静雪：《我的父亲袁世凯》，《八十三天皇帝梦》，文史资料出版社 1985 年版，第 5 页。

举他来训练新军的时候，西太后很快就批准了。这件事，李莲英是起了很大作用的。①

袁世凯在给其兄袁世敦的书信中说："正在查僚无聊时，忽遇契友阮君斗瞻（忠枢）愿做曹邱生，劝弟投其居停李总管（莲英）门下，得其承介晋谒荣中堂。"② 可见，袁世凯进身荣禄，是经由阮忠枢作媒介的。

荣禄在晚清时期一直是慈禧太后最为信任与倚重的心腹重臣，借阮忠枢之媒交上这层关系，是袁世凯从此禄星高照、凯歌行进的一个重要因素。

1895 年底，阮忠枢由李鸿章推荐入袁幕。"入幕未几，大倚任之"，"时中国初韧新军，规划闳远，多为常智所不及。君独深思熟虑，洞烛其所以然，军制饷章文牍机务咸出其手"，"幕府所赖唯君一人"③。袁保举他的考语是"才长心细，学博识优，平日留心时务，遇事义理自持"④。阮忠枢从此成为北洋集团一个核心成员。

袁世凯到小站筹建新建陆军的时候，鉴于他对新式建军也缺乏知识与经验，他请求知兵大帅李鸿章、宋庆和聂士成以及时任北洋武备学堂总办荫昌等人推荐了一些淮军"人才"。王士珍、段祺瑞、冯国璋等人就是通过这条路与袁走到一起的。

当时，新建陆军的将官大多出自天津武备学堂与淮军营伍。经李鸿章提携于前，袁世凯罗致选拔于后，故一时将才称盛。

据前所道：如姜桂题、杨荣泰、龚友元、吴长纯、徐邦杰、任永清、王士珍、段祺瑞、冯国璋、梁华殿诸将都隶麾下。如陈光远、王占元、张怀芝、何宗莲、马龙标、雷震春、王英楷、吴凤岭、赵国贤、田中玉、孟恩远、

---

① 袁静雪：《我的父亲袁世凯》，《八十三天皇帝梦》，文史资料出版社 1985 年版，第 8 页。

② 张国淦：《北洋军阀的起源》，《北洋军阀史料选辑》（上），中国社会科学出版社 1981 年版，第 11 页。

③ 吴闿生：《北江先生集》文卷九，第 32 页。

④ 《袁世凯奏议》（中），天津人民古籍出版社 1987 年版，第 554 页。

陆建章、曹锟、张勋、段芝贵等其时仅补偏裨，后都成大将。而其中姜桂题、王士珍、段祺瑞、冯国璋四人，尤为闻名于时，王士珍、段祺瑞、冯国璋三人，还被称为"北洋三杰"。①

姜桂题，字翰卿，安徽亳县人，行伍出身。同治元年投入军营，先后隶僧格林沁、宋庆等人部下，在镇压太平天国、捻军过程中，出力很大，递保以提督补用。光绪二十年（1894年），新募桂军三营，与日军接战失利，被奉旨革职。光绪二十一年（1895年），袁世凯以其有长期征战实践，调委新建陆军，分统左翼各营兼全军翼长，任以重用。

王士珍，字聘卿，直隶正定人。少孤，家贫。年十六，习弓马，第二年考入正定镇标，补绿营兵缺。过了几年，移防山海关。1885年，李鸿章奏设武备学堂于天津，命各军选送学员，王士珍得补选。三年肄业期满，仍回山海关督办随营炮队学堂。1894年，中日战起，随直隶提督叶志超转战牙山、平壤间。战后，袁世凯练新建陆军，将他招入小站军中。

起初，王士珍气度深沉，毅勇内敛，口讷言简，袁世凯看不出他的为人。到议事，始大器重，即檄为督操营务处会办，右翼第三营部队帮统，兼步队学堂监督，擢工程营管带兼德文学堂监督。

段祺瑞，字芝泉，安徽合肥人。其祖父段珮，是淮军名将刘铭传的部下。"以功累保提督衔，记名总兵，励勇巴图鲁，授荣禄大夫，振威将军"②。

段祺瑞8岁那年（1872年），其祖父望子成龙心切，就把他带至江苏宿迁，在兵营附近一家私塾就读。这对段的一生影响自然是很大的，最重要的是他初步熟悉并喜欢上了兵营生活。

1879年，其祖父病逝，他扶枢归葬合肥。

1881年，段离家赴山东威海卫投奔在那里当营官的堂叔段以德。

---

① 尚秉和：《德威上将军正定王公行状》，《见碑传集补》卷末，第11页。

② 吴廷燮：《段琪瑞年谱》，荣孟源、章伯锋主编：《近代稗海》（四），四川人民出版社1985年版，第601页。

1885 年，他考入天津武备水师学堂，学习炮科。入学后，他先后学习了"兵法、地利、军器、炮台、算法、测绘"等课题。

1888 年冬，清政府决定选派数名武备学堂学生赴德深造，经过严格考核，段祺瑞以第一名被录取。

1889 年，段到当时世界上被称为陆军最强的德国，进入柏林军校深造。

1890 年，段学成回国后，又先后担任了北洋军械局委员和威海卫某随营武备学堂的教习。

袁世凯编练新建陆军，首先全面使用西式武器、西法操练，正十分缺乏段祺瑞这样的留学生，特别是到过德国的人员，段祺瑞也正在威海卫充任教习而感到怀才不遇，二者一拍即合，在天津武备学堂总监荫昌的推荐下，袁世凯立即商调并重用他为新建陆军炮兵营统兼炮兵学堂监督，这是袁段遇合的开始。

冯国璋，字华甫，直隶河间人。少年贫困，屡试不第，弃文习武。

1884 年，他到大沽口投淮军当兵，次年进入天津武备学堂攻读步兵科。学习期间"屡考优等"[1]，并于 1888 年 2 月考中秀才，这使得时任北洋大臣、直隶总督的李鸿章都高兴地连声赞叹："不得了，武校出文生矣。"

1889 年，冯国璋因学习优良，踏实干练，口才亦佳而被留校任教。

1893 年夏，经过一番活动，急于建功立业的冯国璋转到淮军名将聂士成的帐下充当幕僚。

1895 年 4 月，冯国璋以军事随员身份随候补四品京堂裕庚出使日本。在日本期间结识军界福岛安正、青木宣纯等人并留心考察军事，编辑成兵书数册。[2]

1896 年，冯国璋回国后，立即把其所编数册兵书献于聂士成。但行伍出身的聂士成，思想颇为守旧，不想在自己的军队中进行改革的实验，所

---

① 《冯国璋早期履历》，中国第一历史档案馆藏。

② 公孙訇：《冯国璋年谱》，河北人民出版社 1989 年版，第 5 页。

以对冯书上所介绍的日本采用的西方兵制、战术等事兴趣不大。但聂士成也并未守旧到狭隘的地步，认为不妨将兵书给别人试试，也不埋没这个得力下属的一片心血。于是，就把兵书转交给了袁世凯。

这时的袁世凯，不是需要一个或几个谙习西洋兵志、操法的人才，而是需要一批这样的人才来主持新军训练。因此，当聂士成把冯国璋编的兵书转到袁世凯的手中以后，他很快浏览了一遍。袁世凯看冯国璋不仅对日本采用西洋兵法的来龙去脉了解甚多，而且能下工夫研习日军的典章制度，非常高兴，当下将冯国璋编的兵书称为"鸿宝也"。并立即传见冯国璋，称誉冯"军界之学子无逾公者"。[①] 在征得冯国璋同意后，袁世凯立即委任冯为新建陆军督操营务处帮办、步兵学堂监督。让其主持编写兵法、操典、营制、饷章及各项图说。"新军兵法操典多经其一手修订。"[②]

以小站练兵为纽带，袁世凯和上述人物结合到了一起，这对袁世凯以后进行权力的角逐具有重要意义。当然，袁世凯不可能料定自己的前程，更不可能确定他们将来会成为自己的"臣下"。不过有一点是可以确定的，袁世凯和这些人物在小站时期以练兵为机缘建立起来的联系，已经超越了一般的人际关系。他们在以后的复杂艰险的时局变动中，在北洋集团的发达过程中同甘共苦，患难相依，相互信赖，情谊弥深。一旦时局发生动荡，有机可乘，他们就会拥袁进取，发挥集团班子的骨干作用。即使在与对手交争不利的情况下，他们也能以袁为旗帜，紧紧抱成一团。正是在这个意义上，他们成了袁世凯最初的集团班底。

袁世凯是一个有雄心的人，他当然不甘心局促于小站一隅，而是时刻想着出任封疆大吏，以便鹏翔九霄，龙归大泽，施展自己的政治抱负。

这样的机会终于降临了，而且来得不早不晚，恰恰是袁世凯新建陆军筹建工作告一段落，北洋军事集团框架刚刚搭成的情况下。

---

① 张一麟：《心太平室集》卷四，第 15 页。
② 李宗一：《袁世凯传》，中华书局 1980 年版，第 55 页。

1899 年夏，多年积累的中外矛盾、内部矛盾不可调解，义和团运动终于在山东爆发。

由于山东巡抚毓贤没有能力处理这个事件。结果，义和团运动在山东境内迅速燃成了燎原之势，几乎每个村庄都建起了拳场。

面对山东动荡的局势，袁世凯多次向李鸿章、荣禄、慈禧太后陈述自己的看法和解决山东问题的意见。荣禄认为袁有魄力，是一个解决棘手问题的能手，竭力保荐袁到山东去。因此，清廷于 12 月 6 日发布了派袁世凯接替毓贤，署理山东巡抚的上谕。12 月 26 日，袁世凯率领其新建的军队到达济南，开始实现他发展自己的更大愿望。

袁世凯就任山东巡抚后，在山东起用了大批文武官员。这些官员对于扩大袁氏的半私人性质的武装和官僚团体，相互调补，关系密切，迅速成为北洋集团努力发展的新动力。

正是在山东时期，袁世凯集团由一个单纯的私人军事集团，发展成为一个比较庞大的军事政治集团。

1901 年，袁世凯接替李鸿章就任直隶总督兼北洋大臣。这为他广泛罗致人才，提供了较为充分的条件。

1. 从他个人来说，（1）随着袁氏个人军事力量的不断增长与加强，特别是武卫军"溃败不能成军"[①]后，保卫镇抚京畿，护卫朝廷的任务已不可避免地、历史地落到袁世凯掌握的军事力量上面，因为这时清政府已经无兵可调、无军可用了。袁世凯已经成为清室不得不倚重的干城与柱石。（2）袁世凯在小站和山东抚外的表现赢得了列强的青睐与支持，这在当时对朝中任何一个想做大事的官僚来说，都是至关重要的。因为此时的清廷，已经成了一个洋人的朝廷，"量中华之物力，结与国之欢心"是西太后金口玉牙道出来的圣旨。（3）经过小站练兵与山东巡抚期间做出的成绩，

① 张国淦：《北洋军阀的起源》，《北洋军阀史料选辑》（上），中国社会科学出版社 1981 年版，第 28 页。

袁世凯能员之名已经如日中天，渐渐为中外所瞻望。

2. 1901年李鸿章去世，对外朝廷顿失交涉之柱，对内已经走向衰落的淮军失去权威，出现了领袖真空。袁世凯终究是淮系集团的一员，其发达的基础，仍是淮系集团旧人。淮系集团中或以外任何人继承李鸿章地位与权力，在当时都不现实、都不合适，除了袁世凯，也确非他人所能胜任。这就为袁世凯接受李鸿章的班底提供了最好的机缘。

3. 庚子之变后，西太后痛定思痛，决定实行新政，想在政治、军事、经济、教育等方面有所作为，以挽救已经病入膏肓的大清国，这为袁世凯延揽人才，迅速扩大北洋集团力量提供了一个重要的时机条件。

4. 1901年袁世凯继任直隶总督兼北洋大臣，直到兼取参预政务大臣、督办山海关内外铁路大臣、政务大臣、督办天津至镇江铁路大臣、督办商务大臣、督办邮政大臣、会办练兵等八大臣的权位，所有这一切也都为他延揽人才提供了权力、财力上的保障。

督直期间，袁世凯网罗的李鸿章旧部主要有：

杨士骧，字莲府，安徽泗州人，进士出身，李鸿章的亲信幕僚。1900年随李在北京与八国联军议和，奔走接洽，出力颇大。吴闿生说他"为人器宇深弘，能任大事，宽仁忠恕，智虑绝人"。[1]李鸿章曾夸奖他说："文字机变能应，卒莫如杨君者。"[2]1900年，由李鸿章保荐，杨士骧补直隶通永道。次年，他又擢升直隶按察使。

袁世凯督直后，杨士骧向袁献策说："曾文正首创湘军，其后能发扬广大者有两人，一为左湘阴（宗棠），一为李合肥（鸿章）。湘阴言大而不务实，故新回平定后，迁徙调革，即不能掌握兵柄，致纵横十八省之湘军，几成告朔饩羊，仅剩有一名词矣。合肥较能掌握淮军，频年多故，遂尚能维持因应于一时。今公继起，如能竭其全力，扩训新军，以掌握新军到底，

---

① 吴闿生：《北江先生集》文卷三，第21页。

② 吴闿生：《北江先生集》文卷三，第22页。

则朝局重心，隐隐'望岱'矣。他时应与曾李二公争一日之短长，南皮（张之洞）云乎哉！"这原也是袁之梦想，对此自然感到很合心意，从此对杨"深依赖之"。

袁世凯曾对人说："天下多不通之翰林，翰林真能通者，我眼中只有三个半人，张幼樵（佩纶）、徐菊人（世昌）、杨莲府，算三个全人，张季直（謇）算半个而已。"①

杨辅佐袁治理直隶，参与新政，为袁之左膀右臂。经袁不断保奏，杨先后荐升直隶布政使、山东巡抚。1907年代袁为直隶总督。

杨士琦，字杏城，杨士骧之弟。1882年中举，后报捐道员，1885年捐直隶试用，后来总办关内外铁路事宜。1900年曾上书袁世凯，请求"痛剿"义和团。翌年随李鸿章入京与八国联军议和，担任李鸿章和奕劻之间的联络人员。由于善于逢迎，得到李鸿章和奕劻的赏识。李死后，他投靠袁世凯，充当洋务总文案，献"运动权贵，掌握政权"的方策，又亲自把奕劻和袁世凯拉在一起。

杨士琦富于机略权变，"工笔札，诡谲多智"，②"喜逸恶劳而多消息"，深得袁的信任，"事罔洪纤，尽以谘商"，③素有"智囊"之称。仅在1903年一年之中，袁世凯就以"保""特保""密保"三次向慈禧太后推荐他，认为他"志虑沉毅，操守谨严"，"筹划精密"，"廉正自矢"，奉旨交军机处存记、引见。④

对杨士琦，袁世凯极为信任与倚重。袁世凯吞并盛宣怀控制的招商局与电报局后，派杨士琦驻沪总理招商局并参赞电政，随后又推荐他为商部左、右丞，侍郎并主管沪招商局，袁组责任内阁时又委任他为邮传部大臣。

---

① 萧一山：《清代通史》（四），中华书局1986年版，第2463页。
② 胡思敬：《国闻备乘》卷三，荣孟源、章伯锋主编：《近代稗海》（一），四川人民出版社1985年版，第287页。
③ 陈灜一：《甘簃诗文集》卷下。
④ 《袁世凯奏议》（中），天津古籍出版社1987年版，第818页。

民国成立后,袁在南方的政治密探主要依靠他经手办理,是推动"洪宪帝制"的重要人物之一。

孙宝琦,字慕韩,浙江杭县人,他长期为李鸿章属吏,前后管理北洋银钱所、育才馆和开平武备学堂。1900 年为直隶候补道。次年袁世凯保奏他"才器开朗,奋发有为,向在北洋供差,历办银钱所、育才馆、武备学堂等事,皆区处精当,条理井然。而于各国政治条约,均能悉心讲求,亦不堕世俗趋末略本习气,堪称干济之才"。① 奉旨军机处记名。1902 年以五品京堂派充驻法国大使。日俄战后,又以奏请立宪闻名,调为宪政编查馆提调。1906 年袁又保奏他"才识恢宏,志趣正大","熟习外交,研求政法"。② 1907 年,孙宝琦又出使德国,次年由其姻亲奕劻保荐,授山东巡抚。民国后,与袁结为姻亲,历任外交总长,代理国务总理等职。

赵秉钧,字智庵,河南汝州人。1878 年以文童投左宗棠所部"楚军",后升为巡检。1889 年到直隶,历任新乐典史、东明典史、天津北仓大使及直隶保甲局总办等官差。1901 年初,经"李鸿章委派淮军前敌营务处,兼统带巡捕三营"。③ 因在京畿各州县捕杀义和团首领多人,以"长吁缉捕"名闻官场。

赵秉钧心凶骨媚,深沉阴鸷。袁世凯"奇其才,诏有宰相才",认为他"才长心细","智略兼优,长于缉捕"④,先后委任以保定、天津,直隶巡警总办。1905 年被推荐为巡警部右侍郎。

赵秉钧与杨士琦同称为袁世凯的智囊,是袁世凯得心应手的策划专家、特务头子,在政治上成为袁嫡系中第一流主要人物。袁任责任内阁大臣时,赵为民政大臣。袁任民国总统时,赵又先后任民政大臣、国务总理、直隶

---

① 《袁世凯奏议》(中),天津古籍出版社 1987 年版,第 818 页。

② 《袁世凯奏议》(下),天津古籍出版社 1987 年版,第 1327 页。

③ 《赵秉钧履历单》,光绪二十九年十一月,中国第一历史档案馆藏。

④ 《袁世凯奏议》(下),天津古籍出版社 1987 年版,第 1193 页。

都督。袁世凯出山组阁、议和、逼清室退位，刺杀宋教仁，赵都是主要谋士。

在北洋时期，袁世凯还网罗了一批经营实业、懂得金融与理财的能员干将。

周学熙，字缉之，号止庵，又号松云居士。安徽建德人。16 岁随父亲往天津，在当时名流李慈铭名下受业。1893 年，乡试中举，后入京屡试不第。他在待试期间，深受"中学为体，西学为用"的思想影响，遂决心放弃科举道路，开始投身实业。

1897 年，周学熙七弟学渊的岳父张燕谋，当时为开平矿务局会办，派周学熙任驻上海分局监察。1898 年 8 月周报捐候补道，9 月由北洋大臣裕禄札委为开平矿务局会办，10 月升总办。这是周学熙接触新式工业的开始。

1901 年，周学熙又利用姻亲关系（周学熙同父异母的八妹，嫁给袁世凯的八子袁克轸），投奔山东巡抚袁世凯，被袁委任为山东大学堂督办。不久，袁世凯由山东巡抚升署直隶总督兼北洋大臣，又调周学熙为天津候补道，并委其兼办银元局。周学熙在厂房、机器、资金和工匠等一无所有的条件下，大显身手，"凡七十日而成功开铸"，铸出当时铜元 150 万枚，袁世凯大为赞赏，"讶其神速，推为当代奇才，谓吾祖（周学熙）可以集事，嗣后以一切工业建设相委"。[①]

从此，凡当时北洋新政的工业建设，均出自周学熙之手。

孙多森，字荫庭，安徽寿州人。其祖父孙家鼐曾与翁同龢同为光绪皇帝的老师。其父孙传樾为李鸿章大哥李瀚章的女婿，曾中进士。

最初，孙多森从事盐务经营。他于 1893 年由寿州迁居扬州，倚仗祖父孙家鼐、外祖父李瀚章、外叔祖李鸿章的势力，自扬州贩盐至汉口、安庆、芜湖等地销售，从中获取厚利，"家资巨万，富甲一方"[②]。

---

① 周叔贞：《周止庵先生别传》，第 3 页。
② 《中华民国史资料丛稿·人物传记》第十五辑，第 81 页。

1900 年，他在对中国进出口贸易状况尤其是面粉行业的详细调查研究基础上，建成投产了近代中国第一家大型的机器面粉厂——上海阜丰面粉厂，以其先进的经营管理方法大量赢利。孙的企业家才干，引起了袁世凯的注意。

1907 年，孙多森应袁世凯之召赴天津，开始与周学熙一道共同筹建北洋实业。先后担任启新洋灰公司、滦州矿务公司、北京自来水公司协理、直隶劝业道总办等职。在此期间，孙多森协助周学熙为创建北洋实业做了大量的工作，成为北洋实业的实际主持人。[1]

梁士诒，字翼夫，号燕孙，广东三水人。1889 年考中举人，1894 年考中进士，翌年授翰林院编修。梁士诒"思路敏锐，尤具应付之才"[2]。1903 年应经济特科考试第一名。同年，袁世凯慕梁之名，致意津海关道唐绍仪为介，聘至天津，任北洋编书局总办。梁、袁于是结交。袁世凯认为他"心精力果，学识兼优"[3]，把当时铁路、交通事宜基本上全交由他负责办理。

张镇芳，字馨庵，河南项城人。袁世凯的二哥袁世敦的妻弟。他于1892 年中进士，为户部主事。1903 年由京至津投靠袁世凯。袁先后让他担任总办永七盐务、粮饷局总办、行营营务处总办、禁烟局总办、长芦盐运使、天津道等职。袁世凯认为他能"规划精祥，实心任事"，"沉毅有为，廉能卓著，允为济时之选"。[4]把筹集军政用款的重任交给了他，让他担任筹款局总办，从此成为袁的聚敛能臣。

袁世凯不是科举出身，而且小站时期军事骨干力量已成经络。因此，在他督直后，就大量起用翰林、进士、举人以及留学生来充当他的幕僚与

---

① 《皖系北洋人物》，安徽人民出版社 1993 年版，第 379 页。

② 张开秀：《梁士诒生平》，《广东文史资料》第六十二辑，第 125 页。

③ 《三水梁燕孙先生年谱》（上），第 73 页。

④ 《袁世凯奏议》（下），天津古籍出版社 1987 年版，第 1314 页。

部属，借以在"文"的方面提高他的声望和不足。除了前面已提到的外，被袁重任者还有张一麟、杨度、蔡廷干、傅增湘、金邦平、富士英、汪荣宝、黎渊、李士伟、曹汝霖、严修、詹天佑等人。

张一麟，字仲仁，号公绂。袁世凯为直隶总督兼北洋大臣时，"震先生名欲罗致之，始先生分省湖北，世凯与之洞争之力，乃改今省，入幕办文案，为文工且敏，他人数百言不能尽以数十言了之，昏夜世凯索幕客不得，独先生危坐属草，十余稿立就，自是参机密，得署同知"，[①]"后袁去北洋而入掌军机，更倚重仲仁，批拟多出其手"，[②]袁、张这种融洽的主幕关系直到袁称帝时为止。

杨度，字皙子，湖南湘潭县人。早年入国学大师王闿运之门受教，自称在乃师的门墙之中，独得帝王之学。[③]

1902年杨度到日本留学，留学期间"已蜚声于学术界，与当时的清朝督抚张之洞、锡良、端方等都有书信往来，并常得其资助"。[④]

1904年，杨度被推荐为东京中国留学生会会长。清末，五大臣出国的考察报告，基本上都是熊希龄找杨捉刀代笔。五大臣回国之初，曾保杨度精通宪政，才堪大用。

1907年8月13日，清政府将政治考察馆改名为"宪政编察馆"，赏给杨度四品京官，任他为宪政编查馆提调。

1907年秋天，杨度的伯父杨瑞生在故乡湘潭逝世，杨度回籍奔丧，似乎无意于北上就职。其实，此时杨度与其友梁和甫、鼎甫兄弟所办的华昌锑矿公司，亏本下不了台。就在这一年，清政府调袁世凯、张之洞为军机大臣。袁张二人发起向各省督抚招募华昌公司的股本，助杨度渡过了难关，

---

① 黄炎培：《张仲仁先生传》，《古红梅阁笔记》附录，第62—63页。

② 张一洋：《张一麟生平》，中国社科院近代史研究所《近代史资料》总60号。

③ 陶菊隐著：《筹安会"六君子"传》，中华书局1981年版，第15页。

④ 陶菊隐著：《筹安会"六君子"传》，中华书局1981年版，第16页。

杨才应召入京就职。

其时，袁世凯看到了时局大变，人心向往立宪，为了领导潮流，掌握主动，正需要杨度这样懂宪政的一批人做他的助手。而杨度早年就想物色一个非常之人，辅佐他成就非常之业，自己也赖以取卿相之荣。此时袁世凯正当盛年，又雄心勃勃，正是杨所需要的"非常之人"。这样，杨、袁遇合，二者遂建立了深厚的关系。

历史事实证明，袁世凯延揽人才，是从自己及当时社会需要出发的，为扩大和巩固以封建感情与利益为纽带的北洋集团起到了重大的作用，反映了袁世凯遴选人才的现实性。当然，从小站时期到北洋时期，加入袁氏集团的成员远不止上述这些，这里提及的只是在北洋集团中起着骨干作用、与袁世凯个人关系最为密切、在当时社会中有着一定地位和影响的人物。他们走到一起，为了个人的私利聚集在"北洋团体"这面旗帜下，团结在袁世凯的周围，由小到大，从弱到强，由地方到中央，在清末社会急剧动荡、社会迅速转型的情况下，最终走上了全国政权的大舞台，对清末民初的中国历史产生了十分深远的影响。

四

秘诀之三：袁世凯集团拥有自己一套独特的内部政治文化。

综观清末社会各主要政治集团势力，其实力增长最快的就是以袁世凯为首的北洋集团了。

这个集团为什么能够迅速膨胀？

其中一个因素恐怕就是因为北洋集团政治文化的高度一致与适时性。

政治文化作为支持北洋集团成员行为的心理因素，几乎作用于这个团体的方方面面。

在一定意义上可以说，北洋集团的政治文化决定着该集团的存在状态、

efoo33-3333333

运作方式，以及演变的道路和发展方向。它是这个集团得以存在和维系的必要基础。

那么，什么是政治文化？

关于对政治文化的解释，美国著名的政治学家加布里埃尔·A.阿尔蒙德认为，"政治文化是一个民族在特定时期所流行的一套政治态度、信仰和感情"。[①]

《政治学分析辞典》书中认为："政治文化是每一个社会内由学习和社会传递得来的关于政府和政治行为的模式的聚集。"政治文化通常包括政治行为、心理因素，如观念、情感及评价意向等。政治文化即是全社会历史经验的产物，也是每个人社会化个人经验的能力。[②]

也有人认为："所谓政治文化，就是一定的社会利益关系主体，基于自身的特定利益而对政治活动和政治关系等的认识、感受，以及价值评价和取向等的总和。它主要由政治心理和政治思想构成。"[③]

还有人认为："所谓政治文化是指一国社会成员所具有的特定政治行为模式，它包括该国社会成员中所盛行的政治态度、政治信仰、政治感情、价值观和政治技能。根据政治学的观点，每个社会政治集团都有自己特定的物质和精神环境，也就必然形成与之相符合、相平衡的政治文化。"[④]

事实上，政治文化是研究了解一个社会政治集团的必要工具，它包括社会政治集团的政治心理、政治思想、政治行为这些综合因素中一系列的、复杂的过程，是维系一个社会或政治集团的精神灵魂或思想纽带。

以袁世凯为首的北洋集团的维系纽带，实际上也是对上述定义的证明或事实诠释。

---

① ［美］阿尔蒙德等著：《比较政治学、体系、过程与政策》，上海译文出版社1987年版，第29页。

② 杰克·普拉诺：《政治学分析辞典》，中国社会科学出版社1986年版，第111页。

③ 王仲田主编：《政治学导论》，中共中央党校出版社1997年版，第213页。

④ 王沪宁：《比较政治分析》，上海人民出版社1987年版，第157页。

中国的政治文化是高度的个人化，似乎需要一个放大了的人物或象征，把信奉的人们团结在它的周围并组成特别的关系网，才能工作。[①] "在中国的政治中，个人的特色是至高无上的。政治势力分成派别的关键，在于对人的熟识，他们过去的历史、关系和利益、友谊、仇恨、经济地位，他们的团体和各个团体之间的相互作用。"[②] 而"北洋军人，多系卵翼于袁世凯"[③]。

1859 年，袁世凯出生在经济文化落后的河南项城农村。他的祖辈父辈都受过传统的封建教育，热衷科举，志在做官，一心想依附皇朝求取高官厚禄。当捻军起义席卷豫东时，袁氏家族在世凯祖叔父袁甲三的带领下，纷纷投入到镇压农民起义的行列中。由于镇压农民起义有功，世凯的祖叔父袁甲三和叔叔袁保恒、袁保庆等，分别获取了漕运总督、侍郎和道员的官位。袁世凯幼年的时候就受到这样家庭环境的影响，奠定了以军功和效力皇朝来求取功名的政治观念。

青少年时代，袁世凯随嗣父袁保庆到过济南和南京，深受袁保庆政治经验和带兵经验的影响。保庆死后，袁世凯又随堂叔保恒和保龄到了北京，一边学习八股文，积极应付科举考试；一边帮叔叔办事，对清末官场上的贪污腐化、行奸作伪、攀附权贵、奔竞钻营等种种政治现象都耳濡目染，深有领会。袁世凯在北京期间，正值洋务运动前期，各种洋务思潮也对他产生了深刻的影响。他崇拜直隶总督、淮系领袖李鸿章，在其"练兵求强"思想的影响下，袁世凯"好读兵书"，留心时事，侈谈"效命疆场，安内

---

① ［美］任达著，李仲贤译：《新政革命与日本》，江苏人民出版社 1988 年版，第 6 页。

② ［美］保罗·S. 芮恩斯著，李抱宏、盛震溯译：《一个美国外交官使华记》，商务印书馆 1982 年版，第 18 页。

③ 吴虬：《北洋派之起源及其崩溃》，《近代稗海》（六），四川人民出版社 1987 年版，第 233 页。

攘外"①。

家庭和社会环境的重叠影响，铸就了袁世凯早年政治文化的雏形。一个人早年的经历能够引发持续不断的社会化过程，推动他朝着一个可以预料的方向发展。由于早期政治文化的推动，当袁世凯发现科举之路走不通时，他就效法祖辈父辈的行为，走上了以"军功"求取高官的道路。

1881年，袁世凯投靠了淮军统领吴长庆，开始了他的军旅生涯。在此后，他随同吴长庆到达朝鲜，在镇压朝鲜"壬午兵变"过程中，袁世凯立下大功，受到李鸿章的器重。1885年，在李鸿章保荐下，袁被任命为"驻扎朝鲜总理交涉通商事宜"大臣。朝鲜是当时中国外交、军事的前沿，在这里袁世凯不仅汲取了洋务派的政治外交经验，还观察到近代日本军事的强大。回国后，他"拜谒太傅李鸿藻，畅论中国旧制军队之腐败及日军之精练"，产生了改良中国军事的抱负和理想。

经过早期的政治社会化，袁世凯一方面接受了清王朝代代相传的封建官僚政治文化，成为统治阶级封建文化的继嗣者；另一方面又受到时代发展的影响，汲取了洋务派的政治思想和维新派的某些改良思想，形成了自己的一套政治文化。当1895年，袁世凯受命在小站训练新建陆军时，他就将这种政治文化注入了新的军事集体，使北洋集团形成伊始就烙上了强烈的袁氏政治文化的印记。

北洋集团最初主要由三部分人构成，即追随袁世凯多年的"家兵家将"、北洋武备学堂毕业生和淮军旧将。②这些人大都生长在清王朝封建政治文化影响较深的北方农村，少年时代即受到以军功发迹至显风俗的熏陶，有着强烈的求取功名和升官发财的欲望。特别是北洋武备学堂的学生，他们大多出身贫寒，有着坚定的自强精神和强烈的政治追求欲；而淮军"诸

---

① 沈祖宪、吴闿生编纂：《容庵弟子记》卷一，来新夏：《北洋军阀》（五），上海人民出版社1993年版，第8页。

② 李宗一：《袁世凯传》，中华书局1980年版，第53—56页。

将领多以行伍起家，谓功名自马上得之，于军学多嫚语姗笑……毕业诸生多淹滞伦儚，久之始任用，即用亦不称其才"。[1] 由于在淮军中不受重用，迁升甚慢，他们在心理上压抑感很重。这种追求欲和压抑感的交错发展，使他们一旦受人识拔，便会产生强烈的、为个人所用和报恩的思想。

袁世凯知道这些人的追求所在，便将他们召至新建陆军，破格提拔为各级军官和教习。其后更屡加保举提拔，结以恩遇，使之对自己效忠。

除了用金钱和地位笼络部属外，袁世凯还用送美人的手段进行控制。如对文案阮忠枢即是典型一例。

有一天，阮忠枢对袁世凯讲，他在天津某妓院时认识了一个名叫小玉的妓女，两人感情甚好，想纳小玉为妾。袁听后立即严厉驳斥，说这是有碍军誉，干不得。阮只好作罢。过了不久，袁世凯说到天津办点公事，邀阮忠枢一同前往。下车后，阮随袁进入一个院中，看到屋子里铺设华丽，堂上红烛高照，摆着丰盛的酒席。及至进入里屋，便见一个丫环一面喊着"新姑爷到啦"，一面扶出一个打扮俏丽的新娘来。阮忠枢一时不知所以然，当新娘来到面前并发现她就是小玉时，方才恍然大悟。原来，袁世凯得知阮的心思后，不动声色，秘密派人将小玉赎出，等把事情办妥了，便引阮一同前来。这样，阮忠枢对袁世凯更加忠实效劳，直到袁死。

对李纯的识拔，更显示了袁世凯用人的苦心。

李纯祖籍直隶天津，"其先世抱尚武主义，大都身历戎行，惟以位不甚高，故名亦不甚显……年稍长，父母相继逝世，纯乃仰天而叹曰：'我祖、我父挂名军籍，而皆赍志而殁。及吾身而犹不能耀武扬威，为男儿一吐气，吾将何以见先人乎？'"[2]

---

① 张一麐：《冯国璋事状》，《近代稗海》（五），四川人民出版社 1985 年版，第 598 页。

② 竞智图书馆编：《李纯全史》，《北洋人物史料三种》，台北文海出版社出版，第 199 页。

李纯在北洋武备学堂毕业后，进入新建陆军，当时不过担任小队长。"一日大雨，营中无事，李命各兵士整洁武器，且讲演武器整洁之必要，娓娓不倦。时袁已有野心，对于练兵一事，竭力经营，又慕古大将循拊军士之风，常独往各营中参观，与之言语，藉以物色人才，收抚军心。当李纯滔滔讲演之时，适袁世凯巡阅来营，见其军容，听其讲演，大为赞叹，温语褒奖……不多日遂有升任队长之命。由是屡加拔擢，且竭意留心其行动，后见李秉心诚朴，遇事忠实，大喜过望，尝谓李曰'吾子非庸庸者比，好自勉之，勿负汝师栽培之盛意也'……李得此温谕，益事勤实，入民国后，事袁尤谨。"①

除了武备学堂毕业生外，袁世凯对"家兵家将"和淮军旧将亦加笼络和提拔。这些人大都出生于北方农家和军籍世家，他们当中识字者甚少，袁世凯曾语，"到底不识字的人靠得住"②。他们对袁世凯的提拔更是报以愚忠和服从。袁世凯曾私下对人说："他们毫无知识，只需优待他，他自然会竭诚受我驱遣的。"③ 由于袁世凯掌握了他们的特性，一方面以官位利禄笼络之；另一方面又以严刑峻法威慑之，使他们怀德而畏威，视袁为天帝神明。

在新建陆军章制中，袁世凯还订立了所谓"兼充"制度，即"统领以各分统兼充。分统以各营统带兼充，冀可省官节费"。④ 实际上袁氏却借此来控制其部属，凡是顺从和巴结他的将领便擢升兼充分统或统领。按照新建陆军章制，营统带兼充分统后，就可每月增加薪水银与办公费二百八十四两，分统兼充统领每月亦可增加薪水银与办公费二百六十两。

① 竞智图书馆编：《李纯全史》，《北洋人物史料三种》，台北文海出版社出版，第 200 页。

② 吴虬：《北洋派之起源及崩溃》，中国近代史资料丛刊《北洋军阀》（一），上海上民出版社 1988 年版，第 965 页。

③ 《袁世凯轶事续录》卷四，上海文艺编译社 1916 年版，第 46 页。

④ 袁世凯编纂：《新建陆军兵略录存》卷一。

在新建陆军中，"标营排队诸长，虽干犯军纪，而阳撤其任，阴仍给以津贴，且得委为听差员，如遇出缺，仍得补还"。[1]

既然军队中的将弁都由袁世凯选募而来，官禄的予夺由袁的喜怒而定，官员的进退荣辱完全操纵在袁的手中，那么，他们为了追求名利地位，只能唯袁之命是从，当得到好处时，就产生一种对袁感恩戴德的想法。"这些人以为他们的事业前途悉出于袁世凯之提拔，其效忠于袁世凯的感恩之情，尤其不是他人所能替代。"[2]这样，军队就变成了半私人性质，将官由对朝廷的忠心自然地转到了袁世凯的身上。他们和袁世凯的关系，不是一般公务上的，而是带有封建人身依附性质，并且随着时间的推移，这种依附关系越来越深。

为了使士兵"绝对服从"自己，袁世凯还用极端严格的纪律约束他们，平时比较重视加强对部下的思想教育。用袁世凯的话说，即是："训以固其心，练以精其技，事虽一贯，道实分途。""兵不训罔知忠义，兵不练罔知战阵，权其轻重，训为最要。"[3]"治军之道，首重训兵，其次练兵。"

他定出各种"条规""章程"，如《训练要言》《训哨弁要言》《训兵要言》《兵丁驻扎营内暂行章程》《操场暂行章程》和《行军暂行章程》等，命令部下严格遵守，并经常亲自检查。对执行合格者，或记功赏银，或提升；对违章者，严加惩办，不稍姑息。袁世凯制定出《简明军律》二十条，仿效春秋时期司马穰苴练兵，以严律执行，其中斩罪就规定了十八条。

除了严刑峻法以外，袁世凯还对士兵从精神上进行教化。

袁世凯经常教育士兵要"公忠体国，深明大义""亲上死长"，把这

---

① 竞智图书馆编：《段祺瑞秘史》，《北洋人物史料三种》，台北文海出版社出版，第101页。

② 《袁世凯与庆亲王》，（台）《袁世凯传记资料》（三），第161页。

③ 袁世凯：《训练操法详晰图说》卷一，《训练总说》，光绪二十八年二月昌言报馆印行。

些编为四言白话，刊发各哨，令兵丁熟背，经常颁发"训词"，要各级军官向士兵训话；而且反复强调"事事以本督办为心"，大树特树个人权威，甚至宣扬封建个人迷信，让各兵营供奉他的牌位，把他奉若神明，视为衣食父母。

经过袁世凯的选拔和培养，以袁世凯为中心的北洋集团迅速形成。其势力随着袁世凯权力的膨胀而扩展，其集团的利益完全同袁世凯个人的命运连在了一起，共存共荣，从而形成了颇具特色的北洋集团的政治文化。①

五

秘诀之四：袁世凯潜夺了清室军权，确立了清末军事权威的地位。

编练新军创建北洋六镇，既是慈禧太后的建军需要，也是袁世凯集团最热衷的事情。

由于袁世凯在镇压义和团和庚子事变中表现出来的应变能力，受到列强的赏识和慈禧太后的信赖，1901 年 11 月，他被任命为直隶总督兼北洋大臣。

袁世凯抓住新政这一机会，竭尽全力训练和扩充北洋军队。

1902 年，袁世凯兼任了参预新政大臣、练兵大臣，负责办理新政，这就又为他扩军与膨胀自己的实力提供了有利的条件。

1902 年 2 月 2 日，袁世凯向清政府上奏说："直隶幅员辽阔，又值兵燹以后，伏莽未靖，门户洞开，亟须简练师徒，亦足以销萌固圉。""惟入手之初，必须先募精壮，赶速操练，分布填扎，然后依次汰去冗弱，始可兼顾，而免空虚。现拟在顺直善后赈捐结存项下，拨款一百万两，作为

---

① 参见李明伟《试论清末北洋集团的政治文化》，《史学月刊》1993 年第 5 期。

募练新军之需。"①清政府批准了他的要求。

于是，袁世凯立即派王英楷、王士珍等人分别到直隶的正定、大名、广平、顺德、赵州、深州、冀州等地，精选壮丁六千人，集中在保定训练。这支军队被称为"新练军"。

不久，袁世凯在这支军队的基础上又增募了两个营，同时又续添充马队、炮队各一标，工程队、辎重队各一营，这样就新编成了北洋常备军左镇。此镇后改称为北洋常备军第一镇，驻永平府迁安县。

1904 年，日本与俄国为宰割中国东北地区发生了尖锐冲突，日俄在中国东北地区进行战争已不可避免。袁世凯认为这是他继续扩军的又一次大好机会，于是他上奏说，日俄"两大构兵，逼处堂奥，变幻叵测，亦不得不预筹地步。畿辅为根本重地，防范尤须稳固"。又说："如欲慎固封守计，非十数万人不克周密。"②

1904 年 3 月，袁世凯以原北洋新军为基础，进行裁改归并，又派人到河南、山东、安徽等地招募新兵，练成有步队、马队、炮队的北洋常备军右镇。此镇后改称为北洋常备军第二镇，驻马厂。

同年 4 月，袁世凯又从北方几省招募新兵，编成北洋常备军第三镇，开始驻保定，后来驻扎在山海关至奉天一带。

1905 年 2 月，袁世凯经练兵处奏准，将驻北京的武卫右军和自强军编成北洋常备军第四镇，驻扎南苑、海淀一带。

同年 5 月，他又以山东武卫右军先锋队为基础，另招募了一些新兵合编为北洋常备军第五镇，驻扎山东济南府及潍县一带。

同年 6 月，袁世凯又将 1902 年编练的京旗常备军扩编为独立的一个镇，先驻保定，后移驻京北仰山洼。

这样，从 1901 年到 1905 年，袁世凯完成了北洋新军六镇的编练。

---

① 《袁世凯奏议》（上），天津古籍出版社 1987 年版，第 428 页。
② 《袁世凯奏议》（中），天津古籍出版社 1987 年版，第 876 页。

至此，北洋六镇全部编成，北洋集团的军事基础完全形成。

北洋新军在全国各省新军中人数最多，官兵达七万之众，而且它的武器装备最先进，训练也相当正规，可以说是当时中国最强大的一支现代化武装力量。更重要的是，在扩编六镇的过程中，已经形成了以袁世凯为中心的比较完整的北洋派系。

袁世凯能在短短几年中迅速地完成编练北洋六镇，这与他善于抓练兵权有着极大的关系。

袁世凯在编练新军中逐渐懂得，要使自己军事实力迅速扩大，一定要取得清廷中央的练兵领导权力。

为了达到这一目的，1903 年 3 月，袁世凯上奏了他拟定的《陆军训练简易章程》，并建议在中央设立练兵处。

当时，清政府也想通过成立练兵处集中全国新军的军政和军令于朝廷，牢牢地把新军兵权掌握在清皇室的手中。因此，对袁世凯的建议极表赞同。

同年 12 月，练兵处在北京正式成立。清廷任命皇族奕劻为总理练兵事务大臣，袁世凯为练兵会办大臣，皇族铁良为练兵襄办大臣。

从表面上看，练兵处的大权是由清皇族所掌握，但实际上大权却操控在袁世凯手里。

因为，练兵处成立不久，奕劻就以自己年老多病，奏请慈禧太后将练兵一事责成袁、铁"悉心经营"，即主持练兵具体事务。铁良尚年轻，同时又缺乏练兵经验，而袁世凯却多年练兵有方，所以实际上掌握了练兵处的最高领导权。另外，练兵处下设的各机构要人都是袁世凯的亲信。袁世凯曾向慈禧太后推荐其心腹徐世昌、刘永庆、段祺瑞、王士珍等人，说他们"随同臣当差有年，知之最悉，均属切实可靠"。[①] 在他的推荐下，后来徐世昌为练兵处提调、刘永庆为军政司正使、段祺瑞为军令司正使、王士

---

① 袁世凯：《保举练兵处司员折》，光绪二十九年十一月，中国第一历史档案馆藏。

珍为军学司正使，练兵处的重要职位几乎被北洋集团的人员所包揽。袁世凯还通过练兵处，制定了各种章则法令，包括新军的编制、官制、训练、装备、薪饷等各项法令。

通过这些措施，袁世凯控制了全国练兵的用人权、经费权、军械制造权和练兵考查权。

当练兵处成立时，御史王乃徵就看到了其中的危险，上疏奏请收回成命，他认为：

> 古今中外不闻举国兵柄利权挈而授于一人之理。今练兵之事，旨派庆亲王为总理，袁世凯为会办，兼有铁良襄办矣。顾庆亲王分尊事冗，素不典兵，何从识武将一人？何能议军政一事？铁良之才，素无表现，愈益可想。然则大权在握者，固惟独袁世凯尔。观旨派提调三司，如徐世昌等皆该督荐举，素日为其心腹，将来济济师旅感挟纩之恩而指挥唯命者，岂复知有他人？又况督责天下之饷需，欲户部不得过问，举劾天下之将弁，欲兵部不得持权，既历史所未有，亦五洲所不闻。枝重有拔本之嫌，尾大成不掉之势，此其立召祸乱者五也。凡此五者，事至易明，理至易辨。昔宋臣欧阳修著有《为君难论》，引秦符坚听慕容垂之言而代晋，清泰帝听薛文遇之言而移晋祚，谓两君皆力扼群议，专信一人，以致亡国。臣恐今日之事，正有类此。[1]

王乃徵可谓有先见之明，但清廷利用袁世凯练兵的计划尚未完成，故奏上慈禧太后置之不理。于是，练兵处从开始就归袁世凯掌握。袁世凯乃得假中央的权威以行个人掌握兵权之实，征全国的财力，以养北洋六镇的兵。

这样，咸同以后督抚专政不过造成国家权力结构内轻外重的局面，而

---

[1] 张国淦：《北洋军阀的起源》，杜春和等编：《北洋军阀史料选辑》（上），中国社会科学出版社 1981 年版，第 41—43 页。

袁世凯则据练兵处挟中央以令各省，兵权饷权都操于一人之手，兵将皆为心腹，即禁旅也为其爪牙。

至此，清政府中央集权的果实实际上全部落入了以袁世凯为核心的北洋集团的手中。清政府的兵柄尽入北洋系之囊中，这是北洋集团最终坐大并且能够利用辛亥革命之机倾覆清室的一个主要原因。

六

秘诀之五：抓住了时机，借辛亥革命实现了从地方走向中央的目标。

武昌起义的次日，适逢袁世凯的生日，他的党羽赵秉钧、张锡銮、倪嗣冲、段芝贵、袁乃宽、王锡彤、杨度等咸集洹上村，为袁祝寿。

正当寿宴进行之际，武昌起义的消息传来，举座皆惊。

袁世凯意识到"此乱非洪杨可比"，决心应时而出，待机行事。

袁世凯的英人顾问莫理循说："我们这些'知道内情'的人当时就晓得袁世凯即将表示赞成共和。"[1] 但问题极为复杂，还有曲折。

袁世凯心中有底，并不急着去立即表态。

当时，倪嗣冲、段芝贵劝袁乘机而起，称王称帝，黄袍加身。其亲信幕僚张一麟也说乘此"天下大乱，民无所归"[2] 之际，登基称王。袁克定也赞同此举。

袁世凯毕竟老练，眼光要远大一些，从他以前主动与孙中山、黄兴联系，反清之意，早已流露。[3] 但问题太大，他反复思忖，认为此招风险太大，时

[1] ［澳］骆惠敏编，刘桂梁等译：《清末民初政情内幕》（下），知识出版社1986年版，第250页。

[2] 张一麐：《心太平室集》卷一，第12页。

[3] 参见廖一中：《辛亥前袁世凯向黄兴、孙中山输诚》，《贵州社会科学》，1992年第1期。

机尚不成熟。

在袁世凯看来：

1．自己世受清室恩遇，从孤儿寡妇手中取得天下，肯定要为后世所诟病。

2．清廷旧臣尚多，如张人骏（两江总督）、赵尔巽（东三省总督）、李经羲（云贵总督）、升允（陕西抚巡）均具有相当势力。

3．北洋旧部握军权者，如姜桂题、冯国璋等，尚未灌输此种思想。

4．北洋军力未达到长江以南，即令称帝，亦是北洋半壁，南方尚须用兵。

5．南方民气发达程度，尚看不透。人心向背，尚未可知。

据徐世昌后来回忆说，由于上述五方面的考虑，袁世凯没有急于称帝，而倾向"表面维持清室"，等待形势发展，再行计较。[①]

袁世凯确有勃勃雄心，也很有谋略和手腕，但他的成功，并非像后来人们所想象的那样轻而易举。

他对自己的清朝主子忠心不足，异心有加。武昌起义爆发，冯国璋随同荫昌南下路过彰德拜见袁世凯，袁吩咐他不必急于作战进军，而应"慢慢走，等等看"。

10月14日，清廷任命袁世凯为湖广总督，兼办剿匪事宜，他并不马上答应，反而提出六项要求，分别取悦于立宪派人物、革命党、南方旧官僚，为自己争取更大的筹码。

清廷于10月27日又任命他为钦差大臣，部分答应了他的条件，他仍不出来。

又经过一番讨价还价，10月30日，清廷答应了袁世凯要求的全部条件，袁世凯总算答应出山南下了。

出山后，袁世凯的"战略意图"非常明确：既要利用革命政权，也要

---

① 张国淦：《洪宪遗闻》，《北洋述闻》，上海书店出版社1998年版，第73—74页。

利用清政府，最后把权势集中到自己手中。这就是其心腹助手赵秉钧后来所透露的："项城本具雄心，又善利用时机。但虽重兵在握，却力避曹孟德欺人之名，故一方面挟北方势力与南方接洽，一方面挟南方势力，以胁制北方。"[1]

要达到这个目的很不容易，分寸并不太好把握。如果很快就把革命党镇压下去，清廷还是有力量铲除袁世凯的，也许就像武昌起义没有发生过一样；过早地结束清政权，不要说从南方捞不到什么好处，或许革命党人还要把他当成新的革命对象。因此，在没有确实弄清两方面意图、没有掌握全部主动权之前，袁世凯做了一系列尝试。最突出的就是武汉战争。

岑春煊在《乐斋漫笔》一书中写道："是时袁世凯出任组阁，发起和议，南北代表，群集于沪上。实则袁世凯手握强兵，直压武汉，外挟民意，以制朝廷，使双方皆受其指挥，而坐收渔人之利，计诚狡矣！"[2]

11月1日，袁世凯南下督师当日，冯国璋攻占了汉口。袁世凯立即命令停止前进，派自己的亲信分别试探黎元洪和黄兴的态度，想以此触动革命党人开出价码。在武汉军政府拒绝了袁世凯的君主立宪主张后，袁看到还需要进一步威胁革命党，便命令冯国璋于11月27日攻占了汉阳，威胁武昌。此时，黄兴出走，黎元洪避而不出。但袁世凯又"手下留情"了，再次提出议和。这时帝国主义发挥了特殊的"作用"。一出由列强导演、由袁世凯出面、立宪派推波助澜的"南北议和"的"文明戏"就此开场。

同样，在北方，对袁世凯来说，宗社党和北洋军中的革命党同样可怕，同样使他有腹背受敌的感觉，同样牵制他使他不敢四面出击，北南并举。

袁世凯应付这种内外交困局面的方法，用他自己的话来形容十分贴切："诸君知拔木之有术乎？专用猛力，木不可拔。即拔，木必折断。惟用左

---

[1] 爱新觉罗·溥仪：《我的前半生》，中华书局1977年版，第41—42页。

[2] 岑春煊：《乐斋漫笔》，荣孟源、章伯锋主编：《近代稗海》（一），四川人民出版社1985年版，第107页。

右摇撼之一法，摇撼不已，待至根土松动，不必专用大力，一拔即起。况清室有类几百年大树，岂易拔者！"①

他一定认为，清政府立宪或者退位与否，只能视他个人政治上的需要而定，而不能由革命党、立宪派或是宗社党人来决定。

他必须以北方唯一真正的实力派自居，这是他能够按照自己的需要左右政局发展的根本条件。如果听任异己力量（无论是革命的或是保皇的）在北方滋长壮大，他就有被逐出政治舞台的危险。

时势迫使他采取的方略只能是"先北后南，远交近攻"，即先倾全力扑灭北方军队中的革命力量，以杜塞宗社党责备他畏葸不前的攻讦，向舆论界表明他对清室的"忠诚"，洗刷他那"活曹操"的恶名；同时，佯装一团和气坐下来与南方革命党和立宪派谈判，将敌对势力尽可能化为"和亲"势力，再以此为资本向清室邀功，进而以"逼宫"的手段达到他梦寐以求的政治目的。

在战略方针已经决定的情况下，袁世凯开始出山收拾时局。其实，袁之志在得天下，不出，名不正，难争权势，难以组织袁氏战线，遑论争天下呢？在这种情况下，袁决意东山再起，重登政治舞台。

第一步，袁利用当时清王朝处在四面楚歌的形势，首先夺取湖北前线的军政大权。

他迫使清廷接连发下四道上谕：

1. 调陆军大臣荫昌"回京供职"；

2. 授袁世凯为钦差大臣，"所有赴援之海陆军并长江水师，即此次所派各项军队，均归该大臣节制调遣"，并保证"此次湖北军务，军咨府、陆军部不为遥制，以一事权"；

3. 拨出内帑银100万两为湖北军费；

---

① 白蕉：《袁世凯与中华民国》，《近代稗海》（三），四川人民出版社1985年版，第8页。

4. 第一军交冯国璋统率，第二军由段祺瑞接任总统。

同时，他以钦差大臣、湖广总督的名义调兵遣将，发号施令。先奏派王士珍督办湖北军务，令他添募新兵 12500 名，编为湖北巡防营驻守京汉铁路沿线，以巩固北洋军的后路。继而奏派倪嗣冲为河南布政使，令其在豫东一带招募数营，进占皖北颍州，保证北洋军侧翼的安全。接着，在湖北孝感以北之花园设立司令部，管理以陆锦为参谋长，段祺瑞等主管司令部的各项工作。这样，湖北前线的军权便完全转移到袁世凯的手中。

第二步，稳住直隶，控制北京。

袁世凯的意图不是单纯地对付湖北的起义军，而是要趁机攫取国家的神器，为此，他采取了下列措施：

1. 密令北京的心腹梁士诒等"着手为政治运动"，指出"南方军事，尚易结束，北京政治，头绪梦如，正赖燕孙（梁士诒）居中策划一切，请与少川（唐绍仪）预为布置"。[①] 随之，梁士诒、唐绍仪、徐世昌、赵秉钧、杨士琦、袁克定、杨度等人在北京开始为袁世凯攫取更大的权力，而紧张地进行幕后活动。

2. 派赵秉钧入京勾通奕劻，调姜桂题所部毅军进驻北京城内，把守九门要冲。由梁士诒与赵秉钧合谋，借助毅军的势力，由赵秉钧代满人桂春署民政大臣，强制遣散旗籍巡警而以汉人代之，[②] 从而控制了北京的局势。

3. 面对京畿附近北洋第六镇统制吴禄贞与第二十镇统制张绍曾的"反叛"现象，派部下周符麟潜赴石家庄刺杀吴禄贞，以李纯为第六镇统制；通过徐世昌授意心腹潘矩楹逼迫张绍曾离开第二十镇，由潘代理第二十镇统制，从而又把京畿军权重新控制到自己的手中。与此同时，袁世凯又命令曹锟、王怀庆率部镇压了通州革命党人的起义。至此，直隶清军中的革命力量均为袁所镇压，袁的后方得以巩固稳定。

---

① 凤岗及门弟子编：《三水梁燕孙先生年谱》（上），1939 年铅印本，第 100 页。

② 凤岗及门弟子编：《三水梁燕孙先生年谱》（上），1939 年铅印本，第 110 页。

第三步，就任内阁总理大臣，把清政府的权力完全控制到自己的手中。

袁世凯出山当天，汉口即被攻下，载沣在自己控制局势无望的情况下，解散皇族内阁，授袁世凯为内阁总理大臣。"在梁士诒、唐绍仪、段祺瑞、张锡銮、赵秉钧合力斡旋，分途布置下，袁世凯入京就职。"①

袁世凯组阁，立即把自己的党羽和朋友充入内阁，如外务大臣梁敦彦、副大臣胡惟德，民政大臣赵秉钧，陆军大臣王士珍、副大臣田文烈，度支大臣严修，海军大臣萨镇冰，司法大臣沈家本，学部副大臣杨度，邮传部大臣唐绍仪（先后由杨士琦、梁士诒、署理）等都是明证。②

为了掌握中央军权，他组阁后，首先，罢免军咨府大臣载涛和毓朗，而由自己的朋友荫昌与徐世昌接替。其次，迫使载沣交出"监国摄政王"的大印，退回藩邸。同时，调冯国璋入京，接任禁卫军总统。不久，又用准备出征的名义把禁卫军调出城外，而派段芝贵另编拱卫军，驻扎城里。这样，袁世凯就接收了清廷统治下的全部权力，玩弄皇太后与幼皇上"孤儿寡母"于股掌之上。

第四步，主宰南北谈判，取得全国权力。

袁世凯在取得责任内阁总理大臣，完成了攫取清政府大权之后，便开始了他的第四步骤，即取得全国的权力。他的策略是在依靠人心所归和雄厚的军事地位的基础上，拉拢立宪派和列强作其帮手，以倡言君主立宪向革命党施加压力，进行讨价还价的谈判，反过来，又以革命党要求共和逼迫清室逊位，即"以北方兵力威胁南方，又以南方民气恫吓北廷"。③

第一手，向南军伸出橄榄枝，先后派自己的部下蔡廷干、刘承恩、唐绍仪、杨士琦到汉口与上海分别与南军和谈，以摸清南军意图，威胁利诱，

---

① 凤岗及门弟子编：《三水梁燕孙先生年谱》（上），1939 年铅印本，第 110 页。

② 《清末实录》，北京古籍出版社 1999 年版，第 30 页。

③ 张国淦：《孙中山与袁世凯的斗争》，《北洋军阀史料选辑》（上），中国社会科学出版社 1981 年版，第 140 页。

迫其就范。

第二手，派遣心腹阮忠枢通告各地自己的党羽："蒿目四顾，棘手尚多……目前要义，当在保持地方秩序，固结军人团体，联合各界感情，增长北方实力，最为当务之急。"①巩固北洋团体，推向新的权力高峰，这是袁世凯及其党羽朝夕盼望的大事。12 月，袁世凯命令曹锟、卢永祥率第三镇进占山西，从革命党手中夺回娘子关、太原，委张锡銮为山西巡抚，命令齐耀琳为河南巡抚，镇压当地革命党；授意自己亲家山东巡抚孙宝琦取消独立，并令第五镇镇压当地革命力量。倪嗣冲、赵倜、周符麟则分别向皖北、陕西进军，做出遏制革命军的架势。派张镇芳署理直隶总督，严密控制直隶。密派段芝贵、张锡銮前赴东北三省，说服东三省总督赵尔巽拥袁共和。袁的这一手意在万一革命党人不履行诺言，不屈服自己，他拥有华北就可以自行组织政府，与南方抗衡。

第三手，左右开弓，左打右拉。利用北洋军的实力、列强与立宪派的支持、革命党的弱点及自己的资望，迫使革命党人同意让出政府，袁则同意宣布赞成共和，并逼清帝退位，南北双方达成协议。1912 年 1 月 3 日，在梁士诒的"策划"下，驻俄公使陆征祥和其他驻外使节，根据袁的示意，纷纷电请清帝退位。26 日，北洋军段祺瑞、姜桂题、张勋、何宗莲等 48 名将领联衔通电，要求清政府："明降谕旨，宣示中外，定共和政体，以现在内阁及国务大臣等，暂时代表政府。"②同日，宗社党领袖良弼遇刺，不久身亡，其他反对共和的满族亲贵纷纷作鸟兽散。2 月 12 日，清帝颁布逊位诏书，统治了中国 268 年的清王朝正式结束。袁世凯逼宫成功。

在上述措施完成后，2 月 13 日，袁世凯声明赞成共和，孙中山向南京临时参议院提出辞呈；2 月 15 日，临时参议院一致选举袁世凯为临时大总

---

① 《阮忠枢致张镇芳函》，宣统三年十二月二十二日，中国社会科学院近代史研究所藏。

② 转引自李宗一：《袁世凯传》，中华书局 1980 年版，第 198 页。

统；3月10日，袁世凯在北京宣布就任临时大总统；4月1日，孙中山正式解职；4月5日，参议院宣布迁都北京。

至此，袁世凯实现了他对各方政治力量的完全胜利，取革命成果与清代268年的天下为私有。

"一个军事的独裁者继承了旧的皇朝。"①

---

① ［美］保罗·S.芮恩施著，李抱宏、盛震溯译：《一个美国外交官使华记》，商务印书馆1982年版，第12页。

儿子弄璋爷弄瓦

——庆亲王奕劻的误国真相

　　奕劻为人贪鄙，这是由其青少年时贫苦的生活环境所造成的。但其见识短浅、庸俗，却为朝中一般满洲亲贵所不能及。也许，在他的眼中，做官从政，不过是利用权力换取钱财、换取富贵的一种手段，是一种最合算、最聪明的经营方式。他的眼中，没有国家，只有自己的小家；他的心中，没有一般士人治国平天下的抱负，唯有做个富家翁，让其家族迅速发达富裕起来这一个目的。这些，既是他当权后一手给大清帝国制造出来的潘多拉盒子的内在根源，也成为他晚年不幸生活的重要根源。

一

1912 年（农历壬子年）正月十三日凌晨，京师定阜街胡同匆匆驶出了数辆大车，出正阳门往东急去。

中间的一辆大车上，坐着一位颓丧欲绝的年逾 70 的古稀老人。

此刻，这位老人正在几位侍妾的半劝半挟中放声大哭。

他，就是亲身经历了大清帝国晚期整个苦难过程的庆亲王奕劻，时人戏谑之为"老庆"。

几天前，在南京的孙中山中华民国临时政府与北京的袁世凯内阁双重逼迫下，清帝被迫宣布逊位，大清帝国寿终正寝。

随着庇护他的帝国政府的坍塌，他的权势与钱财来源也戛然而止。

清帝宣布退位，他曾声言要以"老命殉国"，但风声大，雨点小，实则口硬骨头酥。但这一场大闹，倒也提醒了家人，时移势易，得赶快给老头子寻个安身立命颐养天年的去处了。经老亲家孙宝琦力劝，正好睡觉有了一个枕头，"老庆"才借坡下驴。于是，他半推半就、亦假亦真，在家人胁迫下踏上了去往天津租界的路程。

在老泪横流的昏黄眼珠后面，老庆家一幕幕的家业兴衰史正在他的脑海里翻卷着。

二

老庆家的荣华富贵来之不易。

奕劻，满族，爱新觉罗氏。乾隆皇帝第十七子永璘的孙子。自动过继给庆郡王绵慜为嗣。其时，作为一个宗室旁支，其家境已经败落下来。

据史载，奕劻幼时，家境并不富裕。《泰晤士报》上说，奕劻"早年甚贫乏，以其为中国绘画山水之能手，兼擅长书法，尝为人教读，且资书画以糊口，藉以略增其所入"。

皇亲宗室中，本享有种种特权。但自嘉庆以来，作为宗室旁支，其生活败落者大有人在。

一方面，宗室人口在增长，另一方面，国家的财政状况却在明显地恶化，发给宗室的养赡银米七折八扣，到了已经远离权力中心的旁支手中，已经所余无多，经济上捉襟见肘成了普遍现象。

在这种情况下，奕劻自然逃脱不了贫穷的窘境。早年的经历，在他的人生性格上打上了深深的烙印，使得他在拥有权力后贪财不厌，巨细必收。

在晚清的亲贵中，奕劻的书画是最有名的。奕劻少年聪颖，学习十分刻苦。他早年学习书法，模仿雍正帝楷书，颇为神似。经过学习苦练，他的山水画画得很有特色，题款也往往无不隽雅。虽然生活拮据，他倒也乐在其中，早年还曾经以此谋生。

让人始料不到的是，这份绝活却成了奕劻进入帝国政治权力中心的敲门砖。

有历史资料记载说，奕劻早年住在方家园，与慈禧太后的娘家为邻。慈禧的弟弟照祥，生性疏懒，不喜读书写字。为了按惯例问候姐姐慈禧太后的起居安康，他经常让奕劻为之捉刀代笔。时间一长，慈禧也由此渠道渐渐知道了这位颇通笔墨的旁支宗室亲贵奕劻。这为日后慈禧在罢去恭亲王奕䜣后重用奕劻铺垫了基础。后来，颇会走门路的奕劻又通过与慈禧太后的弟弟桂祥结亲，进一步巩固了慈禧太后对他的注意与赏识。

道光三十年（1850年），奕劻袭封辅国将军，这一年，他才13岁。

同治年间，在慈禧的关注下，他又先后晋封贝子、贝勒。

光绪十年（1884年），甲申易枢。慈禧以中法战争处理失当为由彻底赶走奕䜣，全面洗牌、改组政府，奕劻因缘得以接任总理各国事务衙门大臣，主持清政府的外交工作，开始走上政治舞台，逐渐为国内外上层人士所瞩目。这一年，他又在慈禧的关怀下晋封庆郡王。从此奕劻为慈禧宠信不衰，直到 1908 年慈禧去世。

三

车中的奕劻，想起了 1903 年他入军机处任领班军机大臣前的岁月，想起了他苦苦奋斗、来之不易的升官历程。

1885 年，鉴于在中法战争中大清国水师由于势单力薄而处处被动挨打的状况，慈禧太后终于同意大练水师，创办海军衙门。

出于对奕劻的信任与欣赏，慈禧任命奕劻为海军衙门会办，令他与醇亲王奕谭，直隶总督李鸿章一起办理海军事务。

为了取得慈禧的欢心，他与醇亲王一道，挪用海军经费来为这位皇太后修建颐和园。由此，他更得慈禧的赏识与信任。1894 年，慈禧太后六十大寿时，特下懿旨晋封奕劻为庆亲王。

虽然，国防经费的大量挪用最终导致了大清国在甲午中日战争中的惨败，最后不得不使清政府放下天朝大国的臭架子，向东洋小国日本割地赔款。

但是，奕劻却因此巩固了他在慈禧太后心目中的地位，捞到庆亲王的晋封殊荣，在国与家之间，奕劻选择了家，而且，这一次，他欣慰，他的选择"正确"了。

甲午战败，"湘淮同悲"，北洋海军全军覆灭，清政府赖以维持统治的武装力量已不复存在。

1895 年，清政府成立了督办军务处，决心重振清王朝的军事力量。奕劻又乘间参与其中，取得了满族亲贵大臣知兵的虚誉，从此，他又与慈禧依靠的新的心腹、主持督办军务处实际工作的荣禄拉上了关系。他坚定地站到后党一边，帮助慈禧翦除帝党势力，成为后党安插在中央外交部门的一个重要的支柱。

1898年，年轻的光绪皇帝决心变法，革新政治。但是，他依靠的却是一帮没有任何政治经验与历练的青年学子。这帮青年学子，救国热情可嘉可赞，但他们向光绪皇帝提出的大变、快变、全变的"一揽子工程"却不尽符合中国当时的实际情况。尤其是他们竟要"解散"中央政府，试图成立一个以他们为中心的、新的变法政府来解决问题。他们认为，只要通过光绪皇帝雷霆万钧的手段，杀几个顽固保守阻挠变法的守旧大臣就可解决问题。

没有实际政治经验的皇帝采纳了这帮热血沸腾、急于在政治上"跃进"的维新派的主张，这就与慈禧安排的中央政府的领导班子的模式产生了冲突。最终，1898年9月21日，慈禧从颐和园起驾还宫，囚禁了这个胆大冒进、不听话的皇帝，下达了追捕与屠杀青年维新派的命令。

在这一场帝后的较量中，聪明的奕劻站在实力派后党的一边。这一次，他又庆幸站对了队。从此，他与荣禄就成了慈禧在内政与外交上依靠的两大柱石。

但是，奕劻的政治前程不久又遇到了大麻烦。

由于列强诸国掀起了瓜分中国的狂潮，1899年，山东、直隶等地民众开始设坛建拳，起来反抗，1900年席卷华北地区。这就是近代历史上有名的义和团运动。

面对民众的仇洋情绪，朝中一部分赞成废黜光绪皇帝的大臣，乘机推动慈禧太后利用民众力量起来抗洋。

已有多年外交经验的奕劻认识到了形势发展的严峻性。

1900年1月27日，英、美、德、法等驻华公使联合照会总理衙门，指责"中国政府对'义和拳'和'大刀会'这样的结社抱有好感"。他们一致要求清政府明谕"对'义和拳'和'大刀会'进行全面镇压和取缔"。①

---

① 胡滨译：《英国蓝皮书有关义和团运动资料选译》，中华书局1980年版，第12—13页。

面对这种局面，2月19日、5月22日，奕劻两次领衔会奏，请求朝廷严厉查办山东、直隶及京师一地的义和团的仇洋行为，以免激起事端，徒给外人以出兵干涉的借口。

但是，此时的慈禧太后已经在端郡王载漪的鼓动下决心用义和团与列强一战。

6月10日，内阁明发上谕："端郡王载漪著管理总理各国事务衙门，礼部尚书启秀、工部右侍郎溥兴、内阁学士兼侍郎那桐，均著在总理各国事务衙门大臣上行走。"①

这个事件表明，慈禧太后这时已对奕劻产生了信任的危机。剥夺他在总理衙门的实际权力，渗入大批顽固仇洋的守旧大臣进入总理各国事务衙门就是一个明显的信号。

奕劻明白自己的处境，决定闭上嘴巴，韬光养晦，总理各国事务衙门由此成了顽固派载漪等人的天下。

6月16日、17日、18日，慈禧连开三天的御前会议，决定对义和团的剿与抚，及对列强的战与和问题。

在御前会议上，反对向列强开战的袁昶、许景澄、立山、联元、徐用仪五大臣被慈禧断然下谕处死。

看到慈禧战意已定，奕劻深知逆犯龙鳞的后果。他决心不发一言，始终保持了沉默。在国家与自身的安危之间，他再一次选择了明哲保身的策略。

6月19日，第四次御前会议，慈禧决定利用义和团对列强宣战。

8月，八国联军开始侵华。8月15日京师沦陷，慈禧、光绪等人仓皇出逃。

留京办事大臣昆岗等见"各公使寻觅庆邸甚急，意在出而议款，甚至邸宅探寻多次"，奏请"饬令庆邸回京议约，便宜行事，与各国公使

---

① 中国史学会主编：《义和团》（四），上海人民出版社 1957 年版，第 17 页。

浃洽"。①

23 日，昆岗又向慈禧上一奏折："各国素与庆亲王奕劻办事多年，最为信服，必须三日内请庆亲王迅速会晤，以安宗社而救百姓。"

25 日，李鸿章也上一奏折，指出庆亲王、荣禄尤为各国所重，虽已随驾西行，应请饬令星夜回京。

27 日，英人赫德又致函总理各国事务衙门，要求奏请朝廷速行简派庆亲王奕劻来京议和。

当日，慈禧谕令"病滞怀来行馆"的奕劻，即日驰回京城，便宜行事，主办议和之事。

9 月 3 日，奕劻在英、日军队的保护下返回北京。

昨日已被剥夺总理各国事务衙门大臣的实际权力，被搁置到了一边的奕劻，此时时来运转，转眼间又成了慈禧倚重的香饽饽。政坛间的朝风暮雨真是令人头晕目眩，不知所然。

议和期间，奕劻会同李鸿章，秉慈禧急于议和心态，迅速与列强接触。在谈判桌上，奕劻、李鸿章坚决保全慈禧，千方百计地为慈禧开脱罪责，让列强在"议和大纲"上既没有将慈禧列为祸首，也没有逼她交出权力。从此，奕劻再度获宠，直至慈禧去世不衰。

其实，庚子事变慈禧西逃时，对于奕劻并不放心。在列强各国指名要奕劻回京议和时，慈禧虽命奕劻回京，但却毫不留情地将奕劻眷属全行携去作为人质。

奕劻在庚子议和中，一方面保留了慈禧的统治权，同时又极大限度地满足了列强的贪婪要求，各国列强也因此而成为其坚强的后盾，一时间身价倍增，权倾朝野。时人议论王公大臣们的政治背景时，说某王公有德国后台，某王公有日本后台，都不过各有一国后台而已，惟独说到庆亲王奕劻，

---

① 《义和团史料》（下），中国社会科学出版社 1982 年版，第 688 页。

皆认为他的后台有八国之多。[①]

1903 年（光绪二十九年），荣禄病逝。慈禧环顾左右，认为唯有奕劻可以接领政府。从此，奕劻以亲王之尊成为领班军机大臣，同时兼领外务部。内政外交大权，集其一身，直到宣统三年（1911 年），大权在握，位极人臣。

四

在奕劻看来，1885 年进入总理各国事务衙门，不过是他政治生涯的开端，而 1903 年入驻军机，领衔政府，才是他真正实现发家致富、聚敛财富的开始。

奕劻为人贪鄙，这是由其青少年时贫苦的生活环境所营造。但其见识短浅、庸俗，却为朝中一般满洲亲贵所不能及。也许，在他的眼中，做官从政，不过是利用权力换取钱财、换取富贵的一种手段，是一种最合算、最聪明的经营方式。他的眼中，没有国家，只有自己的小家；他的心中，没有一般士人治国平天下的抱负，唯有做个富家翁，让其家族迅速发达富裕起来这一个目的。这些，既是他当权后一手给大清帝国制造出来的潘多拉盒子的内在根源，也成为他晚年不幸生活的重要根源。

许指严在《十叶野闻》一书中说道：

庆王奕劻之贪婪庸恶，世皆知之，其卖官鬻爵之夥，至于不可胜数。人以其门如市也，戏称之曰老庆记公司。上海各新闻纸之犊尾，无不以此为滑稽好题目，盖前此之亲王贝勒入军机当国者，未尝有赃污贪墨如此之甚者也。

初，庆王以辛丑和约成，大受慈眷，然实李文忠（指李鸿章）未竟之功，

---

① 爱新觉罗·溥仪：《我的前半生》，中华书局 1977 年版，第 18 页。

而王文韶为之助成，庆王可谓贪天之功矣。顾荣禄未死以前，庆王实绝无议政权。及荣禄死，太后环顾满人中，资格无出庆右者，遂命他为领袖军机，实则太后亦稔知庆之昏庸，远不及荣禄也。

庆之政策无他谬巧，直以徇私贪贿为唯一伎俩，较之树党羽以图权势者，尤为未达一间。其所最好者，多献礼物，拜为干儿，故门生、干儿满天下，然门生不如干儿之亲也。

奕劻交人，以所奉钱财多寡为亲疏远近的标准。这在当时清末，已经成为人们谈论不鲜的话题。

当时，英国驻重庆代理领事布朗在一封信中就提到："庆亲王对于钱财的欲望是没有止境的，除非首先付钱给他，任何事情都不可能办成。"[1]

陈夔龙，本是荣禄心腹干将之一。荣禄死后，他通过夫人又与奕劻结上了关系。传说陈夔龙的夫人"幼即拜老庆为义父"。陈夫人对待这位当国的义父极为孝顺，"凡所贡献，罔不投其嗜好，且能先意承志，问暖嘘寒"。不仅如此，为了丈夫的政治前途，陈夫人甚至"常居老庆邸中，累日不去"。庆王每日上朝，她常亲将朝珠于"胸间温之"，再挂在义父的颈上，然后把庆王送至门外。京师有人为此写诗道："百八牟尼亲手挂，朝回犹带乳花香。"[2]成为当时一大趣闻。

在陈夫人的积极公关下，陈夔龙仕途一路蹿升，几年间便升至大清国最为实缺的直隶总督。

据许指严记载："夔龙督直时，每岁必致冰炭敬数万，几去其收入之半，其他缎匹、食物、玩好等不计。"对此，奕劻也觉得不好意思。他曾对陈夔龙说：你也太费心了，以后还须省事为是。陈夔龙则敬对说：儿婿区区之忱，尚烦大人过虑，何以自安。以后求大人莫管此等琐事。

许指严说：老庆听后"莞然"，盖默契于心也。

① 《英国蓝皮书有关辛亥革命资料选译》上册，第10页。
② 许指严：《十·叶野闻》，《民国笔记小说大观》第一辑，第242—243页。

好一个"莞然",好一个"默契于心",把一个惟讲利益的庆王形象,活脱脱地定在了历史书面上。欤,许指严大手笔矣!

除了陈夔龙,奕劻还有一个堪称为"干儿中坚人物者",这就是邮传部尚书陈璧。

陈璧在交上庆亲王之前,不过是一个京师小吏,囊中羞涩,"颇穷窘"。忽一日,紫气东来。京城一个金店老板,愿意出资帮助陈璧发达。但是附加了一个条件:"他日富贵,幸勿相忘可耳。"于是,这位金店老板,利用行当便利的条件,用自己所得的重宝东珠鼻烟壶以陈璧的名誉进献给奕劻。奕劻果然"笑纳之",并答应让陈璧在他空闲时来见他。于是,陈璧有缘拜在奕劻膝下,自称干儿。不久,他又用金店老板5万条金"借机谀媚",庆王受之。陈璧由此禄星高照,由道藩一跃而升为侍郎,进而又入驻清政府因举办新政而新成立的邮传部,俨然一政府大员矣。金店老板也因此弃商从政,得到了能轻易捞取肥大油水的铁路局长之差。二人皆大欢喜,喜不自胜。

民国以后,时过境迁,奕劻落魄天津,陈璧过津皆"避道而过,不一存问了"。这真是利尽交疏、无用则弃的一个典型的例子。这是后话而已。

1908年,奕劻七十诞辰,大开祝典,把进财纳贿之举推向高潮。

作为大清帝国"宰相"的生日,自然是各省乃至京师那些拼命做官或者力图保全职位的官员们攀缘交结的重要机会。各省督抚、藩桌,京师中的尚书、侍郎,以及其他一些有着不可告人目的的势力小人们都开始纷纷行动起来。一时间,各地进献者络绎于道,庆王府门前车水马龙,列起了长阵。

为了掩人耳目,明地里,奕劻告诫家人勿收礼物,但暗地里却令属下做四个册籍。将送礼者按众寡厚薄分为四级。一级记入福字册,凡现金万金以上及礼物三万金以上者登记入册,另存其名手摺中。二级禄字册,凡现金五千以上及礼物值三千金以上者登记在册。三级寿字册,凡千金以上及礼物值三千金以上者,记入此册。四级喜字簿,凡现金百金以上及礼物值数百金者记入此册。同是送礼者,大小多少不拒,甚至将物不满百金者列为一册。寿言、诗文、屏障、楹联，也列册记之。这一次七十寿诞，奕劻所得现金 50 万两白银之多，礼物价值更为百万以上，成了一个名副其实凭借权势招财进宝的"老庆记公司"。

在这次生日祝寿中，有一个趣闻迅速传遍了京师的大街小巷，让人们对奕劻更加不齿，也让庆亲王为言官们追杀责骂，差一点陷入了进退维谷的地步。

原来，有一广东富人，久已垂涎于粤海关长一职务。"其家人妇子之见地，俱以海关为有名誉之官缺，苟得之，胜于其他长官百倍。"[1] 因此，这个富家翁听说庆王好货贪财，立刻拿 20 万两白银入京，先以 10 万为寿礼送往庆王府。于是，庆王的第一级福字册上，此翁竟然赫列榜首。干儿陈夔龙原已进银 6 万，听说此事，亟补送 4 万金，但已经晚了火候。奕劻生日那一天，请福字册众人吃宴，此默默无闻之富家翁竟然被奉为上宾，与朝中各地重臣督抚欢饮一席，而同僚们却无一人相识相知此人情况。此事一时哗然，迅速传遍了京师，成为街头巷尾、衙门、店铺一等新闻话题。

为了让庆亲王奕劻更加知恩图报，在奕劻生日前后，慈禧明下懿旨，庆亲王世袭罔替。烈火干柴，感动得老庆王热泪满眶。

本来，庆王一支已经降为辅国将军一级，远离权力中心。由于奕劻的扶摇直上，才使这一支宗室旁支又获天颜宠幸，重新恢复了昔日的尊贵和荣耀。自同治以来，清季亲王世袭罔替者只有咸丰帝胞弟恭亲王奕䜣、醇亲王奕譞，以宗室旁支获此殊荣与利益者，独有奕劻一人，一时引为荣耀，成了宗室八旗子弟羡慕与嫉妒的对象。庆亲王奕劻之事业、门第一时间达到鼎盛时期。

---

[1] 许指严：《十叶野闻》，见《民国笔记小说大观》第一辑，第 245 页。

五

俗话说得好，物壮必用，盛极必衰。老庆王在去往天津列车上，想起了他那两个不争气的儿子。

奕劻有儿女数人，但最不争气的却是大儿子载振与二儿子载搜。

"晚清政界趣闻，实推庆邸二子为最。"[1]

载振，字育周，是老庆王心中认为最妥帖的家族接班人。

载振本人长得很漂亮，人也聪明。

庚子回銮以后，慈禧总结教训，注意从宗室中挑选、培养和历练一批亲贵子弟，载振就是其重点要培养的对象之一。

1902年，英国维多利亚女王去世，新王乔治继位，26岁的载振以贝子头衔被慈禧派为出席英皇加冕典礼的专使，并访问法、比、美、日四国，为时近半年，是最早出洋游历的皇室宗亲成员之一。

载振回国后，慈禧颇为宠信与重用。短短时间内，就认命他为镶蓝旗汉军都统、御前大臣，管理火器营、正红旗都统等职。

1906年，清政府进行官制改革，慈禧又任命载振出任新组建的农工商部尚书。这一年，载振才年仅30，真可谓是"春风得意马蹄疾，一夜观尽长安花"。

但是，出生在钟鸣鼎食之家的载振，从小就养成了一身纨绔的习气，不知其父老庆创业的艰辛与对他寄托的深深的厚望。

载振上任农工商部尚书，忝列政府阁员之初，还不改其花花公子之习气，"微服，乘小车出游西城，征歌赌酒，往往通宵达旦"，为此没少了御史们的上折弹劾。

---

[1] 许指严：《十叶野闻》，《民国笔记小说大观》第一辑，第248页。

1907 年，奕劻政敌岑春煊入京，力图扳倒老庆。载振在这个重要的节骨眼上却继续不收敛其纨绔本性，接收天津道员段芝贵为他献上的美妓杨翠喜。载振一见杨翠喜，惊为天人，赞叹不绝。于是挟之入京，金屋藏娇，在温柔乡中，颇有此间乐不思蜀的感觉。段芝贵因此也被推荐上任黑龙江的巡抚。

于是，御史赵启霖在岑春煊的指引下，上折纠参。许指严说："无何，鼓钟于宫，声闻于外，彼铁面无情之恶御史，不顾人家好梦，忽然大声疾呼起来，'吹皱一池春水，干卿底事'，都老爷（指御史们）诚不解事人哉。白简一声，春雷起蛰，中朝（指慈禧）为大官顾惜名誉，不得不交查办。"于是，津门之三不管中，有一人来管起。

此太原公子（指载振）之东车站游兴，忽然为之打击，殆如"渔阳鼙鼓动地来，惊破霓裳羽衣曲"也。于是，全只纸老虎尽被铁御史戳穿。外闻物议沸腾，闹得老庆也动怒起来，说："你是朝廷大臣，如何这样不顾面子？"振大爷不得已，把此事都推在盐商王竹林身上，轻轻将此位色艺双绝之尤物，也送给这大腹贾了。那大养子（指段芝贵，当时他拜认比他小得多的载振为干爹）更不敢出头露面，好像一些没有关系的样子。于是朝廷所派查办之大员，按照常例复命。恭恭敬敬呈上八大字，谓之："事出有因，查无实据。"一天风雨，从此消灭。但可惜如火如荼之振大爷，竟免尚书之职而下台矣。哀哉！杨翠喜必自咎曰："是妾命薄，害了公子。"呜呼！"门前冷落车马稀，老大嫁作商人妇。"竹林之幸，而翠喜之不幸也。[①]

客观上说，晚清时期，政风日下，官员们出入歌馆倡寮，倚红偎翠之人多了。载振不过是其中一员腐败分子罢了。但这件丑事一旦被政敌利用与扩大，在当时表面上官员讲究道德至上、假儒学的年代，这件丑事就不是一件人人熟视无睹的平常小事了。

---

① 许指严：《十叶野闻》，《民国笔记小说大观》第一辑，第 249—250 页。

果然，漏子捅到晚清最高统治者慈禧太后那里，"两宫震怒"，明发谕旨："据称段芝贵夤缘迎合，有以歌妓献予载振，并从天津商会王竹林措十万金，为庆王寿礼等语。有无其事，均应彻查。"① "西后命载沣、孙家鼐查办，家鼐不敢得罪臣室，载沣尤懦愿，覆上，谓非实。启霖革职，而芝贵亦罢黑抚。载振不自安，因请开缺报可。"②

这件事情最后的结果是：投机钻营的段芝贵，被撤去刚刚到手的黑龙江巡抚，落得个鸡飞蛋打的下场。花花公子载振不得不割爱而弃杨翠喜，而且丢掉了农工商部尚书的肥缺，从此不能再居卿列，政治前途一片暗淡。庆亲王奕劻也从此见疑于慈禧。这件事后，慈禧虽然继续任用奕劻但明显地加大了扶植载沣的力度。换马迹象已经显露出来。

做了军机领袖以来，奕劻屡被弹劾，已经心灰意冷，加上其黩货敛财已装满了满身口袋，遂有让载振入军机接班而自己去颐养天年的打算。

1907年，在战败政敌瞿鸿禨、岑春煊后，奕劻"自顾年老怨多，内不自安，亦谋引退"。谁知慈禧早已在心中开除了载振，对奕劻说道："时事日艰，老成不可轻去，今当使载沣随汝学习一二年，再从汝志未晚。"奕劻这才明白了慈禧的心中打算。他明白，载沣一旦见用，其儿载振就会被其所压。儿子前途实属大事。于是，老庆王再也不敢说出退休之类的话了。他还要找准机会，为儿子重返政治舞台，为儿子的政治前途，再搏一次。为了这个不知轻重只贪享乐的大儿子载振，老庆王几乎要把自己的老命豁出去了。

擦了一把昏黄的眼泪，车上的老庆王又想起了另外一个不能让他安心的不肖之子载搜。

载搜，老庆王的二儿子，当时歌馆妓院，人们辄呼叫他"搜二爷"。

与振大爷相比，载搜更加不肖。每日不仅不管正事，相反，整天泡在

---

① 《德宗实录》，卷五七一。
② 《凌霄一士随笔》（一），山西古籍出版社1997年版，第305页。

八大胡同拿着老庆贪贿而来的家产，周旋在京师有名的美妓之间。

为这事，老庆王没有少生气。但生气归生气，搜二爷照旧花钱如流水，偎红、享乐，根本就不拿老庆的话当话，更对当时新闻报纸对自己的攻击与嘲骂置若罔闻，不管不顾。日子一长，老庆也拿他没有什么办法，只好如和尚敲钟，听之任之了。

搜二爷是京师有名的纨绔子弟、浪荡公子，就像《红楼梦》中的贾琏一样，完全不思祖宗创业之不易，惟以拈花惹草、床上功夫为人生乐趣。"今日八千金娶一名妓，明日一万金又娶一艳姬，予取予求，自适其适。"① 当时京城八大胡同最有名之红宝宝、苏宝宝者，均被他购置藏娇自室。两宝宝互相嫉妒、打架，搜二爷倒是借坡下驴，借口有清净之欲又出去另寻新欢。

俗话说，创业难，败家则易。载搜的一场闹腾不仅让庆王在外面丢尽了脸面，而且其千辛万苦索得而来的钱财，已被这不肖之子"日出斗金"地折腾将空。老庆在外面捞，载搜则在外面散。"彼由外铄，此则内溃。呜呼，女祸烈矣。"② 当时有某都御史，写成一联骂庆王和载振的对联说："儿子弄璋爷弄瓦，寄生草对寄生花。"对于载振的杨翠喜丑闻案及搜二爷的闪亮艳史，又有某都老爷改窜成一联："儿子弄璋爷弄瓦，兄曾偎翠弟偎红。"一段"佳话"，传遍了京师内外、大江南北。清王朝国祚落败，实与这帮亲贵子弟的瞎闹折腾有一定的关系。鲁迅先生笔下有一位九斤老太，常常絮絮叨叨地说道：一代不如一代。用来视作亡清之谶言，倒很合适。

---

① 许指严：《十叶野闻》，《民国笔记小说大观》第一辑，第 251 页。

② 许指严：《十叶野闻》，《民国笔记小说大观》第一辑，第 250 页。

六

奕劻顺着思路，又想起了那些可恶的都老爷们。

虽然大清国的御史们可以风闻言事，不会因此而获罪，但这帮都老爷们，仗着老佛爷的支持，也太不收敛自己了。自从奕劻代替荣禄入主军机开始，这帮恶犬们就寻影狂吠，没有消停过。这也太不把自己这个"当国领袖"，宗室庆亲王放在眼中了。

最让奕劻切齿痛恨的是，御史们不仅借他家中的风流韵事大做文章，而且还把手直接伸进了自己的钱囊，简直是要明火执仗打劫了嘛！

尤其是蒋御史伙同汇丰银行瓜分奕劻私款百万之事，令奕劻想起来就不禁地怒从心头起，恶向胆边生，恨不得食这些御史们的肉，扒这些御史们的皮而后快。

据《慈禧传信录》记载：奕劻自进入军机，成为"当国领袖"以后，肆无忌惮，取贿日富。他把这些索刮而来的不义之财全部存放在英国的汇丰银行。一日，在汇丰银行工作的某司事，与载振在八大胡同嫖妓女而发生争执。载大爷仗着自己权大钱多，狠狠地羞辱了这个敢与自己平分美色的小小银行职员。事后，这个银行职员衔恨于心，回到银行，查阅了奕劻在汇丰的全部存款，恶念顿起。第二天，他就找到经常寻事奏劾奕劻的御史蒋式瑆，告诉他说，奕劻某日在汇丰银行新贮白银六十万两。君可具疏弹劾。届时上峰必派人察究事实。调查时奕劻一定会托我销毁存款证据，这样，奕劻的这笔巨款就会落在我们的手中。二人平分，君可富。如果奕劻不托我销毁证据，你也不用担心。我必以实情告诉前来查办的人。结果一定会是奕劻倒更大的霉，太后一定会因此罢免奕劻的当国军机领袖之职务。君的努力就会震动天下，而且还会因此在仕途之路上更进一步，君看这件事值不值得一试？

蒋式瑆听罢大喜。遂与这个银行职员仔细商量后，立即上疏一封，有根有据、有板有眼地弹劾奕劻在英国汇丰银行的私贿存款一事。

果然，慈禧太后大怒，命军机大臣鹿传霖查办此事。

奕劻害怕事情败露，"果托是司事注销证据"。"洋司事乃暗改账簿，将款支出，入于私囊，王爷敢怒而不敢言，迨查无实据，侍御以诬参革职，洋司事分给侍御二十万。"①这件事在当时京城闹得很大，以至于巷间市民都以谈闻此事而痛快。

又据《复庵笔记》中记载："某侍御疏劾奕劻贪婪纳贿，且举汇丰银行存金百万为证。有旨派鹿传霖清锐查办，传霖等官尊齿宿，而暗于外情，以银行为存款之地，宜察视其簿册，则衣冠舆从以往。而是日适值星期，比至，门扃甚严，叩之无应者，即途人问焉，方知其休息不办事，怅然而返。翌日复往，有西人自称大班者出见，态甚倨，问何事至此，则以奉旨澈查奕劻存款对。因索阅其存款名册，大班曰：'行中定例，此册不得示人。'时去庚子未久，洋势方张，传霖等不敢再诘，踉跄辞出，遂以查无其事覆奏。某侍御以所奏不实，回原衙门行走。有知其事者云：'奕劻存款百万属实，奏劾之举，乃银行中人勾串为之，事后据其款而瓜分焉。奕劻莫敢问。'"②

这则史料，对于汇丰银行某职员与蒋御史勾结一气巧取奕劻百万存款一事的调查过程记述甚详，从中可以窥见到晚清官场黑暗、社会秩序混乱的一角。一叶落而知秋。由此，人们可以看到，清政府的腐败已如将倒之冰山，再力挽既到之狂澜也是无济于事了。同时，这件事也告诉人们，在晚清，言路对于抑制腐败官僚的巧取豪夺，确实也起到了一定的作用。只要言官奏劾一上，清政府即必视此轻重大小，派人查办，然后将结果公示天下。

① 《凌霄一士随笔》（一），山西古籍出版社1997年版，第327页。
② 《凌霄一士随笔》（一），山西古籍出版社1997年版，第327—328页。

在这个事件中，蒋御史虽然因"查无实据"被贬，得到的也不过是"回原衙门行走"的很轻的处分。但对于庆亲王奕劻来说，却具有典型的意义。因为此时奕劻正担任着首席军机大臣，是大清帝国的政府领袖，这样大的官职，言官都可以随意风闻奏劾，其他朝里官僚就更不能不惊惧小心，如履薄冰了。如此看来，虽然晚清黑暗，言官制度倒还如黑暗天空中沉沉一星，闪亮出一丝光芒，足以让人们能够因此而记住它，思考它。

七

奕劻又想到了袁世凯。

对于袁世凯，奕劻是又念、又恨、又气，再加上个怕字。

恨的是袁世凯替代了清帝，使他失去了昔日王爷与首辅大臣的荣耀地位。气的是袁世凯过河拆桥，用完人后就将自己晾到了一边。如今，老袁做上了名副其实的民国大总统，生杀大权操于一身。想到这里，奕劻对自己过去害国的许多行为不由地后悔起来。袁世凯已不是过去有求于自己的袁世凯。自己的贪婪本性与骨子里的本质，袁世凯全部了如指掌。他会追究过去吗？他今后会怎样对待自己。想到此，奕劻不由得身冒冷汗，心中隐隐地担忧起来。

奕劻想到，袁世凯所以能成大事，短短十余年间就由一个不为人所知的温处道迅速膨胀成为一个举世所知的民国大总统，确有他的别人所不及之处。就拿晚清来说，官场办事，必须用"银子点灯笼，打亮来照道"。混迹官场之人，谁不想趁机多捞一把。这个袁世凯偏偏与人不同，他不为自己及家庭拼命敛财，倒是将费心搜刮到手的白花花的银子，全又毫不吝惜地送了出去。就凭这一点，时下又有几人能做得到？老佛爷活着时还不是借祝寿等机会想法为自己多敛一点吗？

胡思敬在《大盗窃国记》一书中，在述及袁世凯为人豪爽、慷慨、大方时就说过："世凯生平，滥交污取，俯视一切，不问家人生产。自其少时，即好为游荡。偶得数金，辄呼朋饮酒，顷刻而尽。后继得位，益顾盼恣睢。有炙手可热之势。每幸一姬，辄有犒赏。宴客必至珍错，杂以西餐，一席之费，不减中人十家之产……其横绝古今，为诸奸所不及者，敢用之财，视黄金直如土块……名利为天下所争趋，故小人皆乐为效。"① 奕劻虽贵为王爷，权重为领班军机大臣、内阁总理大臣、练兵大臣，但既然不能免"名利"之俗，为之"争趋"，自然就不能最终成为袁世凯夹袋中的一个重要人物，不能不为其所驱，直至为利而干出背祖毁灭社稷之败家子的事情来。

关于袁世凯用金钱运动交结奕劻一事，胡思敬以当时人物详细记载其过程。

胡思敬说："奕劻初入政府，方窘乏不能自舒，世凯进贿动辄三四十万。"

刘厚生在《张謇传记》中也说道："光绪二十九年癸卯年（1903年）以前，袁世凯最注意的，仅仅是一个荣禄。其时庆王（指奕劻）为外务部领袖，亦居重要地位，而世凯之所馈赠，并不能满庆王之欲。庆王曾对人发牢骚说：'袁慰亭（袁世凯字慰亭）只认得荣仲华（荣禄），瞧不起咱们的。'但荣禄自辛丑回銮之后，体弱多病，时常请假，后因久病，竟不能入值，屡次奏请开缺，而那拉氏不许。但照病势推算，恐怕不能久于人世。于是庆王有入军机的消息，为袁世凯所闻，即派其办事能手杨士琦赍银十万两送给庆王。庆王见了十万两银子的一张银号的票子，初疑为眼花，仔细一看，可不是十万两吗？就对杨士琦说：'慰亭太费事了，我怎么能收他的？'杨士琦回答得很巧妙，他说：'袁宫保（指袁世凯）知道王爷不久必入军机，在军机处办事的人，每天都得进宫侍候老佛爷，而老佛爷左右许多太监们，一定向王爷道喜讨赏，这一笔费用，也就可观。所以，这些微数目，不过作为王爷到任时零用而已，以后还得特别报效。'庆王听了就不再客

① 胡思敬：《退庐全集》，（台）文海出版社，第1356页。

气。不多几时，荣禄死了，庆王继任。入军机之后，杨士琦话说的并不含糊，月有月规，节有节规，年有年规，遇有庆王及福晋（满语称夫人为福晋）的生日，唱戏请客及一切费用，甚至庆王的儿子成婚、格格出嫁、庆王的孙子弥月周岁，所需开支，都由预先布置，不费王府一钱。那就完全依照外省的首府、首县伺候督抚的办法，而又过之。"①

袁世凯先后向奕劻行贿多少，这是无法统计的。但有一点是可以肯定的，即袁世凯向奕劻行贿的数目是极为巨大的。奕劻代替荣禄主持军机仅一年，就发生了弹劾奕劻案。此案说明了奕劻受贿数额的巨大，也说明了袁世凯的出手大方。

以金钱为桥梁，袁世凯接通了奕劻这一"中央政府"的领衔人物。他在奕劻身上下注的巨额本钱，同时也得到了相应的回报。

由于被袁世凯用金钱所收买，奕劻对袁世凯是有求必应，言听计从，几近傀儡。袁世凯向奕劻推荐的人大都得到了重用。有时，奕劻甚至主动让袁世凯推荐人才。

刘厚生在《张謇传记》中指出："弄到后来，庆王遇有重要事件，及简放外省督抚、藩臬，必先就商于世凯，表面上说请他保举人才，实际上就是银子在那里说话而已。"②

《凌霄一士随笔》中写道："西后唯一宠臣荣禄死后，奕劻代为军机领袖，权势日盛。其人贪婪而好贷，袁世凯倾心结纳，馈遗甚丰，并与其子载振结昆弟交，奕劻奉为谋主，甘居傀儡。庆、袁之交既固，世凯遂遥制朝政，为有清一代权力最伟之直隶总督焉。东三省实行省制，主之者世凯，意在扩张势力，所谓大北洋主义也。丁未年（1907 年）三月，徐世昌简东三省总督，并授为钦差大臣，兼三省将军，地位冠于各督。奉、吉、黑三省巡抚则唐绍仪、朱家宝、段芝贵。四人皆出袁荐，东陲天府，悉为北洋

---

① 刘厚生：《张謇传记》，上海书店 1985 年版，第 127—128 页。

② 刘厚生：《张謇传记》，上海书店 1985 年版，第 128 页。

附庸，固见世凯后眷之隆。而奕劻之为袁尽力，自尤匪鲜。"①

在胡思敬《国闻备乘》中指出："光绪末年，小人阶之以取富贵者，捷径有二：一曰商部，载振（通过奕劻），一曰北洋，袁世凯主之。皆内因奕劻而借二杨（指杨士骧、杨士琦）为交通枢纽。"②

在金钱力量的驱动下，奕劻完全为袁世凯所用。由于只要袁世凯向奕劻推荐谁，谁就可以被提拔重用，所以，一时间依附于袁世凯者门庭若市，袁世凯为了扩大自己的团体势力，对前来投靠者一概结纳。这是清末袁世凯势力迅速膨胀起来的一个重要因素。

在奕劻看来，他与袁世凯的权钱交易还是很成功的。毕竟，奕劻早年家境贫寒，过怕了受穷的日子。入驻军机领袖后，奕劻在袁世凯支持下迅速过上了真正王公贵族的享乐生活。尽管有人骂他是第二个和珅，但他依然我行我素，乐此不疲。

在奕劻看来，他至少在下列五个方面帮了袁世凯的大忙：

1. 对袁世凯安插自己亲信言听计从。结果从中央到地方的军政重要职位上，遍布了袁世凯集团的力量。这是造成后来袁世凯力量尾大不掉的一个重要原因。

2. 支持袁世凯练军办校，造成了国家之"兵为将有、将为袁有"的局面。

3. 与袁世凯联手，搞掉了一心保护大清江山的后清流势力，如瞿鸿機等辈。

4. 以害怕北洋军起来造反为由，软中带硬地反对摄政王载沣杀掉袁世凯。

5. 武昌起义发生后，全力说服清室让袁世凯出山收拾时局，甚至不惜把自己的内阁总理大臣的位置让给袁世凯。

---

① 《凌霄一士随笔》（二），山西古籍出版社 1997 年版，第 576—577 页。

② 胡思敬：《国闻备乘》卷三，张伯锋、荣孟源主编：《近代稗海》，四川人民出版社 1985 年版，第 269 页。

为了满足自己的贪欲，他满足了袁世凯的一切要求。结果，袁世凯军政大权到手后，立即将孤儿寡母玩于股掌，逼清帝退位，最终取清室以自代。

大清社稷这棵老树虽然已经经历 260 余年的风雨，外烂内空。但毕竟百足之虫，死而不僵。"死树不倒，猢狲就不散"。如今，奕劻帮助袁世凯推倒了这棵可以使自己乘凉纳福的大树，"树倒猢狲散"，奕劻这只"老猢狲"也只好流落荒原，成了一只无人用、无人理的"癫皮狗"了。此时，他才感到自己是搬起石头砸了自己的脚，才感到自己永远失去了王爷的荣耀与"政府领袖"的高贵。

想到这里，奕劻不由得悔恨交加，血压骤升。他恨自己，恨自己过去为了私欲做过的一切蠢事。他恨袁世凯，恨袁世凯野心太大，推翻清室江山后，再不搭理自己。一直到了这个时候，我们这位可爱的王爷，才终于有了一点点的反思与觉悟。只是，世上没有后悔药可吃呀！

八

民国代替清朝，人们并没有感觉出太大太多的变化。

老袁坐稳了大总统的宝座，也犯了常人都有的得陇望蜀的毛病。他头脑一热，在一群宵小文人的鼓动下，打起了做一个堂堂正正的洪宪帝国皇帝的算盘。结果，众叛亲离，在全国上下一致讨伐的唾骂声中气急而死。接着，北洋系在群龙无首的情况下开始内战。"城头变幻大王旗"，乱哄哄你方唱罢我登场，直把舞台作战场。

垂暮的老庆，在家人搀扶照顾下，回到了京城。

短短几年，已经物是人非。

老庆感慨颇多。

庆王府依旧是高墙环立，但是却没有了过去富丽堂皇、人气旺盛的气象。

在老庆侨寓天津，每日与众福晋打麻雀（即玩骨牌）的消闲日子里，其子振大爷、搜二爷已经将庆王府闹了个底翻天。

"及老庆复归，则大观园（指庆王府）中物事，遂已抄洗一空。其老家人如焦大、王善保、周瑞之流，乃告以琏二爷、珍大爷之所为。"

老庆听后，先是老泪横流，后则叹息而言，"他们拿去，也就罢了"。①

二子败家，短短数年内就花尽了他老庆用一生奋斗得来不易的财富。他老庆除了用无所谓来宽慰自己外，又能怎么样呢？

此刻，面对空荒寂凉的庆王府，老庆触景生情。他想起了《红楼梦》第一回中甄士隐家破人亡后的"彻悟"，想起了甄士隐的《好了歌注》：

陋室空堂，当年笏满床；衰草枯杨，曾为歌舞场。蛛丝儿结满雕梁，绿纱今又糊在蓬窗上。说什么脂正浓、粉正香，如何两鬓又成霜？昨日黄土陇头送白骨，今宵红灯帐底卧鸳鸯。金满箱，银满箱，展眼乞丐人皆谤。正叹他人命不长，哪知自己归来丧！训有方，保不定日后作强梁。择膏粱，谁承望流落在烟花巷！因嫌纱帽小，致使锁枷扛；昨怜破袄寒，今嫌紫蟒长；乱哄哄你方唱罢我登场，反认他乡是故乡。甚荒唐，到头来都是为他人作嫁衣裳。

老庆"顿悟"了。他在心中默默地忏悔：自己为子孙计，以权谋私，"金满箱，银满箱"，结果"甚荒唐"，到头来还不是水中捞月一场空，为他人作了嫁衣裳。

再次避居天津租界的奕劻，1917 年 1 月 29 日，在悔恨与绝望中死去。

一个时代结束了。

奕劻临终时，曾上一封遗折给溥仪，折中写道：

臣忝列藩封，夙承恩眷，自当差以来，历管总理各国事务衙门及神机营、海军衙门事务，材轻任重，无补涓埃。庚子岁海氛不靖，辱荷恩知，

---

① 许指严：《十叶野闻》，《民国笔记小说大观》第一辑，山西古籍出版社 1995 年版，第 247 页。

付以留守重任，并与大学士直隶总督李鸿章同办和议事宜。仰禀庙谟，幸勿陨越。洎銮舆返跸，海宇乂安，外务忝膺，枢机旋秉，愧乏坠露轻尘之效，莫酬天高地厚之任。及乎两圣升遐，皇上继统，时局弥棘，报称益难，直至辛亥之冬，改组内阁，仔肩得卸，幸保余年。不谓福薄灾生，数载以来，疾病淹缠，迄未能一奉朝请。迨至去年冬季，益觉委顿不支，失血失眠，险象迭起。迁延中西医诊治，或言系由频年操劳过甚，心血两亏所致，非安心调养不易见功。方谓仰托福庇，得以渐就安瘥，不意药石无灵，延至本月初六日，气息仅属，已无生存之望。伏念臣历事四朝，叠承眷注，今当永辞盛世，伏愿我皇上敬天法祖，圣学日新，以无负先朝付托之重，则臣虽死之日，犹生之年矣。余生绵惙，罔罄腹心，瞻望阙廷，神魂飞越，谨口授遗折，令臣子载振恭缮呈递，伏乞皇上圣鉴。①

奕劻死后，清废帝溥仪恼恨奕劻与袁世凯勾结让他失去了江山社稷，亲拟了四个字"谬、丑、幽、厉"，让王公们从中选出一个作为奕劻的谥号。最后，还是在载沣的反复要求下，溥仪将"密"字作为奕劻的谥号。"密"的含义是"追补前过"，让奕劻在九泉之下永远思过。如果奕劻泉下有知，当不知会作如何感想！

---

① 秦国经：《逊清皇室秘闻》，故宫出版社 2014 年版，第 78—79 页。

无事有书小神仙

——摄政王载沣的执政得失

载沣不能体谅慈禧太后的良苦用心，相信"有军在"，一上台就罢斥袁世凯，急急从督抚手中回收兵权，通过中央集权的手段来加强皇权巩固其统治地位。这就在根本上破坏了满汉地主阶级的联合统治，破坏了满汉权臣间的权力平衡，从根本上动摇了大清王朝的统治基础。这是清王朝迅速走向灭亡的重要原因之一。

一

光绪三十四年（1908 年）十月，紫禁城里凉风习习。刚过完 74 岁万寿的慈禧老佛爷，终因年老体衰、操劳过度而病到了。这已是她进入皇宫第 58 年，统治大清国也已经将近半个世纪了。

本年夏秋之间，慈禧的身体就时有不适，眠食失宜。入冬以后，她又害起了痢疾，下泄不止。十月初十日（11 月 3 日），是这位老太后 74 岁的生日。生日大庆的欢乐并没有减轻这位已经主宰了大清朝 48 年命运的铁腕女人的疾病痛疼。相反，多日的劳累，使她的病情有增无减。慈禧病倒以后，虽然没有想到很快就会去与自己的丈夫咸丰皇帝、儿子同治皇帝见面，但她也意识到了作为古稀之人病倒后的危险性。也许是人的第六感起了作用，这位经验丰富的老太后预感到，该是她决定后事的时候了。因此，她一面继续关心着政局发展，牢牢地控制着朝廷用人大权；另一方面她也不得不未雨绸缪，开始为自己的身后大事做一些必要的安排。

二

事实上，戊戌政变后，慈禧太后与光绪皇帝实际上已不能再像往日那样相容。慈禧太后甚至还动了废黜光绪皇帝的心思，只是因为列强与地方督抚的反对才不得已暂时停下手来。但是，慈禧一旦决定了的事，是轻易不会改变的。最后，经过权衡，她用荣禄的主意，立大阿哥溥儁，以准备待时机成熟后取代自己不喜欢的光绪皇帝。因为这场高层争斗的变故，最终招来了义和团运动与八国联军侵华事件，慈禧太后为此付出了流亡西安、宗社差一点就被颠覆的沉痛代价。痛定思痛之后，在即将起銮回京之时，老谋深算的慈禧太后就已经拿捏定了身后的皇位继承大计。

1901 年 11 月下旬，在回銮途中的开封，慈禧太后即按预定计划废黜溥儁的大阿哥身份，立刻逐他出宫。

1902 年 1 月，趁在保定暂住的机会，慈禧太后突然向载沣宣布了指定他同荣禄的女儿瓜尔佳氏结婚的懿旨。

当时，据外电传说，光绪皇帝年已三十，结婚多年并无子嗣，而且体弱多病，因此，慈禧太后与光绪皇帝都在为将来皇位的继承问题而困扰。他们让载沣完婚，生子以继承帝位。

我们如今难以找到准确的档案材料，来证明外间所传慈禧太后让载沣结婚，是慈禧早就已拿定的主意。但外面所传慈禧让载沣结婚是与皇室继承人问题有关，这绝不是毫不沾边的无稽之谈。可以肯定的是，慈禧指定载沣与他的宠臣荣禄的女儿结婚，这绝不是这位老太后的一时兴起，而是她长时间深思熟虑后做出的明智决断。

瓜尔佳氏是荣禄的女儿，据说长相相当漂亮，在家中十分受宠。她长期随侍慈禧身旁，深受这位以严苛著称的老太后的喜爱，还被慈禧收为义女。慈禧曾对人说过："这姑娘连我也不怕。"语气中毫无自责却满带怜爱，可见二者关系确实非同一般。

老太后这次指婚，"当然首先是为了酬功"。[①] 载沣当时已经承袭醇亲王的爵位，瓜尔佳氏一过门就是一个现成的王爷福晋，这对于勋旧重臣荣禄来说，无疑是一种酬报。不过，如果仅仅是为了酬功，老太后大可将荣禄之女指配给其他宗室，但作为一位成熟的政治家，慈禧太后或许设想得更远。既然不想将身后事托付给自己不放心的光绪皇帝，那么就应当早做决断。尤其是经过庚子之变，老太后也知道光绪皇帝这个名号轻易动他不得，于是索性在皇亲国戚中寻找下一代继承人，这本亦是情理中的事。环顾四周，宗室后辈乏人。载沣为光绪皇帝兄弟，其子继位不会引起臣民们的疑虑。尤其是载沣性格谨慎听话的性格，颇合慈禧太后的心意。瓜尔佳氏又是自己亲眼看着长大的义女，敢于杀伐决断，让他们二人结合，慈禧无疑也最为放心。因此，为载沣择偶，从某种意义上讲，就是为今后新皇帝择母。很可能在流亡西安期间，老太后就已经拿定了这个主意。

---

① ［澳］雪珥：《国运 1909——清帝国的改革突围》，陕西师范大学出版社 2012 年版，第 14 页。

正因为如此，1900 年，慈禧开始起用载沣，命他为内廷行走。1901 年春为阅兵大臣。随后又让他管理镶红旗觉罗事务，同年夏，又命他为正蓝旗总族长。接着，又让他出使德国。1903 年，载沣刚满 20 岁，就被任命为随扈大臣。1906 年受命管理对守卫京师负有重要责任的键锐营事务，同年秋又升任正红旗满洲都统。1907 年，即让刚刚 24 岁的载沣在军机大臣上学习行走。[①] 这样，到 1908 年慈禧太后与光绪皇帝病危之时，慈禧一语定乾坤，选定载沣之子溥仪入承大统而让载沣摄政，就不是一件太难让人不可思议的事情了。

三

溥仪在《我的前半生》一书中曾有如下详细的回忆：

庚子后，载漪被列为祸首之一，发配新疆充军，他的儿子也失去了大阿哥的名号。此后七年间没有公开提起过废立的事。光绪三十四年十月，西太后在颐和园度过了她的七十四岁生日，患了痢疾，卧病的第十天，突然做出了立嗣的决定。跟着，光绪和慈禧就在两天中相继去世。

光绪三十四年（1908 年）十月二十一日，正当盛年的光绪皇帝病逝于瀛台。

光绪皇帝死后，其侄溥仪，奉慈禧太后懿旨，"入承大统，为嗣皇帝"。

第二天，慈禧太后的病情也突然恶化。随后，溥仪之父载沣亦奉"病势危笃，恐将不起"的慈禧太后之命监国，嗣后"军国机务，中外章奏，悉取摄政王处分，称诏行之，大事并请皇太后懿旨"。[②] 十月二十二日，

---

① 《最后的摄政王载沣传》，文化文艺出版社 2006 年版，第 13、29 页。

② 《清史稿》卷二五，宣统皇帝本纪，中华书局 1976 年标点本。

掌握清朝政权 48 年之久的慈禧永远地放弃了她的权力。十一月初九日，太和殿上举行了清入关后的第 10 次登极大典，溥仪登极，以明年（1909 年）为宣统元年。清代历史从此进入了以溥仪临朝、载沣摄政的宣统朝。

宣统朝统治集团内部总矛盾与纷争中，对清末政局产生重大影响的当首推以载沣为首的皇族亲贵集团与袁世凯集团的矛盾和争斗。

为了维护自己利益集团的长治与久安，新得势的亲贵集团急于要除掉实力派袁世凯集团的潜在威胁。"其时两宫薨逝，政潮已极剧烈。欲攻袁者，方多方寻隙，"① 以去之及爪牙为快。溥仪登极后一个月，监国摄政王载沣即罢黜了身为军机大臣的袁世凯。

载沣监国摄政后，为什么仍然不能容忍袁世凯而将其立即罢黜呢？对于这一点，对载沣的秉性为人比较清楚的载沣胞弟载涛的分析很能说明问题。载涛说："载沣虽无统驭办事之才，然并不能说他糊涂。他摄政以后，眼前摆着一个袁世凯在军机大臣的要地，而奕劻又是叫袁拿金钱喂饱的人，完全听袁支配。近畿陆军将领以及几省的督抚，都是袁所提拔，或与袁有秘密勾结。他感到，即使没有光绪帝的往日仇恨，自己这个监国摄政亦必致大权旁落，徒拥虚名。"② 由此可见，载沣罢黜袁世凯的主要动机在于维护自己监国摄政的权力。据许指严记载："袁之知满人不足有为，而处心积虑，施其破坏之阴谋者，实始于辛丑回銮而后。及荣中堂既死，则进行益猛矣。"袁世凯曾经"语其亲信曰：'满员中止一荣中堂，而暮气已甚。余则非尸居，亦乳臭耳，尚何能为。'自是一变其态度，始有予智自雄之意。"③ 这样看来，袁世凯的进退，实际上直接影响着清王朝最后的命运。

① 凤岗及门弟子编，《三水梁燕孙先生年谱》（上），上海书店出版社 1990 年版，第 82 页。

② 载涛：《载沣与袁世凯的矛盾》，《辛亥革命回忆录》（六），中华书局 1963 年版，第 323 页。

③ 许指严：《新华秘记》，张伯锋、荣孟源主编：《近代稗海》（三），四川人民出版社 1985 年版，第 305、306 页。

载沣上台执政后对此不做处理，不仅自己，恐怕在皇族亲贵集团中这一关也很难通过。

据载涛记载，促成载沣下决心解决袁世凯问题的是肃亲王善耆和镇国公载泽。他们曾向载沣秘密进言，认为此时若不速做处理，则内外军政方面，皆是袁的党羽。从前袁所畏惧的是慈禧太后，太后一死，在袁心目中，已无人可以箝制他了。异日势力养成，消除更为不易，且恐祸在不测。按善耆的主张是采取迅雷不及掩耳的手段，乘袁世凯单身一人进乾清门办公时，把他抓起来杀了再说。载沣当时虽然赞成严办，但他是个怕事的人，显然缺乏其祖先康熙皇帝擒鳌拜的胆量和气魄。他只是拟了一个将袁革职使交法部治罪的谕旨，甚至还把这个谕旨拿出来和奕劻、张之洞及北洋某些统制等人商量。尽人皆知，奕劻是和袁世凯关系最密切的人，张之洞则是一个圆滑世故的官僚，兔死狐悲，他们的态度不问可知。奕劻因与袁世凯的关系而不便公开反对，只是闪烁其辞，软中带硬地说，杀袁世凯不难，不过北洋军如果造起反来怎么办？张之洞则公开持反对态度：主少国疑，不可轻戮大臣。第四镇统制吴凤岭、第六镇统制赵国贤干脆回答，请先解除他们的职务，以免士兵有变，致辜天恩。重臣那桐、世续也不同意载沣杀掉袁世凯。众人的反对，使这位年轻的摄政王更加犹豫不决，只得将严惩袁世凯的谕旨的措辞一改再改，等到公布出来，就成了令袁世凯开缺回籍养疴的事情。

对于朝廷枢臣一致表示不赞成载沣诛杀袁世凯这件事，史学大师陈寅恪先生曾经这样认为："袁世凯到处安插有耳目，消息非常灵通，只要得知清朝权贵要杀他，就很快躲入大使馆。当时保袁的不止张之洞一人，还有庆亲王奕劻等。他们保袁世凯不止保袁个人，而是为了大局稳定。"实为至论。

事实上，袁世凯不仅拥有军事上的潜势力，而且还拥有外交上的奥援。当袁世凯刚被载沣罢黜，"北洋陆军，闻之大哗，各各摩拳擦掌，慷慨急难，几将肇绝大风潮"；①袁世凯罢官令下的当晚，外国驻华使馆往来频繁，商议对策。英国公使朱尔典立即"出面予以保护，要求载沣确保袁世凯的人身安全"②；日本和英国两国公使一致表示，"当此清国不幸事件发生，如果有外国干预之事"，两国当一致采取行动。由此看来，袁世凯消息灵通，对清廷的动静了如指掌，对个人安全布置得十分周到，即使载沣敢下手，恐怕也是办不到的。

载沣放逐袁世凯以后，又进一步剪除袁党。宣统元年（1909 年）初，邮传部尚书陈壁革职，永不叙用。不久，严修乞休。接着，徐世昌内调邮传部尚书，由锡良继任东三省总督。锡良到任，立即抓住黑龙江布政使倪嗣冲贪污案，"即行革职，勒追赃款，以肃官方"。③3 月 23 日民政部侍郎赵秉钧休致，北京的警权转到亲贵手中。6 月 28 日，杨士骧病死，端方继任直隶总督。次年 1 月唐绍仪被迫乞休。2 月，铁路总局局长梁士诒被撤职。不久，江北提督王士珍以病自请开缺照准，等等。尽管载沣扫荡政敌不遗余力，但袁世凯的势力毕竟是太雄厚了，尚侍督抚，均属其私，决非一朝一夕所能铲除。因此，帝国主义者一直把袁视为"有实力的人物"。英国《泰晤士报》仍把他排在世界伟大的"政治家"之列。④当载涛、载洵赴欧洲考察军事时，帝国主义分子"群口相谓，谓中国至今日奈何尚不用袁世凯"⑤。国内立宪派也认为袁仍有猛虎在山之势。以袁世凯为代表的北洋集团与满

---

① 《骆宝善评点袁世凯函牍》，岳麓书社 2005 年版，第 193 页。

② 崔志海：《关于晚清政治权力结构的一种新的解释——〈晚清权力与政治：袁世凯在北京与天津〉述评》，苏智良等主编：《袁世凯与北洋军阀》，上海人民出版社 2006 年版，第 504 页。

③ 《黑龙江民政使倪嗣冲请革职片》，《锡良遗稿·奏稿》第二册，中华书局 1959 年版，第 943 页。

④ ［澳］骆惠敏编，刘桂梁等译：《清末民初政情内幕》（上），知识出版社 1986 年版，第 713 页。

⑤ 黄远庸：《袁总统此后巡回之径路》，《远生遗著》卷一，上海商务印书馆 1920 年版，第 40 页。

族亲贵集团之间的生死搏斗，是清王朝统治阶级上层政治危机的重要反映，袁世凯被罢官并没有使危机得到缓和；相反，由于政治重心的迅速变动，袁世凯集团与清室满汉联盟的破裂，上层的统治危机更趋严重。

客观地说，摄政王载沣上台以后立即驱逐了汉人官僚袁世凯，这对于已经摇摇欲坠的大清王朝来说无异于雪上加霜。这是因为，前次袁世凯与瞿鸿禨、岑春煊、铁良等人的斗争实际上都没有超出统治集团内部的倾轧范围，但是，这次载沣驱逐袁世凯，却最终导致了慈禧太后制定下来的最高统治集团中的满汉联盟格局的彻底瓦解。

庚子辛丑以后，袁世凯已经上升成为清政府中的汉臣领袖，倘若驾驭笼络得法，统治集团中的满汉联盟是可以引领大清王朝这艘已经千疮百孔的破船继续走下去的。袁世凯尽管对于满人亲贵的诸多做法不满，但当时还并没有背叛清王朝的野心。针对同盟会成立后在南方各省发动的一系列武装起义的做法，袁世凯明确表示了反对的态度。光绪三十三年六月二十九日（1907 年 8 月 7 日），袁世凯还通谕直隶全省，驳斥革命党的排满之说，反对革命党采取的暴力举动。袁世凯说："逆党啸聚海外，荧惑侨氓。其处心积虑，尤欲满汉自相猜忌，因猜忌而生冲突，因冲突而起纷争。该逆又假托满人上灭汉政策，刊印散布，愚弄士民。既用排满之说，疑误满人；更借灭汉之说，激耸汉人。离间谗构，狡谲已极……近岁，湘赣两粤，迭闻揭竿。自取天诛，决无全理。"①载沣不能体谅慈禧太后的良苦用心，一上台就左手排斥掉袁世凯，右手靠通过中央集权的手段来加强皇权巩固其统治地位。这就从中央到地方两方面在根本上破坏了满汉地主阶级的联合统治，破坏了满汉权臣的平衡，从根本上动摇了大清王朝存在的统治基础。危如累卵的清王朝已经经不起任何一点小小的打击了。

---

① 《为扶植伦纪历陈大义通谕》，《骆宝善评点袁世凯函牍》，岳麓书社 2005 年版，第 188 页。

四

　　载沣将袁世凯撵回老家，仍不能安坐摄政之位，地方督抚仍然貌合神离。为此，载沣进一步加强中央集权。

　　军政方面，宣统元年（1909 年）五月，载沣自封"代为统率陆海军大元帅"，成立了陆海军联合机构——军咨处，以控制全国海陆军的调动之权。随后，又任命在他监国摄政后被晋封郡王衔的两个弟弟载洵、载涛分管海军和军咨处，形成弟兄三人分揽军政大权的局面。当时，醇王府一门三王，其显赫超过历代皇子。载沣兄弟均不过是 20 多岁的青年，论其学识阅历，皆不足当此重任。故醇王府一门专权的局面不仅引起汉族官僚的不满，即便满洲贵族，亦多侧目。正如时人所云："以全国军政委之于三二人中，属于亲贵，以其天湟贵胄，信之于朝廷，是否有军事之学问，军事之阅历，军事之常识，皆非计也。于是各行省之军事，皆管辖之。推其意以为各行省或有不测之变故，可以指挥全国，攻陷一隅。此乃霸者之用心，诚不得不然者。独惜一人强而万夫弱，一人刚而万夫柔。而况主之者非有阅历深思之谓，特自尊自固之谓也。因之，各省疆吏或有军事之所见，或有宜益，乃不敢自行其政见，以有利国家。事有欲仿行，有欲变更，虽有卓见犹不能指挥自由，虽有阅历亦不敢改弦易辙。万里之远，以一电文商之，电商或不得其体，或言之于激烈，皆受摈弃而不见用。甚至治军大员，必求军咨府、海陆军部之许可，然后可以调用。或军咨府有军政颁到，惟有俯首帖耳而施行。故不得不因循俯就之者，其势然也。以此而欲求全国军事之进步，岂不是南辕北辙，缘木求鱼哉！故政府专筹统一军事以防内乱，实乃春蚕自缚耳。"①

财政方面，载沣任命载泽为度支部尚书，"与督抚争利，专以集中各省财权为急务"。②载沣采纳载泽的建议："一设各省监理财政官，尽夺藩司之权；一设盐政处于京师，尽夺盐政盐运使之权，即所谓中央集权是也。"③

行政方面，1911 年 5 月 8 日，载沣裁撤旧内阁和军机处，实行责任内阁制。

载沣设计的内阁名单如下：

总理大臣奕劻（宗室），协理大臣那桐（满）和徐世昌（汉），外务大臣梁敦彦（汉），民政大臣肃亲王善耆（宗室），度支大臣载泽（宗室），学务大臣唐景崇（汉），陆军大臣荫昌（满），海军大臣载洵（宗室），司法大臣绍昌（觉罗），农工商大臣溥伦（宗室），邮传大臣盛宣怀（汉），理藩大臣寿耆（宗室）。内阁成员"共计十七人，而满人居其十二。满人中，宗室居其八，而亲贵竟居其七……宗室中，王、贝勒、贝子、公，又居六七"。④载沣任用满洲亲贵集权皇室的做法在这个内阁名单上彻底暴露无遗，它标志着清末满洲贵族的排满浪潮达到高峰。

五

载沣不仅穷追猛打袁世凯集团，对于自己不信任且又掌握军政大权的

---

① 佛掌：《中央集权发微》，《辛亥革命前十年间时论选集》第三卷，三联书店 1977 年版，第 844 页。

② 沈云龙著：《徐世昌评传》，[台]传记文学出版社 1979 年版，第 122 页。

③ 胡思敬：《国闻备乘》卷四，张伯锋、荣孟源主编：《近代稗海》（一），四川人民出版社 1985 年版，第 314 页。

④ 史晓风整理：《恽毓鼎澄斋日记》，浙江古籍出版社 2004 年版，第 461—462 页。

满洲贵族与汉族大员，他也因为不信任同样不予放过。"亲贵用事，不特排汉，竟且排满焉，大事遂不可问矣。"①

1. 外放铁良

"宣统年间，政局情形极其复杂。铁宝臣尚书喜于军权在握，忽出为江宁将军。世伯轩相国于诸满人中，负一时重望，忽与吴郁生同时罢值枢府。"②世续为老派人物，与奕劻走得很近，排挤他是为对付奕劻的缘故，这还容易理解。但在晚清人才严重不足的满洲贵族中，铁良既有丰富的练兵经验，又带兵有方，被公认为头脑清楚、才干突出的一人。载沣罢黜袁世凯后，出乎人们的意料，铁良不仅被剥夺了陆军部尚书一职，还被载沣外放为江宁将军。"首谋去袁，善耆、载泽、铁良或者都是参与密谋的重要成员。然而后来他们又将铁良挤走，这是什么缘故？因为那时的皇族，派别虽然不同，而对于奕劻，不能容忍其挟制揽权，意见是完全一致的。奕劻的灵魂，早为袁世凯所收买，袁世凯既去，则掌握兵权的就是铁良了。铁良对于练兵，既有经验，亦有办法，在满族中为头脑比较清楚的一个。他受奕劻的提拔，且极信赖，认为若有他为陆军领袖，则奕劻仍不易扳倒，所以连他一起排去。"③

2. 用士官生代替北洋武备派

载涛"知世凯虽已放逐，而北洋军界犹隐奉世凯为宗主，不消灭此种根深蒂固之势力，则军权集中有名无实"，④因而在排挤铁良掌握陆军部大权后，重用曾经留学日本陆军学校、归国后历任军职的满人良弼。良弼"其政策在利用汉人以防汉人。以为高官厚禄仅足以驾驭英才，入彀者多，即

---

① 何刚德：《客座偶谈》卷1，上海古籍书店1983年影印本，第6—7页。

② 刘体智：《异辞录》，中华书局1988年版，第221页。

③ 恽宝惠：《清末贵族之明争暗斗》，《晚清宫廷生活见闻》，文史资料出版社1982年版，第64—65页。

④ 徐凌霄、徐一士：《凌霄一士随笔》（二），山西古籍出版社1997年版，第607页。

足以制反侧而延帝祚"。① 他主张采用新的以汉制汉的办法，即大量举用留学日本士官生，以代替北洋派势力。"首以宏延揽、广奖拔为务，所擢用者大抵为东西洋留学生，虽有革命党行迹者，亦收诸夹袋之中，不以为嫌。惟一之宗旨，在以己为中心，而造成军界伟大之新势力于全国。此富于朝气之新势力造成，袁系之旧势力相形见拙，不必有意排除，自可逐渐陵替渐灭以尽，其计划盖如此。"② 时任军机处领班章京的华世奎说："自陆军部成立，收回北洋军队，部省摩擦日甚。袁督虽出第一、三、五、六四镇，而统制以下各级军官都是袁旧部武备派旧人。军部拟陆续以士官派更换，自非旧派所能甘服。"③ 军谘副使哈汉章言："中国军队，最早多半行伍出身，自小站练兵，始取材于武备学堂。后来派遣学生到日本士官学校留学，近年学成陆续回国，因为北方军队的武备派成了一种势力，不能插进，所以分散各省。良赍臣（弼）系满洲厢黄旗籍，他是红带子，在旗人中有此崭新军事人才，而且才情卓越，故在北京能周旋于亲贵之间，时常游说：'我们训练军队，须打破北洋武备势力，应当找士官作班底，才能敌得过他。' 枢要（反庆、袁的）中人都很领会。所以练兵处成立就调在湖北的士官第一期吴禄贞，第二期哈汉章、易迺谦、沈尚濂等；又向各省增调第一期卢静远、章遹骏、陈其采，第二期冯耿光等数十人来京，在练兵处担任草拟各项编制饷章及有关教育训练并国防上应有计划重要职务（也有参加兵部的）。于是练兵处就成为士官派的大本营，良弼即暗中作为士官派与北洋

① 徐凌霄、徐一士：《凌霄一士随笔》（二），山西古籍出版社 1997 年版，第 609 页。

② 徐凌霄、徐一士：《凌霄一士随笔》（二），山西古籍出版社 1997 年版，第 607—608 页。

③ 张国淦：《北洋军阀的起源》，《北洋军阀史料选辑》（上），中国社会科学出版社 1981 年版，第 51 页。

派争夺军权的领导者。"① 那时北京中央军事机关如军咨府、陆军部、练兵处等重要人员是留日士官生回来的居多数。其中，军咨府各厅处长悉为留学日本的士官毕业生，对于用人、行政握有相当的实权。在良弼的极力举荐下，吴禄贞、蓝天蔚、张绍曾等人还在北洋六镇中担任了高级职务。

3. 冷落顾命大臣张之洞

张之洞是慈禧太后临终遗命辅佐载沣的顾命大臣之一，慈禧太后曾遗命载沣要"唯诸老臣之谋是用"。② 可是载沣一上台，就将老太后的这一重要临终嘱托弃置脑后，不仅放逐袁世凯，亦根本不把张之洞的意见当回事。1909 年 7 月，津浦铁路总办道员李顺德等因营私舞弊而被罢职，载沣准备用满官继任，张之洞谏曰："不可，舆情不属。"载沣不听。张之洞言："舆情不属，必激变。"载沣仍然不以为然，说："有兵在。"张之洞只好退而叹曰："不意闻此亡国之言！"③ 更要命的是，在载沣罢黜袁世凯之后，朝中已经无能臣辅佐。张之洞本认为从此可以伸己志向，没有想到载沣因他是汉臣根本不予考虑。"及世凯既罢，无人掣肘，自料可伸己志。已而亲贵尽出揽权，心甚忧之。军咨府之设，争之累日，不能入……之洞生平多处顺境，晚年官愈高而境愈逆，由是郁郁成疾。"④ 不久即在遗恨中去世。载沣对待袁世凯、张之洞的做法不能不使其他汉员督抚心冷齿寒。

4. 对奕劻既用又抑

载沣之所以要在辛亥年成立责任内阁，其目的就是为了平抚立宪派、地方督抚以及其他官僚利益集团对他的不满与离心，并企图以此转移民众视线，以冀图达到消弭革命与内乱的目的。

---

① 张国淦：《北洋军阀的起源》，《北洋军阀史料选辑》（上），中国社会科学出版社 1981 年版，第 41—42 页。

② 袁克文：《洹上私乘》，大东书局 1926 年版，第 6—7 页。

③ 胡钧：《张文襄公年谱》卷 6，第 19 页。

④ 胡思敬：《国闻备乘》卷四，张伯锋、荣孟源主编：《近代稗海》（一），四川人民出版社 1985 年版，第 301 页。

相比而言，载沣生性懦弱，加上年轻无经验，无法应付爆炸性的局面与朝廷内部的党争。奕劻则不然，他身历道光、咸丰、同治、光绪、宣统数朝，资格极老，又因为长期主持总理各国事务衙门、外务部与军机处多年，门生故吏遍布朝廷内外，于列强各国、于朝廷内外、于北洋团体，在私人关系上均树大根深、盘根错节，要想渡过危机，载沣不得不借重于他来稳定政局。

此外，载沣所以用奕劻组阁，还有一个很重要的因素，这涉及最高统治者之间的权力平衡关系。"光绪故后，隆裕一心想仿效慈禧'垂帘听政'。迨奕劻传慈禧遗命立溥仪为帝，载沣为监国摄政王之旨既出，则隆裕想借以取得政权的美梦，顿成泡影，心中不快，以致迁怒于载沣。因此，后来常因事与之发生龃龉。"[1] 慈禧死后，载沣与隆裕之间，需要一个二人都能接受的人物来做缓冲与平衡，遍观满朝亲贵，此人非奕劻莫属。载沣因顾及奕劻与列强的关系、顾忌奕劻长期在朝内外形成的盘根错节的关系网，更因他与隆裕太后的矛盾激化而打消了继续排斥奕劻的念头。载沣欲倚奕劻来安抚各派，"欲倚之以防隆裕，倍加优礼"。[2] 这样，奕劻在慈禧太后去世后不仅没有离开权力中枢，反而在宣统朝成立内阁时，又摇身一变成了政府首任的内阁总理大臣。载泽为此曾对载沣大嚷："老大哥这是为你打算，再不听我老大哥的，老庆就把大清断送啦！"[3]

但是，载沣在依赖与借重奕劻的同时，对奕劻又极不放心，便利用奕劻的政敌毓朗、荫昌、载涛、载泽等人来牵制奕劻，所采取的策略是既用又防。

早在1909年7月23日，载沣就接受载涛、载洵等人的意见，开去奕劻"管

---

① 载润：《隆裕与载沣之矛盾》，《晚清宫廷生活见闻》，文史资料出版社1982年版，第76页。

② 胡思敬：《国闻备乘》卷4，荣孟源、章伯锋主编：《近代稗海》第1辑，四川人民出版社1985年版，第293页。

③ 爱新觉罗·溥仪：《我的前半生》，群众出版社1964年版，第24页。

理陆军部事务"，"寻又谕开去奕劻管理陆军贵胄学堂之差，派贝勒载润会同陆军部管理陆军贵胄学堂事务"。①

1911 年 5 月 8 日，载沣又接受毓朗、荫昌、载涛、载洵等人的"中国现值整顿全国陆海军备之时，总理大臣须具有军事上知识，方可负完全责任"的意见，在内阁制发表的时候，清楚规定了新的责任内阁不得过问军国大事。凡关于军事问题，"军谘大臣应负完全责任"，"新内阁可不负责任"。②责任内阁制的《内阁官制》第十四条规定："关系军机军令事件，除特旨交阁议外，由陆军大臣、海军大臣自行具奏，承旨办理后，报告于内阁总理大臣。"③《内阁办事暂行章程》第七条规定："按照《内阁官制》第十四条，由陆军大臣、海军大臣自行具奏事件，应由该衙门自行具折呈递，毋庸送交内阁。"《内阁办事暂行章程》第八条规定："内外行政各衙门，应奏不应奏事件，除陆军部、海军部外，由内阁总理大臣、协理大臣会同各部大臣另拟章程，奏请圣裁。"④明显将奕劻排除在军国大事之外。不仅如此，在责任内阁设立的当日，载沣又宣布将军谘处升格为军谘府，⑤任命载涛与毓朗为军谘大臣，⑥将军谘府与责任内阁处于对等的地位。

在限制奕劻军政权力的同时，载沣还通过度支大臣载泽、农工商部大臣溥伦在财政上制约奕劻。"军谘府独立一切，军事由军谘府承旨。而

---

① 戴逸、李文海主编：《清通鉴》卷 266，第 20 册，山西人民出版社 2000 年版，总第 9004 页。

② 《新内阁不负军事上之责任》，《盛京时报》1911 年 5 月 18 日，第 2 版。

③ 故宫博物院明清档案部编：《内阁官制清单》，《清末筹备立宪档案史料》上册，中华书局 1979 年版，第 562 页。

④ 故宫博物院明清档案部编：《内阁办事暂行章程》，《清末筹备立宪档案史料》上册，中华书局 1979 年版，第 564 页。

⑤ 故宫博物院明清档案部编：《设立军谘府谕》，《清末筹备立宪档案史料》上册，中华书局 1979 年版，第 571 页。

⑥ 中国第一历史档案馆编：《光绪宣统两朝上谕档》第 37 册（宣统三年），广西师范大学出版社 1996 年版，第 91 页。

泽公主持财政又非常认真，虽对于内阁，毫无通融。军权、财权系为人所把持。"①

载沣的上述做法使得清政府最高权力结构本应由内阁执政却变成了"（一）内阁，（二）军谘府，（三）度支部"②三头政治的权力格局，这就使奕劻内阁的责任体制遭到了极大的破坏，内阁总理大臣无法真正担当起国务责任。在原来军机处的体制下，一切军政、财政大事，奕劻皆有资格参与，而在所谓责任内阁的体制下，奕劻反而不能过问军政、财政问题，这不能不让奕劻大为恼火。他为此曾在那桐、徐世昌面前大发牢骚："某某两亲贵，一则牵掣军权，一则把持财政，均于暗中极力挤排，本邸有名无实，将何以担负责任？"③在这种情况下，奕劻更加怀念慈禧晚年他与袁世凯合作时的美好时光，盼望着袁世凯能够早日复出。

六

不仅如此，载沣监国摄政后，来自皇族亲贵内部的权力争斗日益激烈，逐渐达到了白热化的程度。

慈禧太后当政时，皇族亲贵中纵有门户派系也不敢张扬。慈禧太后一死，载沣虽贵为监国摄政王，但他既没有慈禧太后在朝中具有的那种巨大的威望，也不懂得运用慈禧太后那一套恩威并用的用人手法，更没有慈禧太后的政治眼光，皇族亲贵内部很快四分五裂，政出多门，相互倾轧。

终宣统朝3个年头，来自皇族亲贵内部的权力争斗十分激烈。

"孝钦训政时，权尽萃于奕劻，凡内外希图恩泽者，非夤缘奕劻之门

---

① 《内阁以为可稳固矣》，《盛京时报》1911年7月20日，第2版。
② 《新内阁史·调停内部之暗斗》，《时报》1911年5月18日，第2版。
③ 《庆邸决拟辞退之心理》，《盛京时报》1911年6月18日，第2版。

不得入。奕劻虽贪，一人之欲壑易盈，非有援引之人亦未易掇身而进。至宣统初年奕劻权力稍杀，而局势稍稍变矣。其时亲贵尽出专政，收蓄猖狂少年，造谋生事，内外声气大通。于是洵贝勒总持海军，兼办陵工，与毓朗合为一党。涛贝勒统军咨府，侵夺陆军部权，收用良弼为一党。肃亲王好结纳勾通报馆，据民政部，领天下警政一党。溥伦为宣宗长曾孙，同治初本有青宫之望，阴结议员为一党。隆裕以母后之尊，宠任太监张德为一党。泽公于隆裕为姻亲，又曾经出洋，握财政全权，创设监理财政官盐务处为一党。监国福晋雅有才能，颇通贿赂，联络母族为一党。以上七党皆专予夺之权，茸阘无耻之徒，趋之若鹜。"①

皇族亲贵内虽然派系林立，政见分歧，你争我斗，但在抑制奕劻的问题上，倒形成了完全一致的意见，"比如载字辈的泽公，一心一意想把堂叔庆王的总揆夺过来"。②"而在奕劻一方面，以他之老奸巨猾，见多识广，这几位老侄对他的处心积虑，岂有看不出的道理；不过载沣的秉性和为人，从前在军机处上共事多时，早经明了，奕劻认为对于载沣，不值得多花心思。就是载洵、载涛两兄弟，在他眼中看来，年轻少阅历，亦还容易对付。唯独载泽，尚和他拉个平手。但是他想到明争不能，只可用暗斗手段。以为载泽从未经管过财政，今忽作了度支部尚书，可以拿收支不平衡的难关来对付他。不过还感觉自己实力单薄。"奕劻为了对付各路敌党，于是在上述诸党之外，拉拢那桐、徐世昌，别树一帜，"三个人结为一党，和载字辈这几个人各显其能，两不相下"。③前者有监国摄政王撑腰，控制了军事、财政及代表民意的资政院等要害部门；后者则以首席军机大臣奕劻为首，占据了军机大臣四分之三的席位，牢牢把持着军机处。

---

① 胡思敬：《国闻备乘》卷 2，荣孟源、章伯锋主编：《近代稗海》第 1 辑，四川人民出版社 1985 年版，第 299 页。

② 爱新觉罗·溥仪：《我的前半生》，群众出版社 1964 年版，第 24 页

③ 恽宝惠：《清末贵族之明争暗斗》，《晚清宫廷生活见闻》，文史资料出版社 1982 年版，第 66 页。

奕劻系乾隆17子永璘之孙，16岁时，就被升为贝子；21岁升郡王、授御前大臣；38岁，授命管理总理各国事务衙门，晋升庆郡王；40岁，内庭行走；48岁，慈禧太后亲自封他为亲王。奕劻在同治年间就已经参与朝政，内心精明，娴于宦海之术，朝廷内外皆有势力。1903年荣禄死后，慈禧授奕劻为军机大臣，不久成为领衔军机大臣。慈禧末年，奕劻一身而兼数任，集中央的财政、外交、军事大权于一身，成为皇族亲贵集团中辈分最高、年龄最长、资望最深、权位最高的一位亲王。载沣监国摄政后，失去慈禧太后庇护的奕劻一时陷于四面楚歌，然而，载沣因顾及奕劻与列强长期形成的固定关系，也因他与隆裕太后的矛盾激化而打消了排斥奕劻的念头。这样，奕劻在慈禧太后死后不仅没有垮台，反而在宣统朝成立内阁时，摇身一变又成了国家的内阁总理大臣。

载沣对奕劻的态度使亲贵中的各派势力十分不满。尤其是亲贵中的载泽一党，与奕劻更是势不两立。载泽出身于远支宗室，1905年曾作为五大臣之一出洋考察过西方宪政，加上其妻为隆裕太后之妹，尝往来宫中通外廷消息，因而恃内援而气焰益张，有时还私传隆裕言语以挟制载沣。载沣视载泽为亲信，令其掌管度支部，掌握财政大权。载泽眼看奕劻揽权纳贿危及清王朝统治，可又搬不倒他，这使他常常忿忿不平，又因载沣对奕劻的态度，使载泽在和奕劻的明争暗斗中，失败的总是载泽。

亲贵中的肃党也是一支具有左右政局能力的势力。肃亲王善耆在宣统朝一身而兼数任，是一位颇有政治野心的人物。他任民政部尚书，领全国民政、警政；他又受命筹建海军，参与军政。善耆与奕劻是宿敌，在光绪末年，善耆就日夜谋夺奕劻之席，只因财力、权力实不能敌，故而未能如愿。到了宣统朝，善耆看到奕劻因贪污已成中外攻击之的，身败名裂只是迟早的事，强弩之末的奕劻已不足顾虑，开始将矛头指向大权在握的载沣兄弟，企图另立山头，取而代之。为了实现掌握国家最高权力的梦想，善耆甚至利用手中的权力向资产阶级革命党人暗中输忱。其中最突出的一件是对谋刺载沣的革命党人汪精卫、黄复生、罗世勋的开脱和优待。

1910年春，汪精卫等人潜入北京，企图刺杀载沣，被禁卫军发现，汪、黄、罗先后被捕。当时，法部尚书廷杰主张立即判处死刑，而善耆反对重判，主张采取"怀柔"政策。这样，汪精卫、黄复生被判为终身监禁，罗世勋被判有期徒刑10年。在汪、黄被监禁期间，善耆还一再探监，常馈送食品，赠以钱款，极尽安慰之能事。武昌起义后，汪精卫等人在善耆的竭力促成下，得以出狱。汪精卫出狱后，亲至肃亲王府致谢，感谢其救命之恩。善耆这种脚踩两条船的行为，渐渐地被载沣兄弟看破。他们对善耆采取了各种防范措施。因此，善耆虽然参与了建军活动，但却始终没有获得军权。后来，载沣干脆把他的民政部大臣也给撤掉了。

皇族亲贵中，隆裕太后一党也是令载沣最伤脑筋的一股势力。溥仪继位后，隆裕被尊为皇太后，并在国家遇有重大事件时，有参预军政事务的权力。隆裕太后在慈禧死后是否有垂帘听政的意图，皇族亲贵、清朝遗老对这件事说法不一。有人说："隆裕初无他志，唯得及时行乐而已。"有人说："光绪故后，隆裕一心想信效慈禧'垂帘听政'。迨奕劻传慈禧遗命立溥仪为帝，载沣为监国摄政王之旨既出，则隆裕想藉以取得政权的美梦，顿成泡影，心中不快，以致迁怒于载沣。因此后来常因事与之发生龃龉。"① 不管上述说法是否可靠，但宣统朝初始，隆裕和载沣，各遵慈禧太后懿旨，各司其事，这种相安无事的局面不可能维持长久。这不但因为溥仪继位后的权力分配过程中，隆裕太后对于监国摄政王的权力过大很不放心，而且满洲贵族、皇族亲贵中在隆裕太后面前中伤、攻击载沣的人也为数不少，至外间一度哄传"满洲八大臣联名请隆裕垂帘，如孝钦故事"② 之事。此传说虽然没有成为事实，想来也并非空穴来风，故而使"监

① 载润：《隆裕与载沣之矛盾》，《晚清宫廷生活见闻》，文史资料出版社1982年版，第76页。
② 胡思敬：《国闻备乘》卷四，张伯锋、荣孟源主编：《近代稗海》（一），四川人民出版社1997年版，第293页。

国大惧",以致载沣后来"无日不揣"。

慈禧太后死后中央统治层内部的极端混乱局面将载沣置于一种十分尴尬的境地。载沣原本是一个胸无大志、庸懦无能的人。这从他书房里悬挂的一副自书"有书真富贵,无事小神仙"的对联中即可见一斑。他对于朝中当权亲贵的权力倾轧,中央政府内部的抽心之烂的状况毫无对付的办法。监国后他"性极谦让,与四军机同席议事,一切不敢自专。躁进之徒,或诣王府献策,亦欣然受之"①。当初,当慈禧决定把溥仪立为皇嗣,任命他为摄政王时,他也曾叩头力辞,惹得慈禧对他不争气的举动大动肝火,当众叱之曰:"此何时而讲谦让,真奴才也。"②庸懦成性的载沣不要说对政出多门的局面完全没有控制能力,即便对醇王府内福晋与老福晋争权,把醇王府闹得鸡犬不宁,亦坐视无可如何,遑论其他?

载沣福晋为慈禧宠臣荣禄之女,在娘家时很受宠,从小养成了骄悍的性情。她甚至连慈禧都不怕。后来,她成为当朝小皇帝的生身母亲后,自然腰杆更硬。她内与载沣母亲争权,外与外廷打通关节,时常有所祈请,载沣亦不得不屈意从之。老福晋与另外两个儿子载洵、载涛结为一党。当载洵、载涛倚老福晋之势多所要求时,载沣也只能尽量满足。发生在醇王府内的家庭纠纷直闹到"操刀寻仇"的地步。为躲避家庭纷争,载沣只得避居在外,兼旬不敢还家。

到1911年,亲贵争斗的焦点,已经集中在由谁来掌控即将成立的新

① 胡思敬:《国闻备乘》卷四,张伯锋、荣孟源主编:《近代稗海》(一),四川人民出版社1985年版,第284、294页。
② 胡思敬:《国闻备乘》卷三,张伯锋、荣孟源主编:《近代稗海》(一),四川人民出版社1985年版,第284页。

内阁的行政大权上面。尽管由于隆裕太后支持① 与 "庆邸系四朝老臣，勋业伟大，且于外交行政俱有阅历"②、实力超群等因素奕劻最终胜出，但载泽依然不依不饶，经常找载沣吵闹③ 并且对奕劻表现得极不礼貌。"初庆亲王领军机时，僚属皆仰其意旨，及载某等入阁，常攘臂急呼，无复体统。"面对载泽咄咄逼人的气势，奕劻愤恨不已，"尝怫然曰：必不得已，甘让权利于私友，绝不任孺子得志也。"④ 这种皇族亲贵围绕权力问题而展开的争斗，严重影响了奕劻内阁的质量与正常的运作。奕劻在武昌起义后竭力主张起用袁世凯，与其因对载泽一帮少装亲贵的压迫不满不无关系。可以说，军机处转为责任内阁后，政府不是变得更加强大，反而因为皇族亲贵之间的激烈权争变得比以前更加虚弱了。

七

1911 年 10 月 10 日，武昌新军起义发生。其后，南方各省相继响应，清王朝的统治处于土崩瓦解的状态。为了镇压起义，清政府 "以惊人的速

---

① 据《申报》记载："政界中人言：此次新内阁用人一层，监国十分谨慎。缘监国摄政之初，曾有军国大事必须请示太后之规定，故此次设置内阁伊始，监国曾于隆裕太后前请示，太后谕以宜用老臣。所谓老臣者，即指庆邸而言，监国因命庆邸为总理大臣。"（《新内阁成立后种种》，《申报》1911 年 5 月 19 日，第 1 张第 4—5 版）

② 《内阁总理非此人莫属耶》，《申报》1911 年 2 月 17 日，第 1 张第 4 版。

③ 溥仪在《我的前半生》中说："奕劻在西太后死前是领衔军机，太后死后改革内阁官制，他又当上了内阁总理大臣，这叫度支部尚书载泽最为愤愤不平。载泽一有机会就找摄政王，天天向摄政王揭奕劻的短。"（见该书第 24 页）

④ 金梁：《光宣小记·内阁官制》，章伯锋统编，庄建平编：《落日残照紫禁城》，四川人民出版社 1999 年版，第 229 页。

度做了一次徒然的努力"①。由陆军大臣荫昌亲自率领的第一军迅速南下，军谘使冯国璋率第二军为策应，海军统制萨镇冰督率巡洋、长江两舰队急调武汉，企图"定乱"于俄顷之际。但是，革命如燎原之势迅速蔓延到其他省份，清军大有顾此失彼、力不从心之感；尤为严峻的是，清廷苦心孤诣编练的新军一镇接着一镇地倒向革命。在已编练成军的 14 个镇、18 个混成协和另有未成协的 4 个标中，竟有 7 个镇、10 个混成协和 3 个标相继反正和解散、败散。②而清廷手中仅存的北洋六镇又不能真正控制住。正如荫昌所说："我一个人马也没有，让我到湖北去督师，我倒是去用拳打呀，还是用脚踢呀？"③堂堂的陆军大臣竟然抱怨一个人马也没有，岂非咄咄怪事哉？

原来，北洋六镇的将领们多是袁的心腹，袁世凯虽然去职，但其影响仍在，别人指挥不动。

起初，摄政王载沣并不打算重新起用袁世凯，载泽更是极力反对，最后还是奕劻力劝载沣，"再三力保"④，并且力辞内阁总理大臣一职建议由袁世凯担任，两派"争不能决，乃奏请隆裕太后决定。太后主起用袁，议乃定"。⑤

然而，当"清廷已将万事委于袁氏双肩，指望借袁氏效力以维持清廷

①　[美]拉尔夫·尔·鲍威尔著，陈泽宪、陈霞飞译：《1895—1912 年中国军事力量的兴起》，中华书局 1978 年版，第 185 页。

②　章开沅、林增平：《辛亥革命史》（下），人民出版社 1981 年版，第 217 页。

③　冯耿光：《荫昌督师南下与南北议和》，《辛亥革命回忆录》第 6 册，中华书局 1963 年版，第 351 页。

④　溥伟：《让国御前会议日记》，中国史学会主编：《辛亥革命》（八），上海人民出版社 2000 年版，第 110 页。

⑤　叶遐庵：《辛亥宣布共和前北京的几段逸闻》，中国史学会主编：《辛亥革命》（八），上海人民出版社 2000 年版，第 120 页。

命脉"①时，袁世凯却"目光所注，全在外交及亲贵，故其布置亦惟对于此二者著著进行。"②"美国公使的电报称，袁世凯几乎把满族人全部撵走了，尽管他的地位不断地得到加强。"③袁世凯组阁后，首先罢免军谘府大臣载涛和毓朗，而由自己的朋友荫昌与徐世昌接替；其次与奕劻一起，于 1911年 12 月 6 日迫使载沣交出"监国摄政王"的大印，退回藩邸；④卸去重任的载沣一身轻松，回到家里便对妻子说："从今天起我可以回家抱孩子了。"气得权力欲望显然比他强的妻子痛哭一场。⑤载沣交出监国摄政大印后，"嗣后用人行政，均责成总理内阁大臣"。⑥同时，袁世凯调冯国璋入京，接任禁卫军总统。不久，又用准备出征的名义把禁卫军调出城外，而派段芝贵另编拱卫军，驻扎城里拱卫。这样，袁世凯就接收了清廷统治下的全部权力，把清政府完全控制在了自己的手中。接下来，袁世凯挟权与南方议和，养寇自重，"外挟民意，以制朝廷"，⑦打算牺牲清室来达到自己操纵政权

---

① 《日本外务省档案·伊集院驻清公使致内田外务大臣电》（第 522 号），邹念之编译：《日本外交文书选译——关于辛亥革命》，中国社会科学出版社 1980 年版，第 65、66 页。

② 中国历史博物馆编，劳祖德整理：《郑孝胥日记》第 3 册，中华书局 1993 年版，第 1387 页。

③ 《英国外交部档案·布赖斯先生致格雷爵士函》，章开沅、罗福惠、严昌洪主编：《辛亥革命史资料新编》第 8 卷，湖北人民出版社 2006 年版，第 145 页。

④ 在 1911 年 11 月 19 日，朱尔典致格雷的电报中称："唐绍仪的建议为：由摄政王让权给袁世凯与庆亲王两人，以此为安顿国事不可缺少的预先步骤。他所计划的程序，乃有皇太后下谕旨，令摄政王让权，改由汉人辅佐宣统皇帝。"（章开沅、罗福惠、严昌洪主编：《辛亥革命史资料新编》第 8 卷，湖北人民出版社 2006 年版，第 105 页）。

⑤ 爱新觉罗·溥仪：《我的前半生》，中华书局 1977 年版，第 22—23 页。

⑥ 中国第一历史档案馆编：《光绪宣统两朝上谕档》第 37 册（宣统三年），广西师范大学出版社 1996 年版，第 330 页。

⑦ 岑春煊：《乐斋漫笔》，荣孟源、章伯锋主编：《近代稗海》第 1 辑，四川人民出版社 1985 年版，第 107 页。

的目的。

在袁世凯的授意下，段祺瑞领衔各军将领 47 人通电要求共和。

最终，利用北洋军的实力、列强与立宪派的支持、革命党的弱点及自己的资望，袁世凯迫使孙中山同意让出大总统的职位，袁则同意宣布赞成共和，并逼清帝退位。2 月 12 日，清帝颁布逊位诏书。

八

今天，从总结历史经验教训来看，执政者的决策得失与政权的兴亡成败关系极大。

作为大清朝的实际统治者，慈禧太后的执政能力成长于内忧外患之间，因而她深知培养与依靠汉人实力派对这个已经衰弱已极的王朝的重要性。在曾国藩集团、李鸿章集团相继退出历史舞台后，她又不失时机地重点扶植与借重袁世凯集团，倾全国财力让袁世凯编练北洋新军并将满洲贵族最重要的地盘直隶与东三省交给袁世凯集团治理等，就是慈禧太后借重袁世凯集团的最有力的证据。但是，扶植与借重并不是无限度的，当袁世凯将手伸进中央政权这个满洲贵族视为禁脔的地方时，慈禧太后就不能不对之予以裁制了。剥夺袁世凯的军权，将他明升暗降调入中央，扶植其他汉人官僚与满人官僚与之抵抗，采取以汉制汉、以满制汉的均衡策略是慈禧太后的明智之处。但即使在抑制袁世凯集团的同时，慈禧也是小心翼翼，并不主张打掉这个新膨胀起来的汉人实力派集团。制衡是维持满汉君臣关系稳定的手段，借重袁世凯集团来消弭与镇压其他汉人反叛清王朝才是慈禧太后的最终目的。应该说，在借重与有效防范袁世凯集团，维系高层满汉关系这个关键问题上，慈禧太后做的是成功的，袁世凯也是心服口服。

另一方面，面对在清末经济改革中崛起的绅商势力，慈禧一面继续鼓励他们积极发展近代民族工商业，一面对于他们的立宪与参政的要求，采用缓进的策略，推行预备立宪，逐渐将这部分新生力量纳入国家体制之中，企图用他们来达到消弭革命的目的。在这一方面，晚年慈禧首先派遣考察团出洋取经，既而推行预备立宪，直至确定大清帝国宪法，在各省建立谘议局，在中央开设资政院，小心翼翼地缓进预备立宪，一度为清政府与立宪派集团的合作提供了现实的可能性。应该说，终慈禧老太后之世，她对立宪派集团的驾驭与操控还是成功的。

可是，继慈禧太后之后执掌清朝政权的监国摄政王载沣与隆裕太后却因为成长于深宫大内和缺乏统治经验，一上台就不仅将老太后生前安排的高层满汉合作关系彻底破坏，企图消灭袁世凯集团，而且对立宪派集团参政议政的欲望也采取简单压制的手段，不懂得打好立宪与《钦定帝国宪法》这张政治牌的重要性，短短三年内就将立宪派集团完全赶到了自己的对立一方。

隆裕与载沣共同掌政亦是慈禧留下的政治遗产之一。隆裕、载沣皆无治国才。他们的误国，慈禧也同样应当承担责任。

1960 年 1 月 26 日，周恩来总理在全国政协接见特赦回来的清废帝溥仪时谈到了载沣。周总理说，载沣是在一种特殊的情况之下，身不由己地被慈禧临终推上监国摄政王的高位的。慈禧当时满以为她自己还不会死，所以才做出了这样的选择。第二天她明白自己活不了，想改变昨天的命令已经来不及了，又勉强加上个大事请示太后，算是了却了这件事情。其实，不是因为载沣适合做摄政王，慈禧才选了他；而正是因为他不适合，慈禧才选他的。这个历史责任不能由载沣来负担。周总理说，载沣忠于大清，在位时尽了他最大的努力，而未能阻止王朝灭亡，这不是他的过错。谁也不能阻挡历史车轮的前进。[①]

载沣、隆裕不懂得这样一条简单的道理：清政权的稳定与长久与否，端赖这个政权的统治基础是否厚实。历史发展到宣统王朝，统治基础已经

---

① 凌冰：《最后的摄政王——载沣传》，文化艺术出版社 2006 年版，第 286 页。

转变为以袁世凯集团为代表的地方督抚与立宪派集团的共同支撑上面。离开汉人官僚士绅与实力派的支持，特别是离开慈禧太后扶植起来的袁世凯集团的支持，在当时的形势下，满洲贵族是无法将清王朝的统治进行下去的。在治国理念上，载沣迷信"有兵在"，一心把军权集中于皇室。载沣一上台，就迫不及待地罢黜了袁世凯，迫不及待地扫荡袁党，不仅极力避免中央大权落入汉人的手中，还要谋将咸同年间落入汉人督抚的军权、财权剥夺回来；不仅收取汉人的权利，而且还要剥夺慈禧太后安排与倚重的铁良、端方等有阅历、人望与实际能力的满人官僚的权力。他们"以天下为一家私物"，[①]认为"政要之地位，非无阶级者可以骤跻；机密之大计，非至亲贵者不足与议"，[②]认为集权皇室、集权中央、强化专制是维系统治的最好办法，可惜南辕北辙，在这种政策下，立宪派集团、地方督抚、袁世凯集团心灰意冷，最终在辛亥革命中相继背叛清王朝站在革命者的一方。"革命党者，以扑灭现政府为目的者也。而现政府者，制造革命党一大工厂也。"[③]载沣这种抛开满汉合作、抛开慈禧太后的以汉制汉的政策、单纯采取以满制汉的代价，实在是太沉重啦。

客观地说，继李鸿章集团之后，袁世凯集团已经成为清王朝维系统治与镇压下层民众反抗的一个有效的工具。立宪派主张的建立国会与真正的责任内阁制度也不失为维系清王朝统治的一个最佳办法。

摄政王载沣拒绝尽快召开国会，为糊弄立宪派又草率地建立了皇族内阁。立宪派集团终于心灰意冷，在思想与行动上彻底与清政府划清了界限。

至于袁世凯集团，袁世凯虽然在清末势力膨胀，但他并没有觊觎帝位的政治野心。1905 年官制改革中他之所以极力建议设立责任内阁，一个重

---

① 胡思敬：《退庐疏稿》卷 1，南昌退庐刻本 1924 年，第 17—18 页。

② 《内阁学士兼吏部侍郎衔宗室宝熙奏开贵胄法政学堂折附片》，《政治官报》，光绪三十三年十一月初二日（1907 年 12 月 6 日），第 42 号。

③ 梁启超：《现政府与革命党》，《新民丛报》，第 89 号。

要的原因是潜藏在他内心深处的不安全感——即害怕有朝一日光绪皇帝会算昔日戊戌年的旧账。1908 年慈禧在病重时商议皇帝继承人问题时，袁世凯见光绪皇帝复出无望，也就放下心来，主动提出以醇王载沣长子溥仪如承大统，并立即派袁克定将此事密告英国驻华公使朱尔典，在得到朱尔典的赞同意见后，袁世凯又将朱尔典的态度转告载沣，以此示好载沣，希望他念其拥戴之功，能够和衷共济。不仅如此，袁世凯"虑孝钦后年高，且皇族中亦颇有争竞继统者，主幼国危，无所统率，必生变乱，倡议以醇亲王载沣监国"。[①]慈禧太后在临终之时，也将载沣托付给奕劻、袁世凯、张之洞、鹿传霖、世续等人，顾"而泣曰：'汝辈皆先皇老臣，今皇帝冲龄，虽有载沣摄政，亦惟汝辈匡辅是赖。'复泣顾载沣曰：'汝应拜诸老臣。汝年幼，惟诸老臣之谋是用。'载沣挥泣，向先公（袁世凯——著者注）及奕劻等拜，先公与奕劻等同伏地，泣不可抑"[②]。

另据《睨向斋秘录》记载："孝钦诒隆裕以光绪故，恨之刺骨；载沣素亦不喜其人，乃于垂危时泣对二人曰：'袁世凯为先朝旧臣，劳苦功高，允宜待以殊礼，毋以予死而远之也。'隆裕、载沣唯唯。"[③]

如果载沣遵从慈禧太后的临终遗言，不那么偏狭短视，不把事情做绝，不去刚执政就打破慈禧太后留下的中枢人事布局，或许袁世凯集团与满洲贵族之间的合作不致决裂。正像有人所说的那样，"那拉后当热河奔遁之余，委任汉大臣坐致中兴"，"庚子败亡，卒返銮辂，宴然以一国之母终于枕席，其识力、手腕均有不可及之处"；"所可恨者，嗣醇王不能听老人临终嘱托之言，摈弃正人，崇信群小，三百年之帝位轻轻以一手断送之"。"使醇王摄政之初稍有知识，憬然于天命已去，大局将危，遵先后之遗言，

① 沈祖宪、吴闿生：《容庵弟子记》卷 4；来新夏主编：《北洋军阀》五，上海人民出版社 1993 年版，第 91 页。

② 袁克文：《洹上私乘》卷 1，下，大东书局 1926 年版，第 6—7 页。

③ 陈赣一：《甘簃随笔》，中共中央党校出版社 1998 年版，第 12 页。

礼重耆硕，相与补苴罅漏，夙夜犹危，或尚有祈天永命之望。乃听信谗言，袭用国初忮克汉人之习，以威名赫赫、天下仰望之大臣首与为雠，几以托孤受命之身，蹈亡身赤族之祸，虽张文襄、鹿文端诸臣极力保全，犹使罢职以去。殊不知猛虎在山，藜藿不采；有太公鹰扬以为之师，故周公负扆，始延孺子之命，而乃自毁长城！""国不自亡，谁能亡之？"① 诚哉斯言！

_____

① 王锡彤：《抑斋自述》，郑永福、吕美颐点注，河南大学出版社 2001 年版，第 141、143 页。

太傅太保只忠袁

——徐世昌与辛亥政局

力荐袁氏为湖广总督者，世昌也；乞袁氏组织内阁者，世昌也；言兵事当专属之内阁，他人不得掣肘者，世昌也；清室退位，请以袁氏为代表者，亦世昌也——全权代表者，结局帝王之代表，而临时总统之别名也。袁氏攫得此席，其愿餍，而徐氏之愿亦餍。

一

徐世昌是晚清进士，北洋首幕。

徐世昌，字卜五，号菊人，又号弢斋，祖籍浙江，后移籍天津。1855年生于河南汲县，幼年进私塾读书。成年后，做过沁阳、太康、淮宁各县署文书和家馆教师。1879 年在淮宁认识袁世凯,"互相倾服,遂定交"①,结拜为兄弟。"徐比袁长四岁,经常在一起游玩,相处甚得,为总角之交。"②"徐公无力入都应试,公助以川资,始克成行。"③徐于 1882 年中举,1886 年中进士,当上翰林院庶吉士。1889 年散馆,授职编修。曾任过国史馆编修,武英殿编修。1897 年他应袁世凯邀请,以五品翰林身份屈就总理新建陆军参谋营务处,成为袁世凯"小站班底"的重要成员,从此跟随袁世凯在清末民初的仕途上一路顺风顺水、凯歌行进,成为北洋集团中仅次于袁的第二号领军人物。他因与袁世凯关系密切而一直被袁保奏,在清末民初政坛上的位置也一直迅速攀升。

在袁世凯的保奏下,徐世昌开始由一个不起眼的翰林院庶吉士开始了自己仕途跃进的生涯。1902 年,他补授国子监司业;1903 年被任为商部左丞,官阶骤升为三品,同年冬开去商部左丞缺,以内阁学士候补充练兵处提调,并赏给副都统衔;1904 年署兵部左侍郎;1905 年派充考察政务大臣,旋授巡警部尚书,补授军机大臣;1906 年,任厘定官制大臣,是年巡警部改为民政部,徐世昌仍任民政部尚书;同年奉诏与载振赴东北三省考察政务;1907 年被任命为钦差大臣,东三省总督兼管三省将军事务。其时,袁世凯正受到当朝权贵的排挤,徐世昌督理东北三省正好将北洋势力移植于关外。其时"东三省改设行省,徐世昌为东三省总督兼管三省将军事务并授为钦差大臣,唐绍仪为奉天巡抚,朱家宝署吉林巡抚,段芝贵赏给布政使衔署黑龙江巡抚。这都由袁世凯保荐,尤其是段芝贵是袁的私人,差不多等于差官"。"光绪三十三年(1907 年)三月,徐世昌奏请将陆军第三镇全队拨赴东省,再于第六镇及二、四、五镇内抽拨步、炮、马

① 吴闿生、沈祖宪编纂:《容庵弟子记》卷一,来新夏编:《北洋军阀》(五),上海人民出版社 1993 年版,第 7 页。
② 张达骧:《我所知道的徐世昌》,全国《文史资料选辑》第 48 辑,第 217 页。
③ 吴闿生、沈祖宪编纂:《容庵弟子记》卷一,来新夏编:《北洋军阀》(五),上海人民出版社 1993 年版,第 7 页。

各队，立混成两协，令赴东省"。"如是辽左设治，俨然析珪，北洋势力范围，遂包万里。"[①] 慈禧死后，摄政王载沣罢黜袁世凯，徐世昌因为与袁世凯的密切关系而被内调为邮传部尚书，但凭借他在官场上长袖善舞、应付自如的本领，依旧官星不倒，并能有效维护北洋集团。本章即探讨徐世昌与辛亥政局的关系，以期复原徐世昌在宣统末年的庐山真面目，解开清末官场上层倾轧争斗之一角。

二

清亡前夕，徐世昌是周旋于亲贵之间的高手。

宣统初年，北洋集团进入低谷。

荣禄死后，庆亲王奕劻与袁世凯合流，军政大权均归庆袁一党掌握。为了维护自己的利益，新得势的亲贵少壮派集团急于要拆散庆袁同盟，除掉实力派袁世凯集团的潜在威胁。

在袁世凯被罢黜以后，徐世昌内调京师任邮传部尚书，不久就双进入清政府的最高权力机构——军机处。当时，奕劻为了对付各路敌党，拉拢那桐、徐世昌，别树一帜，"三个人结为一党，和载字辈这几个人各显其能，两不相下"。[②] 前者有监国摄政王撑腰，控制了军事、财政和代表民意的资政院等要害部门；后者则以首席军机大臣奕劻为首，占据了军机大臣四分之三的席位，牢牢把持着军机处。在诸亲贵混乱的争斗中，徐世昌长袖善舞，巧妙周旋于新老两派之间，不仅得到奕劻的重用，载涛等少壮亲贵人物同

---

① 张国淦：《北洋军阀的起源》，《北洋军阀史料选辑》（上），中国社会科学出版社1981年版，第51、53、52页。

② 恽宝惠；《清末贵族之明争暗斗》，《晚清宫廷生活见闻》，文史资料出版社1982年版，第66页。

样对他也青眼有加。

徐世昌长袖善舞的主要做法如下：

1. 用钱财运动亲贵

徐世昌接任邮传部尚书后，任用北洋系人物唐绍仪、梁士诒整顿交通，聚敛钱财，运动亲贵。"徐与袁厚，人所共知，惧祸及己，大输货币以自固。尔时权贵多昏暗而贪婪，以解人意，皆曰徐贤。顾徐以袁氏一亲厚，独无所累。"①。

2. 与奕劻那桐结党，成为朝廷中元老派的一名重要成员

庆亲王奕劻为四朝元老大臣，长期主持清政府的外交、行政与军政工作，门生故吏，盘踞朝野，总督、巡抚多为其荐派，树大根深，连慈禧太后也不敢轻易去招惹他。那桐为旗人，早朝中的势力也盘根错节，与袁世凯集团关系密切。徐世昌与二人结党，三人一起把持了清政府最重要的行政部门——军机处。

3. 利用少壮亲贵对他的刻意笼络，左右逢源，工于肆应

满洲"亲贵固在刻意笼络世昌，世昌亦未尝不随时运用亲贵，其工于肆应，巧于迎合，貌为唯诺，心有城府，玩诸少年亲贵于掌上而不觉，故虽属袁党，仍能立于不败之地，实官僚政治中之别具典型者"②。

在徐世昌的努力下，宣统二年（1910 年）一月，清廷重用他为协办大学士，七月补授军机大臣，八月又被授为体仁阁大学士。宣统三年四月，责任内阁成立，他又被任命为内阁协理大臣。这时候的徐世昌，官星高照，任何汉族大员均无可与之比肩，即使当年袁世凯也未能达到如此重要的位置。徐世昌一时成为清末朝廷中最重要的汉族官员。

4. 力践世凯之托，暗中调护北洋旧部

袁世凯在同载沣角逐失败后，将维护北洋集团的重任托付到徐世昌的

---

① 陶菊隐：《政海轶闻》，上海书店出版社 1998 年版，第 31 页。
② 沈云龙：《徐世昌传》，［台］传记文学出版社 1979 年版，第 124 页。

身上。"先是，监国酝酿铲除世凯之际，袁内心紧张恐惧，绕室彷徨，遂召其最亲信之干部徐世昌、段祺瑞二人密计曰：我等自小站建军之日，即曾密约，誓同甘苦，永共忧乐，自问对朝廷不无微劳。今幼主承统，旨非上出，怨结权门，刀锯之加，固不敢辞。倘幸而得保首领。以归洹上，实所大愿。惟余挂冠后，甚望汝二人为我注意中朝举措。如再逼人不已，势必先行剪除吾辈羽翼，则小站练兵诸人，实首当其冲，万难幸免！"徐世昌安慰袁世凯："昔游珂里，公为府主，我忝宾朋；今在王城，公终腰玉，我获弹冠。报公之日方长，期公之心独大，殊不欲水到而渠不成，蒂落而瓜不熟，以偾公事。皎皎此心，可盟息壤。"[1]

徐世昌遵循袁世凯的安排，在亲贵中成功地周旋，充分利用他在处世方面进退裕如、长袖善舞的本领，不仅使自己躲过了无数险滩暗礁而继续仕途通达，更重要的是让他能够在袁世凯遭罢免后仍可以得以充分调护北洋团体。"这时袁部嫡系部队大部分分驻北京、保定一带，徐暗中代袁照料一切，由段祺瑞秘密负责往返联系。及庆王为内阁总理大臣，满人那桐为协理大臣，徐以体仁阁大学士兼任内阁协理大臣。庆王昏庸贪鄙，徐得从中操纵清廷军政情况，袁依旧尽知。"[2]北洋系得以保全，对于辛亥政局的影响至大，在马上到来的辛亥革命中，北洋集团就要担负结束帝制的主要任务了。

三

袁世凯之复出，徐世昌功不可没。

---

[1] 萧一山编：《清代通史》（四），华东师范大学出版社 2006 年版，第 902 页。

[2] 张达骧：《我所知道的徐世昌》，杜春和、林斌生、丘权政编：《北洋军阀史料选辑》下，中国社会科学出版社 1981 年版，第 272 页。

辛亥年袁世凯之复出，是辛亥革命史研究中不可回避的一个重要问题。由于袁世凯的再起，武昌起义后蠢蠢欲动的国内各种政治势力重新出现分化组合之势，复杂动荡的局势因而日趋明朗，捉摸不定的政局也逐渐稳定下来。经过袁世凯的复出与努力，南北达成一致共识，用和平方式解决了问题，清室得以优待，民主共和制得以顺生。真正的史实是，在促成袁世凯复出的过程中，徐世昌发挥了极其重要的作用。

1911 年 10 月 10 日，武昌新军起义发生。

其后，湖南、陕西、江西、云南、上海、浙江、江苏、贵州、广西、安徽、福建、广东、山东、四川等各省相继响应，清王朝的统治处于土崩瓦解的状态。

袁世凯在时人心目中具有颇高的威望。他与列强驻华使节、立宪派人士、清朝文武官员都有着紧密的联系，得到他们的信任与拥护；可以说，声誉赫赫，人心相向。特别是他控制着清朝最精锐、最强大的北洋陆军，还有由他一手培植的具有雄厚实力的北洋官僚集团，他们掌握着军事、经济、内政、外交的关键部门，唯袁氏之命是从。"袁已完全成为中国在军事方面公认的'权威'。"[①]

袁世凯之所以获得这种声望和地位，不是凭空而来的，是从他的政绩中检验出来的。他的政绩体现了他的才干、志趣与抱负。在清末历次重大历史事件中，他皆参与并且表现突出。初出茅庐即出使朝鲜，果断干练，扑灭"壬午兵变"，挫败"甲申政变"，稳定朝鲜政局。在中日甲午战争中，作为一个不大起重要作用的官员，褒多贬少。他积极参加维新运动，博得维新之名。从小站练兵开始，他首创中国现代化军队，博得了中外人士的普遍赞赏。在义和团运动期间，他稳定山东局势，使其省未遭战祸波及；参与"东南互保"，推动《辛丑条约》的谈判，在中外政界中获得了

---

① ［美］拉尔夫·尔·鲍威尔著，陈泽宪、陈霞飞译：《1895—1912 年中国军事力量的兴起》，中华书局 1978 年版，第 73 页。

很高的赞誉，被称为"强者"。他推动清末"新政"的发展，坚持废除科举制度，积极创办新式教育；回收利权，推动北洋实业与近代交通的发展；建立巡警制度，把司法与行政分离，创前人之所未有。继而他参与推行君主立宪活动，奏请派遣大臣出国考察宪政，率先办理地方自治，力主改革官制，实行责任内阁制。他站在时代的前列，成为清政府推行"新政"的强有力人物，且收效显著。这对于促进政治革新、社会前进是有益的，所以人们把他视为与日本明治维新之伊藤博文、大久保齐名的世界风云人物。民初著名记者黄远庸说袁在"前清北洋时代，威望隆然，海内之有新思想者，无不日以非常之事相期望"[1]，看来是有一定道理的。到辛亥革命前夕，袁世凯已经成为当时时局的政治重心，各派都在极力地争取。袁世凯的政治军事权威地位已经使当时社会普遍形成了"非袁莫属"的心理状态。随着时局的日益糜烂，这种心理和影响也随之更加弥漫起来。

不过，声望、实力、能力、众望所归等，都只是袁世凯被起用的必要条件，而不是充要条件。徐世昌明智的力保与强荐，才使袁世凯的复出成为历史的现实。

早在 1911 年 5 月责任内阁成立时，徐世昌就联合那桐，不遗余力地推荐袁世凯。

"辛亥四月，遂授奕劻为总理大臣，那桐、徐世昌为协理大臣。世昌告桐曰：此席予居不称，唯慰庭才足胜任，而以朋党嫌疑，不便论列，奈何？桐曰：是何难，我言之可耳。乃具疏以疏庸辞职，荐袁世凯、端方自代。"[2]

与那桐同时，徐世昌也在辞职折中希望清廷"破除常格，擢用扶危济变之才，以收转弱为强之效"。[3]明眼人一看便知，徐世昌这是在奏保袁世凯。

---

① 黄远庸著：《远生遗著》卷一，上海商务印书馆 1920 年版，第 1 页。

② 沃丘仲子：《徐世昌》，沈云龙主编：《近代中国史料丛刊三编》第 38 辑，台北文海出版社 1988 年版，第 19 页。

③ 《内阁协理大臣徐世昌奏国务重要实难胜任沥情恳辞折》，《政治官报》第 1266 号，宣统三年四月十三日。

　　四川保路运动风潮兴起后，徐世昌又谕奕劻、那桐一起秘密推荐袁世凯。"四川争路风潮扩大，庆邸及余等自揣才力不胜，那相曾密推项城。"①

　　武昌起义发生后的第二天，徐世昌即推动奕劻召集责任内阁紧急会议，企图以全体内阁名义要求起用袁世凯率兵平乱。"后来武昌起义的风暴袭来了，前去讨伐的清军，在满族陆军大臣荫昌的统率下，作战不利，告急文书纷纷飞来。袁世凯的'军师'徐世昌看出了时机已至，就运动奕劻、那桐几个军机（应为内阁总协理大臣）一齐向摄政王保举袁世凯。这回摄政王自己拿主意了，向'愿以身家性命'为袁做担保的那桐发了脾气，严肃地申斥了一顿。"②

　　10 月 14 日，奕劻、那桐、徐世昌再次联合请求起用袁世凯。为了能让清廷起用袁世凯，徐世昌可以说是动用了他可以动用的一切力量和手段。他不仅与奕劻、那桐形成合力，以内阁名义向朝廷施压，甚至于用列强来吓唬载沣与隆裕太后。

　　关于徐世昌推动载沣起用袁世凯这件事情，有当事人冯耿光的回忆为证："八月二十三日（10 月 14 日），听说已经下诏起用袁世凯为湖广总督了。这事并非偶然。武昌起义以后，清廷的王公大臣们自摄政王载沣、庆王奕劻而下都没有应变的大才，都拿不出处理军政的上策。而奕劻、那桐、徐世昌、袁世凯在西太后垂帘听政的时候，共同参与军政机宜，利害相关已非一日。所以在袁被罢斥以后，同情袁的处境，希望袁能有'出山'的一天，恢复他们旧日的声势，也是情理的自然。听说自袁到彰德以后，奕劻与袁本有私电往返，武昌事起后往返就更频繁了，并且曾派员去彰德面商大计。当时，他们认为只有袁出来才能应付那突然的变化，而当时也是引袁出山的好机会。因此，就在二十三日由奕劻向载沣提出起用袁世凯的意见，但载沣并不表示态度。奕劻说：'当前这种局面，我是想不出好办法。

---

①　张国淦：《辛亥革命史料》，香港大东图书公司 1980 年版，第 269 页。

②　爱新觉罗·溥仪著：《我的前半生》，群众出版社 1964 年版，第 25 页。

袁世凯的识见、气魄，加上他一手督练的北洋军队，如果调度得法，一面剿一面安抚，确实有挽回大局的希望。不过这件事要办就办，若犹豫迟延，就怕民军的局面再一扩大，更难收拾了。并且东交民巷也有'非袁出来不能收拾大局'的传说'。当时那桐、徐世昌也从旁附和，但载泽是反对这个意见的，不过他也拿不出什么办法。载沣同隆裕商量，隆裕也束手无策，考虑了些时候，也只好姑且答应了，但是他们要奕劻保证袁'没有别的问题'。这样就在当天'上谕'起用袁世凯为湖广总督，'督办剿抚事宜'。因为奕劻与袁密商大局的时候，袁主张不完全诉之于兵力，应当一面剿一面抚，'督办剿抚'还是采取袁的主张。"[①] 徐世昌事后亦言："及至武昌事起，瑞澂弃城逃走，电奏到京，政府更加惴惴。载泽等慨然主剿，以为武昌一隅，大兵一到，指日可平，故二十一日（10月12日）有荫昌剿办之谕。其时空气弥漫，若大祸旦夕即来。庆邸与彰德，平时本不断往还，至是急电询商，项城以为在此潮流转变之下，民心思动，已非一日，不是单靠兵力所能平定，主张剿抚兼施。我辈即旁敲侧击，据以上陈。摄政只知时机危急，虽说重在用兵，而一面主剿，一面主抚，亦为摄政所愿听，载泽等无能反对。惟困难之点，不在剿抚政策，而在起用项城。亲贵畏忌项城，但是北洋六镇，既是项城多年训练之兵，外人方面，并一致以此次事变，非项城不能收拾，事势所迫，不得不起用项城矣，故二十三日有袁世凯督办剿抚事宜之谕。"

对于徐世昌推动载沣起用袁世凯这件事情，载沣的弟弟载涛也持有类似的观点。他说："到了武昌起义，革命爆发，那、徐协谋，推动奕劻，趁着载沣仓皇失措之时，极力主张起用袁世凯。袁在彰德，包藏野心，待时而动。冯国璋、段祺瑞是袁的嫡系心腹大将，亦认为'非宫保再出，不能挽救危局'。载沣本不愿意将这个大对头请出，以威胁自己的政治生命，

① 冯耿光：《荫昌督师南下与南北议和》，《辛亥革命回忆录》第6册，中华书局1963年版，第352—353页。

但是他素性懦弱，没有独作主张的能力，亦没有对抗他们的勇气，只有任听摆布，忍泪屈从。"①

可见，正是在徐世昌等人的强力举荐下，载沣才勉强同意起用袁世凯，从而为解决南北争端找到了一个极为合适的人选。

四

徐世昌与袁世凯联手，共同结束帝制。

1911 年 11 月 13 日，袁世凯到京重组责任内阁。在徐世昌的帮助下，袁世凯顺利实现了夺取清王朝军政大权的全部计划。在此后结束帝制的历史进程中，徐世昌又与袁世凯联手，在致力巩固北方和平，推动南北和谈，劝说清帝退位等问题上发挥了别人不可替代的作用。

1. 直接处理滦州兵谏，帮助袁世凯稳定了北方的不稳定局势

1911 年 10 月底，第二十镇统制张绍曾发动了滦州兵谏，并决定与东北的蓝天蔚、山西的吴禄贞一道合击北京，这个举措，干扰了袁世凯、徐世昌的战略计划。于是，徐世昌授意自己亲手培养与提拔起来第二十镇协统潘矩楹从内部逼走张绍曾，以潘矩楹代理该镇统制，从而打破张、蓝、吴的三军直捣北京的计划，稳定了直隶、天津、北京的军事形势。

2. 帮助袁世凯夺取清室大权

袁世凯组阁后，遵循徐世昌的密谋，首先罢免军谘府大臣载涛和毓朗，而由自己的朋友荫昌与徐世昌接替；其次于 1911 年 12 月 6 日迫使载沣交

---

① 载涛：《载沣与袁世凯的矛盾》，《晚清宫廷生活见闻》，文史资料出版社1982 年版，第 81—82 页。

出"监国摄政王"的大印,退回藩邸;① "嗣后用人行政,均责成总理内阁大臣"。 同时,调冯国璋入京,接任禁卫军总统。不久,又用准备出征的名义把禁卫军调出城外,而派段芝贵另编拱卫军,驻扎城里拱卫。这样,袁世凯就接收了清廷统治下的全部权力,把清政府完全控制在了自己的手中。清王朝实际上已经灭亡。

3. 做袁世凯的挡箭牌

袁世凯接收了清廷统治下的全部权力,把清政府完全控制在自己的手中后,并没有按着满洲贵族的希望那样用武力扑灭革命,而是挟权与南方议和,养寇自重,打算牺牲清室来达到自己操纵政权的目的。为此,满洲少壮亲贵纷纷向袁世凯发难,责问袁世凯:"龟山大捷,汉口收复,乘胜渡江,武昌指日可下,为何既打胜仗,犹需停战言和?"这时,徐世昌站出来为袁世凯说项:"汉口虽已收复,南京又告陷落。南京冲要,倍于武汉。党人势大,国人受其蛊惑,人心浮动,军心更行不稳。议和是一时权宜之计,岂能忘恩于清室。期以三年,必败党人。若以天下为孤注,殷鉴不远,噬脐何及!"② 从而以站在中间立场的身份,体面地为袁世凯解了围。

4. 幕后策划,全力为袁世凯夺权献计献策

袁世凯到京后,奏请任命徐世昌兼任军谘大臣,实际上是为了二人商量计策的方便。除了每日在内阁公所议事外,凡属于重大机密的事件则往往在袁世凯住所商议。

且看下列袁世凯到京后徐世昌的日记记录:

九月

廿三日(11月13日)慰廷到京,访谈良久。

---

① 中国第一历史档案馆编:《光绪宣统两朝上谕档》第37册(宣统三年),广西师范大学出版社1996版,第330页。

② 张达骧:《袁世凯与徐世昌》,《八十三天皇帝梦》,文史资料出版社1983年版,第204页。

廿四日（11月14日）同琴轩到慰廷处久谈。

廿六日（11月16日）今日交内阁协理大臣差使，慰廷总理到阁办事。晚在慰廷处晚饭。

十月

初四日（11月24日）在慰廷宅早饭。

初五日（11月25日）在慰廷处早饭。

初六日（11月26日）到慰廷处。

初七日（11月27日）到慰廷处早〔午〕饭。

初十日（11月30日）到慰廷处会商调拨军队各事。

十一日（12月1日）到慰廷处早饭，久谈。

十三日（12月3日）十四日（12月4日）慰廷约至宅晚饭，久谈。

十五日（12月5日）慰廷约至其寓谈。

十六日（12月6日）到慰廷处。

十八日（12月8日）到慰廷处商办公事。

廿四日（12月14日）琴轩、慰廷在此久谈，留晚饭。

十一月

十七日（1月5日）慰廷约晚饭。

廿五日（1月13日）慰廷约晚饭。

在徐世昌的日记中，11月份，与袁世凯二人进行秘密会商3次；12月份，与袁世凯私下晤商11次；1月份，与袁世凯又秘密磋商2次。袁世凯到京后短短3个月内，既与徐私下面商16次。这还不包括二人在内阁公所的商谈次数。如此高密度频繁的私下面商，一定都是关系到近代中国命运与前途的重大问题。以袁世凯的果决性格，尚需要与徐世昌做如此多的商议，可见密商问题的复杂与重大。在这一时期，徐世昌是袁世凯当之无愧的最高智囊与最核心的决策层成员之一。

5. 劝说张勋"拥护宫保的共和民国"

在袁世凯与南方和谈中，江苏提督张勋反对议和。早在小站练兵时，张勋以武人得列徐世昌门生，深感世昌。徐世昌于是亲自到徐州劝说张勋要识时务者为俊杰，拥护袁世凯。张勋于是向徐保证："老师前来指教，弟子勋一定遵照老师的话扶保宫保。"[1]从而又为袁轻轻化解了一个难题。

6. 推动奕劻与隆裕太后同意召开国会解决南北问题

按照徐、袁的计划，第一步推动清廷同意议和，第二步再劝说隆裕同意召开国会之事，然后在时机成熟的情况下再迫使清帝退位。徐世昌曾言："唐（绍仪）电到后，袁约余（徐自谓）计议，认为国体共和，已是大势所趋，但对于宫廷及顽强亲贵，不能开口。若照唐电召开国民大会，可由大会提出，便可公开讨论，亦缓脉急受之一法。乃由余先密陈庆邸，得其许可，袁即往庆处计议，当约集诸亲贵在庆处讨论（载泽未到），决定赶由内阁奏皇太后召集王公大臣会议。次早，皇太后据内阁奏召集近支王公会议，庆邸首先发言，毓朗、载泽表示不赞成，然亦说不出理由。其余俱附庆议，于是允唐所请，当即下召集临时国会之谕。"[2]在推动清廷让步召开国会议决政体这件大事上，徐世昌是起了关键作用的。

7. 妙手经纶，在清帝逊位诏书上为袁世凯留足退路

清帝逊位诏书本由南方革命政府定稿交付袁世凯的。但鉴于孙中山对袁世凯的不信任，与顾虑到将来政府权力方面孙对袁的掣肘与可能出现的变数，徐世昌继续运用他过人的智慧，轻轻在退位诏书的结尾带上一笔："由袁世凯以全权组织临时共和政府，与民军协商统一办法。"仅此一笔，就使袁世凯完全化被动为主动，如果南方反悔，袁世凯照样可以根据清帝逊位诏书的遗令，按照中国历史上过去朝代的禅让办法，组织自己的政府。诏书发表后，孙中山尽管反对，但因是逊位诏书，有似遗言的性质，既已公布，断无更改之理，反对无效。于此可见徐世昌的政治智慧。

---

① 张达骧：《我所知道的徐世昌》，杜春和、林斌生、丘权政编：《北洋军阀史料选辑》下，中国社会科学出版社1981年版，第274页。

② 《辛亥革命》（八），上海人民出版社2000年版，第183页。

五

徐世昌在辛亥年的政治作用值得重新评估。

辛亥政局是中国千年变局的一个转折点，在晚清史的研究中占有极其重要的位置。可是，在这片早已开垦的肥沃土地上，涉及徐世昌在其中活动与作用的研究却并不繁荣，需要感兴趣的研究者去花大精力进行耕作。

可以肯定，徐世昌与辛亥年政局的变化及走向有着密切的关系。在引发与结束帝制的这场辛亥政争中，从袁世凯出山、掌权、操纵议和到推翻清王朝，所有重大环节都留有徐世昌的踪迹与影响，他在辛亥政局中的作用不可小觑。"世凯于清末内依徐而外依段，最后能逼迫清室退位，取得民国总统者，仍赖徐之运用、段之威胁耳。"[1] 对于徐世昌在夺取政权中的作用，袁世凯曾经这样评说："若云赞助共和，则菊人方足以云有功，我亦不敢自居。"袁世凯所以有此感慨，是因为"徐世昌以相国参预密谋，清廷退位之诏，盖用御玺，宫中尚有阻力，徐曾以临机手段，促诏书颁下，免许多生灵涂炭……徐氏当日地位上确曾有左右之力，此亦史家之公言"。[2]

---

① 萧一山编：《清代通史》（四），华东师范大学出版社 2006 年版，第 1079 页。

② 吴虬：《北洋派之起源及其崩溃》，荣孟源、章伯锋主编：《近代稗海》（六），四川人民出版社 1985 年版，第 227 页。